ESCASSEZ

SENDHIL MULLAINATHAN • ELDAR SHAFIR

ESCASSEZ

Tradução de
BRUNO CASOTTI

6ª edição

**best.
business**
RIO DE JANEIRO – 2024

CIP-BRASIL. CATALOGAÇÃO NA PUBLICAÇÃO
SINDICATO NACIONAL DOS EDITORES DE LIVROS, RJ

M922e
6ª ed.
Mullainathan, Sendhil, 1972-
Escassez: uma nova forma de pensar a falta de recursos na vida das pessoas e nas organizações / Sendhil Mullainathan, Eldar Shafir; tradução Bruno Casotti. – 6ª ed. – Rio de Janeiro: Best Business, 2024.
il.; 14 × 21 cm.

Tradução de: Scarcity
Inclui índice remissivo
ISBN 978-85-68905-19-7

1. Desenvolvimento econômico – Aspectos sociais. 2. Pobreza – Aspectos sociais. 3. Relações humanas – Aspectos sociais. 4. Crise econômica. I. Shafir, Eldar. II. Título.

15-25472

CDD: 306.3
CDU: 316.334.22

Escassez, de autoria de Sendhil Mullainathan e Eldar Shafir.
Texto revisado conforme o Acordo Ortográfico da Língua Portuguesa de 1990.

Título original inglês:
SCARCITY

Copyright © 2013 by Sendhil Mullainathan and Eldar Shafir.
Todos os direitos reservados. Proibida a reprodução, no todo ou em parte, sem autorização prévia por escrito da editora, sejam quais forem os meios empregados.

Design de capa: Sérgio Campante.

Nota do editor: A opinião sobre pobreza e fracasso refletida no Capítulo 7 é exclusiva dos autores.

Direitos exclusivos de publicação em língua portuguesa para o Brasil adquiridos pela Best Business um selo da Editora Best Seller Ltda. Rua Argentina 171 – 20921-380 – Rio de Janeiro, RJ – Tel.: (21) 2585-2000 que se reserva a propriedade literária desta tradução.

Impresso no Brasil

ISBN 978-85-68905-19-7

Seja um leitor preferencial Best Business.
Cadastre-se no site www.record.com.br e receba informações sobre nossos lançamentos e nossas promoções.

Atendimento e vendas diretas: sac@record.com.br

Para Amma, Appa e e3,
com amor incondicional.

SM

Para Anastasia, Sophie e Mia
— amores da minha vida.

ES

Sumário

Introdução • 9

Parte 1: A mentalidade da escassez

1. Focando e entrando no túnel • 33
2. A taxa da largura de banda • 61

Parte 2: Escassez gera escassez

3. Arrumações e folgas • 103
4. Expertise • 129
5. Empréstimos e miopia • 153
6. A armadilha da escassez • 175
7. Pobreza • 205

Parte 3: Um design para a escassez

8. Melhorando a vida dos pobres • 231
9. Administrando a escassez em organizações • 251
10. A escassez no cotidiano • 279

Conclusão • 309
Notas • 319
Agradecimentos • 367
Índice remissivo • 369

Introdução

*Se as formigas trabalham tanto, como encontram
tempo para ir a todos os piqueniques?*

MARIE DRESSLER, ATRIZ GANHADORA DO OSCAR

Escrevemos este livro porque estávamos ocupados demais para não escrevê-lo.

Sendhil queixava-se para Eldar, dizendo que tinha mais coisas a fazer do que tempo para fazê-las. Prazos já haviam passado de "vencidos" para "assustadoramente atrasados". Reuniões haviam sido remarcadas vezes demais. Sua caixa de entrada estava transbordando de e-mails que demandavam sua atenção. Ele conseguia visualizar o rosto magoado da mãe por não lhe telefonar nem de vez em quando. O adesivo com a data de revisão de seu carro estava vencido. E as coisas estavam piorando. Aquela conferência a uma conexão aérea de distância parecia uma boa ideia seis meses atrás, mas agora, nem tanto. Os atrasos haviam se tornado um círculo vicioso. A revisão do carro era mais uma coisa a fazer. Um projeto guinara para o lado errado por causa de uma resposta por e-mail tardia, e pô-lo de volta nos trilhos demandava ainda mais trabalho. A pilha de prazos expirados crescia perigosamente, a ponto de tombar.

A ironia de gastar tempo lamentando a falta de tempo não passou despercebida por Eldar, apenas em parte por Sendhil, que, sem desanimar, descreveu seu plano de fuga.

Primeiro, ele nadaria contra a maré. Velhas obrigações precisavam ser cumpridas, enquanto novas podiam ser evitadas. Ele diria não a cada nova solicitação. Impediria novos atrasos em antigos projetos, trabalhando meticulosamente para terminá-los. Por fim, essa austeridade valeria a pena. A pilha de coisas a fazer diminuiria até chegar a um nível administrável, e só então ele pensaria em novos projetos. E é claro que seria mais prudente ao prosseguir. Seu "sim" seria raro, apenas pronunciado depois de um exame cuidadoso. Isso não seria fácil, mas era necessário.

Elaborar o plano fez com que Sendhil se sentisse bem. Obviamente. Como observou Voltaire, muito tempo atrás, "A ilusão é o primeiro de todos os prazeres".

Uma semana depois, veio outro telefonema de Sendhil: dois colegas estavam preparando um livro sobre a vida dos norte-americanos de baixa renda. "Esta é uma grande oportunidade. Deveríamos escrever um capítulo", sugeriu ele. Eldar recorda que a voz do amigo não tinha um traço sequer de ironia.

Como era de se esperar, fazer o capítulo era "uma oportunidade boa demais para recusar", e concordamos em fazê-lo. De maneira igualmente previsível, foi um erro, escrito às pressas e depois do prazo. Mas foi um erro que valeu a pena, que estabeleceu uma ligação inesperada que acabou levando a este livro.

Eis um trecho de nossas anotações básicas para aquele capítulo:

Shawn, gerente de um escritório de Cleveland, estava lutando para fazer o dinheiro cobrir as despesas. Tinha um monte de contas atrasadas. Seus cartões de crédito estavam no limite. Seu salário desaparecia depressa. Como ele mesmo disse: "O mês é sempre maior do que o dinheiro." Certo dia, Shawn passou sem querer um cheque sem fundo, depois de superestimar o dinheiro que tinha na conta; havia esquecido uma compra de US$22. Qualquer telefonema o deixava nervoso: seria mais um credor ligando para "lembrá-lo"? A falta de dinheiro também afetava sua vida pessoal. Às vezes, num jantar, ele pagava menos do que a parte que lhe cabia porque estava duro. Seus amigos entendiam, mas ele não se sentia bem.

E não havia fim à vista. Shawn havia comprado um aparelho de blu-ray a crédito, com a primeira parcela só para seis meses depois. Isso tinha sido há cinco meses. Como ele pagaria mais uma conta no mês seguinte? Já estava gastando cada vez mais dinheiro para saldar dívidas antigas. O cheque sem fundo tinha uma cobrança substancial pelo saque a descoberto. Contas vencidas significam multas por atraso. Suas finanças estavam uma bagunça. Ele estava num poço de dívidas e mal conseguia evitar o fundo.

Shawn, assim como muitas pessoas que passam por essa situação, recebeu conselhos financeiros de diversas fontes, todos eles muito parecidos:

Não se afunde mais. Pare de fazer empréstimos. Reduza seus gastos. Pode ser difícil cortar algumas despesas, mas você terá que aprender a viver com isso. Pague as dívidas antigas o mais rápido possível. No fim das contas, sem dívidas novas, seus pagamentos se tornarão administráveis. Depois disso, fique atento para não cair nessa de novo. Pense bem antes de gastar e pegar empréstimos. Evite luxos além do seu alcance. Se precisar de um empréstimo, tenha em mente o que precisará fazer para pagá-lo.

Para Shawn esses conselhos funcionaram melhor na teoria do que na prática. Resistir à tentação é difícil. Resistir a todas as tentações, ainda mais. Uma jaqueta de couro que ele estava doido para comprar entrou em liquidação por um preço excelente. Economizar no presente de aniversário da filha parecia menos sensato conforme o dia se aproximava. Havia muitas formas de gastar além do planejado. Shawn acabou afundando outra vez em um poço de dívidas.

Não demorou para notarmos a semelhança entre os comportamentos de Sendhil e Shawn. Prazos não cumpridos lembram muito contas vencidas. Marcar reuniões demais (comprometendo um tempo que você não tem) é muito parecido com passar cheques sem fundo (gastando um dinheiro que você não tem). Quanto mais ocupado você fica, maior a necessidade de dizer não. Quanto mais endividado você fica, maior a necessidade de não comprar. Os planos para escapar parecem razoáveis, mas provam-se de difícil implementação. Exigem vigilância constante sobre o que comprar ou o que concordar em fazer. Quando a vigilância afrouxa, a menor tentação com o tempo ou com o dinheiro faz você afundar mais. Shawn acabou preso a uma dívida cada vez maior. Sendhil acabou preso a um número crescente de compromissos.

Essa semelhança é incrível porque as circunstâncias são muito diferentes. Em geral, pensamos em gerenciamento do tempo e administração de dinheiro como problemas distintos. As consequências de falhar são diferentes: o mau gerenciamento do tempo leva a constrangimentos ou a um desempenho fraco no trabalho, enquanto que a má administração do dinheiro leva a multas ou despejos. Os contextos culturais são diferentes: atrasar e descumprir o prazo significa uma coisa para um profissional ocupado, já atrasar e deixar de pagar uma dívida significa outra coisa para um trabalhador urbano que recebe um salário baixo. As circunstâncias diferem. Os níveis de educação também. Até as aspirações podem diferir. Mas, apesar dessas diferenças, o comportamento final é extraordinariamente semelhante.

Sendhil e Shawn tinham algo em comum: ambos estavam sentindo os efeitos da escassez. Por escassez, queremos dizer *ter menos do que você acha que precisa*. Sendhil sentia-se atormentado, percebia que tinha pouco tempo para tudo o que precisava fazer. Shawn sentia-se sem grana, com pouco dinheiro para todas as contas que precisava pagar. Poderia esse ponto em comum explicar o comportamento deles? Poderia a própria escassez ter levado Sendhil e Shawn a se comportarem de maneira tão semelhante?

Descobrir uma lógica comum à escassez teria grandes implicações. A escassez é um conceito amplo, que se estende bem além dessas histórias pessoais. O problema do desemprego, por exemplo, também é um problema de escassez financeira. A perda de emprego torna o orçamento do lar subitamente apertado, a renda fica pequena demais para cobrir o financiamento da casa, o pagamento do carro e as despesas do dia a dia. O problema do isolamento social crescente, "jogar boliche sozinho",* é uma forma de escassez

---

*Referência ao livro *Bowling Alone – The Colapse and Revival of American Community* [Jogar boliche sozinho — *O colapso e o renascimento da comunidade norte-americana*, em tradução livre], de Robert Putnam. Ver notas ao fim do livro. (N. do T.)

social, um indicativo de pessoas com pouquíssimos vínculos sociais. O problema da obesidade também é, talvez contrariando o senso comum, um problema de escassez. Seguir uma dieta exige lidar com o desafio de ter menos para comer do que aquilo com o qual você está acostumado — um orçamento de calorias apertado ou uma escassez de calorias. O problema da pobreza global, a tragédia de multidões que precisam se virar com US$1 ou US$2 por dia, é outro tipo de escassez financeira. Ao contrário do repentino e possivelmente passageiro aperto no orçamento de alguém causado pela perda do emprego, a pobreza significa um orçamento perpetuamente apertado.

A escassez conecta mais do que apenas os problemas de Sendhil e Shawn: forma uma linha em comum que atravessa muitos problemas da sociedade. Eles ocorrem em diferentes culturas, condições econômicas e sistemas políticos, mas todos têm como característica a mesma escassez. Poderia haver uma lógica comum à escassez, uma lógica que opera nesses cenários diversos?

Tínhamos de responder a essa pergunta. Estávamos ocupados demais para deixar de fazê-lo.

A ESCASSEZ CAPTURA A MENTE

Nosso interesse pela escassez nos levou a um estudo notável, realizado há mais de meio século. Os autores desse estudo não achavam que estavam estudando a escassez, mas para nós eles tratavam de uma forma extrema de escassez: a inanição. Foi perto do fim da Segunda Guerra Mundial, quando os Aliados perceberam que tinham um problema. Enquanto avançavam por territórios ocupados pelos alemães, encontravam grandes números de pessoas à beira da inanição. O problema não era comida: norte-americanos e britânicos tinham o bastante para alimentar os prisioneiros de guerra e os civis que estavam libertando. O problema era mais técnico. Como começar a alimentar pessoas que estão quase morrendo de fome há tanto tempo? Elas devem receber refeições completas? Podem comer o quanto quiserem? Ou é melhor começar alimentando-as pouco e aumentar a ingestão gradativamente? Qual seria a maneira mais segura de tirar as pessoas do limite da inanição?

Na época, os especialistas tinham poucas respostas. Então, uma equipe da Universidade de Minnesota fez uma experiência para descobrir. Para entender como as pessoas devem ser alimentadas é preciso submetê-las primeiro à fome. A experiência começou com voluntários saudáveis do sexo masculino em um ambiente controlado, no qual suas calorias foram reduzidas até eles subsistirem apenas com a quantidade de comida suficiente para não causarem danos permanentes a si mesmos. Um mês depois teve início a experiência de verdade: descobrir como seus corpos respondiam a diferentes regimes alimentares. Não foi uma experiência fácil para se submeter, mas essa era "a Guerra Boa", e opositores conscientes que não foram para o *front* estavam dispostos a participar dela.

Os 36 participantes do estudo foram abrigados em um dormitório e cuidadosamente monitorados. Cada comportamento era observado e anotado. Embora estivessem mais interessados na parte de alimentação do estudo, os pesquisadores também mediram o impacto da fome. Grande parte do que acontece com o corpo durante o processo de inanição é bastante visível. As cobaias perderam tanta gordura nas nádegas que sentar-se tornou-se doloroso, e para isso os homens tinham de usar travesseiros. A perda de peso teve complicações por causa de edemas: os homens acumularam até 6 quilos de fluido extra devido à fome. Seu metabolismo tornou-se 40% mais lento. Eles perderam força e resistência. Como disse um dos participantes: "Noto a fraqueza em meus braços quando lavo o cabelo no banho; eles ficam completamente cansados durante essa simples operação."

Não foram apenas seus corpos que ficaram fracos; suas mentes também mudaram. Sharman Apt Russell descreve uma cena de almoço em seu livro, *Hunger* [*Fome*]:

> *Os homens ficavam impacientes na fila quando o serviço era lento. Eram possessivos com a comida. Alguns curvavam-se sobre as bandejas, usando os braços para proteger a refeição. A maioria ficava em silêncio, concentrando-se como o ato de comer merecia... A aversão a certos alimentos, como o nabo, desapareceu. Tudo era comido até a última bocada. Depois, eles lambiam os pratos.*

Isso, em grande parte, é o que se poderia esperar de pessoas morrendo de fome. Mas algumas mudanças mentais foram inesperadas:

> *Desenvolveram obsessões por livros de culinária e cardápios de restaurantes locais. Alguns homens podiam passar horas comparando preços de frutas e vegetais de um jornal com os de outro. Havia aqueles que planejavam ingressar na agricultura. Sonhavam com novas carreiras como donos de restaurante... Perderam a disposição para problemas acadêmicos e*

passaram a se interessar bem mais por livros de culinária... Quando iam ao cinema, apenas as cenas com comida prendiam seu interesse.

As cobaias estavam focados em comida. É claro que, se você estiver passando fome, conseguir mais comida deve ser uma prioridade. Mas as mentes daqueles homens estavam focadas de um modo que transcendia os benefícios práticos. As ilusões de abrir um restaurante, comparar preços de alimentos e pesquisar livros de culinária não aliviam a fome. Na verdade, todos esses pensamentos relacionados à comida, quase uma fixação, certamente aumentavam o vazio na barriga. Eles não optaram por isso. Eis como um participante do estudo de Minnesota recordou sua frustração de pensar constantemente no assunto:

Não sei de muitas outras coisas em minha vida que ansiei mais por seu fim do que essa experiência. E não foi tanto... pelo desconforto físico, mas porque ela fez a comida se tornar a coisa mais importante da minha vida... tornou-se o centro e a única coisa que importava. E a vida é bem chata quando esta é a única coisa que temos. Quer dizer, se eu ia ao cinema, não ficava muito interessado em cenas de amor, mas notava cada vez que os personagens comiam e o que comiam.

Os homens famintos não optaram por ignorar a trama do filme em favor da comida. Eles não escolheram pôr a comida no topo da mente. Foi a fome que capturou o pensamento e a atenção deles. Esses comportamentos foram apenas uma nota de rodapé no estudo de Minnesota. Não eram nem de longe o que os pesquisadores estavam interessados em saber. Para nós, isso ilustra como a escassez nos modifica.

A escassez captura a mente. Assim como os participantes famintos do estudo tinham a comida em suas mentes, quando experimentamos qualquer tipo de escassez, somos absorvidos por ela. A mente se direciona automática e fortemente para as necessidades não supridas. Para o faminto, essa necessidade é a comida. Para as pessoas ocupadas, pode ser um projeto a ser concluído. Para quem está sem dinheiro, pode ser o pagamento do aluguel daquele mês; para o solitário, a falta de companhia. A escassez é mais do que o simples desprazer de ter muito pouco. A escassez muda a maneira como pensamos. Ela se impõe em nossas mentes.

Isso é muito para deduzir a partir de apenas um estudo. A fome é um caso extremo: envolve escassez, mas também envolve muitas mudanças fisiológicas. O estudo teve apenas 36 participantes. As evidências que citamos consistem, em grande parte, em resmungos de homens famintos, não em números sólidos. Mas muitos outros estudos mais precisos têm mostrado os mesmos resultados. E não apenas isso: eles dão uma noção de como a escassez influencia nosso cérebro.

Em um estudo recente, os participantes foram solicitados a ir a um laboratório na hora do almoço, depois de três a quatro horas sem comer. Metade dessas pessoas famintas foi primeiro levada para almoçar, as outras, não. Portanto, metade estava faminta, e a outra metade, saciada. A tarefa do estudo era simples: olhar para uma tela. Uma palavra aparecia por um instante. Era preciso identificar a palavra que tinha sido exibida. Portanto, por exemplo, a palavra TOMAR surgia por um instante, e os participantes tinham de decidir se haviam visto TOMAR ou DOMAR. Isso parece uma tarefa simples, e teria sido, se tudo não acontecesse tão rápido. Muito rápido.

A palavra aparecia por 33 milésimos de segundo — ou seja, 1/30 de segundo.

Você deve imaginar que os participantes famintos se saíram pior por estarem cansados e desconcentrados em função da fome. Mas, nessa tarefa específica, eles se saíram tão bem quanto os participantes saciados. Exceto em uma situação. Os famintos se saíram muito *melhor* com palavras relacionadas a comida. Eles tinham uma probabilidade muito mais elevada de detectar a palavra BOLO com precisão. Tarefas como essa são criadas para nos dizer o que está ocupando a mente de uma pessoa. Quando um conceito ocupa nossos pensamentos, vemos palavras relacionadas a ele com mais rapidez. Portanto, quando os famintos reconhecem BOLO mais depressa, observamos que a comida está no topo de suas mentes. Aqui não nos baseamos em comportamentos estranhos, como folhear livros de culinária ou fazer planos de abrir um restaurante, para deduzir a fixação das cobaias. A velocidade e a precisão das respostas nos mostram com clareza que a escassez capturou a mente dos participantes famintos.

E a escassez faz isso em um nível subconsciente. Os pequenos intervalos de tempo nessa tarefa, resultados medidos em milésimos de segundo, foram concebidos para observar processos rápidos o bastante para permanecerem além do controle consciente. Agora sabemos o suficiente sobre o cérebro para saber o que esses intervalos de tempo significam. Cálculos complexos de ordem mais elevada exigem mais de 300 milésimos de segundo. Respostas mais rápidas dependem de processos subconscientes mais automáticos. Portanto, quando os famintos reconhecem BOLO mais depressa, não é porque *optam* por focar mais nessa palavra. Isso acontece mais rápido do que eles poderiam escolher. É por isso que usamos a palavra *captura* ao descrevermos o modo como a escassez faz a mente se concentrar.

Esse fenômeno não é específico da fome. Um estudo verifica que, quando os participantes estão com sede, são muito mais rápidos (novamente, em um nível de dezenas de milésimos de segundos) para reconhecer a palavra ÁGUA. Em todos esses casos, a escassez opera de maneira inconsciente. Ela captura a atenção quer o dono da mente queira ou não.

Agora, tanto a sede quanto a fome são ânsias físicas. Outras formas de escassez menos viscerais também capturam a mente. Em um estudo, crianças foram solicitadas a estimar — usando a memória, adaptando um mecanismo físico — o tamanho de moedas norte-americanas comuns — de US$0,01 a US$0,50. As moedas "pareceram" maiores para as crianças mais pobres, que, de maneira significativa, superestimaram o tamanho das moedas. As moedas mais valiosas, de US$0,25 e US$0,50, foram as mais distorcidas. Assim como a comida captura o foco dos famintos, as moedas capturaram o foco das crianças pobres. O foco aumentado fez com que essas moedas "parecessem" maiores. Agora, é possível que as crianças pobres simplesmente não tenham habilidade para se lembrar do tamanho. Por isso os pesquisadores pediram às crianças para estimar os tamanhos com as moedas em frente a elas, uma tarefa ainda mais simples. Na verdade, as crianças pobres cometeram erros ainda *maiores* com as moedas diante delas. As moedas reais atraíram ainda mais o foco do que as moedas abstratas, na memória. (E, sem moedas por perto, as crianças foram muito precisas ao estimarem discos de papelão de tamanhos semelhantes.)

A captura da atenção pode alterar a experiência. Durante acontecimentos breves e muito focados, como acidentes de carro e assaltos, por exemplo, o maior envolvimento da atenção causa o que pesquisadores chamam de "expansão subjetiva do tempo", uma sensação de que esses acontecimentos duraram mais tempo, precisamente por causa da maior quantidade de informação processada. De maneira semelhante, a captura da atenção pela escassez afeta não apenas o que vemos ou a rapidez com que vemos, mas também o modo como interpretamos o mundo. Em um estudo sobre solitários, fotos de rostos foram mostradas por um segundo, então foi solicitado que os participantes descrevessem a emoção que aqueles rostos expressavam. Raiva, medo, alegria ou tristeza? Essa tarefa simples mede uma habilidade social crucial: a capacidade de entender o que os outros estão sentindo. É impressionante, mas os solitários saem-se *melhor* nessa tarefa. Você deve ter pensado que eles se sairiam pior — afinal de contas, a solidão poderia indicar inaptidão ou inexperiência social. Mas faz sentido considerar o desempenho superior quando se tem em mente a psicologia da escassez. É exatamente o que preveríamos se considerarmos que os solitários focam em sua própria forma de escassez, uma escassez de contatos sociais. Eles precisam estar particularmente sintonizados para interpretar emoções.

Isso indica que os solitários também devem demonstrar maior capacidade de se lembrar de informações sociais. Em um estudo, foi pedido às pessoas que lessem um diário e formassem uma impressão sobre seu dono. Mais tarde, essas pessoas foram solicitadas a se lembrar de detalhes dos registros no diário. Os solitários saíram-se tão bem quanto os não solitários. Exceto em uma situação: eles se saíram muito melhor ao se lembrarem de registros que tinham conteúdo social, como interações com outras pessoas.

Os autores desse estudo contam uma história que resume bem o modo como a solidão muda o foco de nossa atenção: Bradley Smith, infeliz no amor e sem amigos próximos, descobre que sua percepção muda depois de um divórcio.

> *De repente, Bradley não consegue deixar de notar ligações entre pessoas — casais e famílias — com detalhes sutis e dolorosos. O problema de Bradley pode atingir a maioria de nós de um momento para o outro. Talvez, assim como aconteceu com ele, um relacionamento romântico seu acabe e você se encontre observando amantes de mãos dadas no parque. Ou os primeiros dias em uma escola nova ou trabalho novo ponham você em um mundo de estranhos, onde cada sorriso, cara feia ou olhar em sua direção assume um significado maior.*

Bradley, você poderia dizer, é o equivalente social dos homens famintos, folheando seus próprios livros de culinária.

A CIÊNCIA ORIGINAL DA ESCASSEZ

Quando contamos a um colega economista que estávamos estudando a escassez, ele comentou, "Já existe uma ciência da escassez. Vocês devem ter ouvido falar. Chama-se economia". Ele estava certo, é claro. A economia é o estudo de como usar meios limitados para alcançar nossos desejos ilimitados; de como pessoas e sociedades administram a escassez física. Se gastarmos dinheiro em um casaco novo, temos menos dinheiro para um jantar fora. Se o governo gasta dinheiro em um procedimento experimental para o câncer de próstata, há menos dinheiro para a segurança nas estradas. É impressionante a frequência com que discussões que de outro modo seriam inteligentes tendem a ignorar essas escolhas conflituosas (um descuido que nossa teoria ajuda a explicar). Outros insights econômicos surgem do reconhecimento de que a escassez física reage aos preços, e às vezes de maneiras inesperadas. Paleontólogos europeus na China do século XIX aprenderam isso da maneira difícil. Procurando adquirir ossos de dinossauros escassos, eles pagavam a camponeses por fragmentos de ossos. O resultado? A oferta aumentou. Mais fragmentos de ossos. Quando os camponeses achavam ossos, esmagavam-nos para aumentar o número de pedaços que podiam vender. Não era bem o que os paleontólogos esperavam.

Nossa abordagem da escassez é diferente. Em economia, a escassez é universal. Todos temos uma quantidade de dinheiro limitada; nem mesmo as pessoas mais ricas podem comprar tudo. Mas sugerimos que, embora a escassez física seja universal, a sensação que ela traz não é. Imagine um dia no trabalho em que sua agenda tem poucas reuniões e a lista de afazeres é administrável. Você passa o tempo não comprometido demorando-se no almoço, em uma reunião, ou em uma conversa com algum colega. Agora, imagine um dia no trabalho em que sua agenda está lotada de reuniões. O pouco tempo livre que você tem precisa ser usado em um projeto atrasado. Nos dois casos, o tempo era fisicamente escasso. Você tinha o mesmo número de horas no trabalho e atividades mais do que suficientes para preenchê-lo. Mas, em uma situação, você estava bastante consciente da escassez, da finitude do tempo; na outra, a escassez era uma realidade distante, se é que você a sentia. A sensação de escassez é diferente da realidade física.

De onde vem a sensação de escassez? É claro que os limites físicos, como o dinheiro em nossas contas bancárias, as dívidas e as tarefas que precisamos concluir exercem um grande papel. Mas nossa percepção subjetiva sobre o que tem importância também influencia: de quanto precisamos para conquistar? Qual é a importância dessa compra? Esses desejos são moldados pela cultura, pela educação e até pela genética. Podemos desejar alguma coisa profundamente por causa de nossa fisiologia ou porque nosso vizinho a tem. Assim como o frio que sentimos não depende apenas da temperatura absoluta, mas também de nosso metabolismo, a sensação de escassez depende tanto do que está disponível quanto de nossos gostos. Muitos estudiosos — sociólogos, psicólogos, antropólogos, neurocientistas, psiquiatras e até marqueteiros — têm tentado decifrar o que explica esses gostos. Neste livro, tentamos evitar essa discussão. Deixamos as preferências serem o que são e focamos, em vez disso, na lógica e nas consequências da escassez: o que acontece com nossas mentes quando sentimos que temos muito pouco, e como isso influencia nossas escolhas e nossos comportamentos?

Em uma aproximação grosseira, a maioria das disciplinas, incluindo a economia, diz o mesmo sobre essa questão. A consequência de ter menos do que queremos é simples: somos infelizes. Quanto mais pobres somos, menos coisas boas podemos ter, seja uma casa em um bom bairro ou algo tão substancial quanto sal e açúcar para dar sabor à nossa comida. Quanto mais ocupados somos, menos tempo de lazer temos para aproveitar — seja assistindo à televisão ou passando algum tempo com nossas famílias.

Quanto menos calorias podemos ter, menos alimentos nos permitimos saborear. E por aí em diante. Ter menos é desagradável. E pode ter repercussões, por exemplo, na saúde, na segurança ou na educação. A escassez leva à insatisfação e à luta.

Embora isso certamente seja verdade, achamos que falta algo crucial. A escassez não é apenas uma restrição física. É também uma mentalidade. Quando captura nossa atenção, ela muda o modo como pensamos, seja em um nível de milésimos de segundos, horas, dias, ou semanas. Ao ocupar nossa mente, ela afeta o que notamos, o modo como pesamos as escolhas, o modo como deliberamos e, por fim, o que decidimos e como nos comportamos. Quando funcionamos sob a escassez, representamos, administramos e lidamos com problemas de maneira diferente. Alguns campos têm estudado mentalidades criadas por situações específicas de escassez: como a dieta afeta o humor ou como um contexto cultural específico pode afetar as atitudes dos pobres locais. Estamos propondo algo muito mais universal: a escassez, em qualquer forma, cria uma mentalidade semelhante. E ela pode ajudar a explicar muitos dos comportamentos e consequências da escassez.

Quando a escassez captura a mente, nós nos tornamos mais atentos e eficientes. Há muitas situações na vida em que manter o foco pode ser um desafio. Procrastinamos no trabalho porque nos distraímos a toda hora. Compramos produtos com preços altos na mercearia porque nossas mentes estão em outro lugar. Um prazo apertado ou a falta de dinheiro faz com que nos concentremos na tarefa à frente. Com as mentes focadas, tendemos a errar menos por descuido. Isso faz muito sentido: a escassez nos captura porque é importante, merece nossa atenção.

Mas não podemos escolher de todo quando nossas mentes estão focadas. Pensamos naquele projeto pendente não apenas quando nos sentamos para trabalhar, mas também quando estamos em casa tentando ajudar a filha com o dever de casa. A mesma captura automática que nos ajuda na concentração torna-se um fardo no restante da vida. Como estamos preocupados com a escassez, como nossas mentes retornam o tempo todo a ela, temos menos espaço mental para as outras partes da vida. Isso é mais do que uma metáfora. Podemos medir diretamente a capacidade mental ou, como chamamos isso, a *largura de banda*. Podemos medir a inteligência fluida, um recurso-chave que afeta o modo como processamos informações e tomamos decisões. Podemos medir o controle executivo, um recurso-chave que afeta o quanto nos comportamos impulsivamente. E verificamos que a escassez reduz todos esses componentes da largura de banda — ela nos torna menos perspicazes, com menos visão do futuro, menos controlados. E os efeitos são consideráveis. Ser pobre, por exemplo, reduz mais a capacidade cognitiva de uma pessoa do que uma noite inteira sem dormir. Não que os pobres tenham uma largura de banda menor como indivíduos. É que a experiência da pobreza reduz a largura de banda de qualquer um.

Quando pensamos em pobres, pensamos naturalmente em falta de dinheiro. Se pensamos em pessoas ocupadas ou solitárias, pensamos em falta de tempo ou de amigos. Mas nossos resultados sugerem que todos os tipos de escassez levam a uma falta de largura de banda. E como ela afeta todos os aspectos do comportamento, sua falta tem consequências. Vimos isso com Sendhil e Shawn. Os desafios de manter um plano, a incapacidade de resistir a uma jaqueta de couro nova ou a um projeto novo, o esquecimento (da vistoria do carro, de telefonar para alguém, de pagar uma conta) e os deslizes cognitivos (o saldo da conta bancária mal estimado, o convite negligenciado) acontecem por falta de largura de banda. Há uma consequência particularmente importante: isso perpetua ainda mais a escassez. Não foi por coincidência que Sendhil e Shawn caíram em uma armadilha e ficaram nela. A escassez cria suas próprias armadilhas.

Isso oferece uma explicação muito diferente para o motivo pelo qual os pobres continuam pobres, os ocupados continuam ocupados, os solitários continuam solitários, e as dietas costumam fracassar. Para entender esses problemas, teorias já existentes recorrem à cultura, personalidade, preferências ou instituições. Quais as atitudes dos endividados em relação ao dinheiro e ao crédito? Quais os hábitos de trabalho de uma pessoa ocupada demais? Que normas culturais e preferências desenvolvidas orientam as escolhas alimentares dos obesos? Nossos resultados sugerem algo muito mais básico: muitos desses problemas podem ser entendidos por meio da mentalidade da escassez. Isso não é dizer que a cultura, as forças econômicas e a personalidade não importam. Com certeza importam. Mas a escassez tem sua própria lógica, que opera acima dessas forças.

Analisar as armadilhas da escassez juntas não significa que todas as suas formas tenham consequências de mesma magnitude. A mentalidade da escassez pode operar com muito mais importância em um contexto do que em outro. A estrutura da memória humana, por exemplo, pode ser usada para entender tudo, do trivial (por que esquecemos nossas chaves) ao importante (até que ponto testemunhas oculares são confiáveis) e ao trágico (ser acometido pela doença de Alzheimer). De maneira semelhante, embora a lógica da escassez possa ser parecida em domínios diversos, seu impacto pode ser bem diferente. Isso é particularmente verdadeiro quando analisamos o caso da pobreza. As circunstâncias da pobreza podem ser muito mais extremas, muitas vezes associadas a contextos mais desafiadores e menos indulgentes. A taxa da largura de banda, por exemplo, tende a ser maior para os pobres do que para os ocupados ou os que fazem dieta. Por esse motivo, mais tarde daremos atenção especial a esse caso.

De certa maneira, nosso argumento neste livro é bem simples. A escassez captura nossa atenção, e isso proporciona um benefício estreito: fazemos melhor o trabalho de administrar necessidades prementes. Porém, de maneira mais ampla, isso tem um custo para nós: negligenciamos outros interesses e nos tornamos menos eficientes no restante da vida. Esse argumento não apenas ajuda a explicar como a escassez influencia nosso comportamento, ele também produz alguns resultados surpreendentes e lança uma nova luz sobre o modo como podemos agir para administrar a própria escassez.

UM CONVITE

Este livro descreve uma "ciência em formação", uma tentativa de descobrir os suportes psicológicos da escassez e de usar esse conhecimento para entender uma grande variedade de fenômenos sociais e comportamentais. Grande parte do livro recorre a pesquisas originais realizadas em ambientes que vão desde laboratórios de universidades, shopping centers e estações de trem até refeitórios para pobres em Nova Jersey e canaviais na Índia. Também revisitamos estudos mais antigos (como o estudo da fome) pelas lentes de nossa nova hipótese, reinterpretando-os de maneiras que os autores originais provavelmente não previram. Usamos essas evidências para construir nosso caso e apresentar uma nova perspectiva.

Uma vantagem de trabalhar em algo tão novo é que isso pode ser apresentado tanto a especialistas quanto a não especialistas. Como nosso argumento é baseado em diversos campos, da ciência cognitiva à economia do desenvolvimento, poucas pessoas serão especialistas em todas essas áreas e, em sua maioria, elas serão novatas em pelo menos parte do material que apresentamos. Para acomodar isso, trabalhamos duro a fim de tornar todo o livro, mesmo as partes técnicas, de fácil acesso a um público amplo. Também usamos muitas histórias e situações hipotéticas. É claro que estas nunca servem como substitutos de evidências cuidadosas, mas são usadas para produzir conceitos intuitivos, para dar vida a ideias. Por fim, a força de nosso argumento se baseia, naturalmente, nas evidências a serem apresentadas. Para os leitores que gostariam de maiores detalhes técnicos, incluímos notas extensas ao fim do livro. Mais do que simplesmente oferecer referências, essas notas discutem detalhes dos estudos apresentados e mencionam outros que pareceram tangenciais demais para serem incluídos, mas ainda assim relevantes, e que, em geral, possibilitam que você mergulhe ainda mais fundo caso encontre algo de interesse particular.

Este livro não pretende ser a palavra final. Propõe uma nova perspectiva para um problema antiquíssimo, que deve ser tratado com seriedade. Sempre que há uma nova maneira de pensar, também há novas implicações a serem deduzidas, novas magnitudes a serem decifradas e novas consequências a serem entendidas. Há muito mais para ser feito e, nesse sentido, nosso livro é um convite, um lugar na primeira fileira para participar de um processo de descoberta.

Parte 1

A mentalidade da escassez

1. Focando e entrando no túnel

> HAROLDO: Você já tem uma ideia para a história?
> CALVIN: Não dá para ligar a criatividade, como se fosse uma torneira. É preciso estar no estado de espírito certo.
> HAROLDO: E qual é o estado de espírito certo?
> CALVIN: O pânico do último minuto.
>
> CALVIN E HAROLDO, POR BILL WATTERSON

Certa noite, não muito tempo atrás, fomos a um restaurante vegetariano chamado Dirt Candy — o nome vem da crença da proprietária e chefe de cozinha, Amanda Cohen, de que os vegetais são "doces" vindos da terra. O restaurante era conhecido por um prato específico, o tofu crocante com brócolis servido com suco de laranja, pelo qual todos os críticos deliravam. Eles estavam certos em delirar. Era delicioso, o favorito das mesas. Nossa visita aconteceu em um momento oportuno. Soubemos que, no dia seguinte, Amanda

Cohen apareceria no *Iron Chef*, um programa de televisão popular nos Estados Unidos, em que chefes de cozinha disputam entre si, preparando uma refeição com três pratos sob forte pressão do tempo. No início do programa, eles são informados sobre um ingrediente surpresa que precisa ser usado em cada prato, então têm algumas horas para criá-los e prepará-los. O programa é extremamente popular entre aspirantes a cozinheiros, especialistas em gastronomia e também pessoas que só gostam de olhar as comidas.

Assistindo ao programa, achamos que Cohen tivera uma sorte fantástica. Seu ingrediente surpresa era brócolis, e é claro que ela preparou o prato que é sua marca registrada, aquele que havíamos acabado de comer, e os juízes adoraram. Mas Cohen não teve a sorte que pensamos. O ingrediente surpresa, o brócolis, não lhe permitiu mostrar um prato que já fazia parte de seu repertório. Foi exatamente o oposto. Os episódios são filmados com um ano de antecedência. Conforme ela explicou, "o Tofu Crocante que está no cardápio foi criado para o *Iron Chef*". Ela criou o prato que é sua marca registrada naquela noite. Esse tipo de "sorte", se é que se pode chamar assim, é ainda mais impressionante. Ali estava uma especialista que passara anos aperfeiçoando sua arte, mas um de seus melhores pratos foi criado sob intensa pressão, em apenas algumas horas.

É claro que esse prato não foi criado do nada. Explosões de criatividade como essa se baseiam em meses e anos de experiência prévia e trabalho duro. A pressão do tempo faz a mente se focar, forçando-nos a condensar esforços anteriores em um produto imediato. Imagine trabalhar em uma apresentação que precisa fazer em uma reunião. Nos dias anteriores à reunião, você trabalha duro, mas vacila. As ideias podem estar ali, mas é preciso fazer escolhas difíceis sobre como juntá-las. Porém, quando o prazo final se aproxima, não há mais tempo a perder. A escassez força todas as escolhas. Abstrações se tornam concretas. Sem o último empurrão, pode ser que você seja criativo sem produzir um produto final. Quando participou do *Iron Chef*, Cohen tinha vários ingredientes secretos próprios, ideias com as quais brincava havia meses, ou mesmo anos. A escassez não criou essas ideias, mas a forçou a reuni-las em um prato excelente.

Costumamos associar a escassez às consequências mais horrendas. De início, foi assim que imaginamos este livro, o pobre atolado em dívidas; o ocupado eternamente atrasado em seu trabalho. A experiência de Amanda Cohen ilustra outro lado da escassez, um lado fácil de passar despercebido: a escassez pode nos tornar mais eficientes. Todos já tivemos experiências em que fizemos coisas incríveis quando tínhamos menos, quando nos sentíamos restringidos. Como estava muito consciente de sua falta de tempo, Amanda Cohen se concentrou em tirar tudo o que tinha da bolsa de truques para fazer um grande prato. Em nossa teoria, quando captura a mente, a escassez faz nossa atenção se focar em usar o que temos da maneira mais eficaz. Embora isso possa ter repercussões negativas, significa que a escassez também traz benefícios. Este capítulo começa descrevendo esses benefícios e mostra o preço que pagamos por eles, prenunciando o modo como a escassez acaba terminando em fracasso.

TIRANDO O MÁXIMO DO QUE VOCÊ TEM

Alguns de nós odeiam reuniões. Connie Gersick, uma importante estudiosa de comportamento organizacional, ganha a vida estudando-as. Ela realizou várias pesquisas qualitativas detalhadas para entender como as reuniões acontecem e como o padrão de trabalho e conversa muda ao longo do processo. Gersick estudou muitos tipos de reuniões: de alunos e gerentes; com a intenção de avaliar opções para chegar a uma decisão; e para apresentar ideias a fim de produzir algo mais tangível, como uma campanha de venda. Essas reuniões não poderiam ser mais diferentes entre si. Mas, de certa maneira, todas são iguais. Todas começam desfocadas, as discussões abstratas ou tangenciais, as conversas se desviando e muitas vezes se afastando do tema. Tópicos simples se transformam em caminhos longos. Discordâncias são manifestadas, mas sem resolução. O tempo é gasto com detalhes irrelevantes.

Mas, então, quando a reunião está no meio, as coisas mudam. Acontece, como diz Gersick, uma *correção a meio curso*. O grupo percebe que o tempo está acabando e fica sério. Conforme ela explica: "O ponto médio da tarefa foi o começo de um 'grande salto no progresso', quando [o grupo] ficou preocupado com o fim do prazo e seu progresso até então. [Nesse ponto] eles entraram em uma... fase de trabalho juntos [com] um aumento repentino de energia para concluir a tarefa." As pessoas resolvem suas divergências, concentram-se nos detalhes essenciais e deixam o resto de lado. A segunda metade da reunião quase sempre produz progressos mais tangíveis.

A correção a meio curso ilustra uma consequência da captura da mente pela escassez. Uma vez que a falta de tempo torna-se aparente, nós nos concentramos mais. Isso acontece até quando estamos trabalhando sozinhos. Imagine que você está escrevendo um livro. Imagine que o capítulo no qual está trabalhando deve estar pronto em várias semanas. Você se senta para escrever. Depois de algumas frases, lembra-se de um e-mail que demanda sua atenção. Quando abre a caixa de entrada, vê outras mensagens que necessitam de resposta. Quando se dá conta, já passou meia hora e você ainda está nos e-mails. Sabendo que precisa escrever, você volta para as poucas frases minguadas. E então, quando está "escrevendo", se pega divagando: há quanto tempo está pensando em comer pizza no almoço?, quando foi seu último exame de colesterol?, atualizou a apólice de seguro de vida para seu novo endereço? Há quanto tempo está vagando de pensamento em pensamento, tudo ligeiramente relacionado? Por sorte, está quase na hora do almoço, então você decide parar um pouco antes. Quando termina o almoço com um amigo que não encontrava havia algum tempo, você se demora no café; afinal, tem algumas semanas para terminar aquele capítulo. E assim o dia continua: você consegue escrever um pouco, mas muito menos do que esperava.

Agora imagine a mesma situação um mês depois. O capítulo precisa estar pronto em alguns dias, e não várias semanas. Desta vez, quando você se senta para escrever, faz isso com um sentido de urgência. Quando o e-mail de seu colega vem à mente, você continua em frente, em vez de se distrair. E, o melhor de tudo, talvez você esteja tão focado que sequer pense no e-mail. Sua mente não divaga sobre o almoço, o exame de colesterol ou a apólice de seguro de vida. No almoço com o amigo (supondo que não tenha sido adiado), você não se demora no café — o capítulo e o prazo final estão ali com você, no restaurante. No fim do dia, toda essa concentração é recompensada: você consegue escrever uma parte significativa do capítulo.

Psicólogos têm estudado os benefícios dos prazos em experiências mais controladas. Em um estudo, universitários foram pagos para ler e corrigir três ensaios e receberam um prazo longo: tinham três semanas para concluir a tarefa. O pagamento dependia de quantos erros encontrassem e da conclusão no prazo; eles tinham de entregar todos os ensaios na terceira semana. Em uma boa distorção, os pesquisadores criaram um segundo grupo com mais escassez: prazos mais apertados. Os estudantes tinham de entregar um ensaio revisado a cada semana, durante as mesmas três semanas. O resultado? Assim como na experiência com as reuniões, o grupo com prazos mais apertados foi mais produtivo. Eles atrasaram com menos frequência (embora tivessem mais prazos para descumprir), encontraram mais erros tipográficos e ganharam mais dinheiro.

Prazos não aumentam apenas a produtividade. Estudantes no último semestre da faculdade, por exemplo, também enfrentam um prazo. Eles têm um tempo limitado para aproveitar os dias que lhes restam da vida universitária. Um estudo da psicóloga Jaime Kurtz analisou como os universitários do último semestre administravam esse prazo. Ela iniciou o estudo seis semanas antes da formatura. Esse espaço de tempo é longo o bastante para o fim da faculdade não ter sido, talvez, completamente registrado, mas curto o bastante para sentirmos que está bem perto. Para metade dos estudantes, Kurtz apresentou o fim do prazo como iminente (faltavam apenas muitas horas) enquanto que para os outros o apresentou como distante (faltava uma parte do ano). A mudança na escassez percebida mudou o modo como os estudantes administraram o tempo. Quando eles sentiram que tinham pouco tempo, tentaram tirar mais proveito de cada dia. Passaram mais tempo envolvidos em atividades, absorvendo o fim de seus anos de faculdade. Eles também relataram estar mais felizes, presumivelmente aproveitando mais o que a faculdade tinha a oferecer.

O impacto da escassez do tempo tem sido observado em vários campos diferentes. Em experiências de marketing de larga escala, alguns clientes recebem um cupom com uma data de vencimento pelo correio, enquanto outros recebem um cupom semelhante sem data de vencimento. Apesar de serem válidos por um período de tempo maior, os cupons sem data de vencimento tendem a ser menos utilizados. Sem a escassez do tempo, os cupons não atraem o foco e podem até ser esquecidos. Em outra área, pesquisadores organizacionais verificam que vendedores trabalham mais nas últimas semanas (ou dias) de um ciclo de vendas. Em um estudo que fizemos, verificamos que pessoas que trabalham com registro de dados produzem mais quando o dia do pagamento se aproxima.

O jornalista britânico Max Hastings, em seu livro sobre Churchill, observa: "A mente de um inglês trabalha melhor quando é quase tarde demais." Quem já trabalhou com prazo talvez se sinta como um inglês. Os prazos são eficientes precisamente porque criam escassez e focam a mente. Assim como a fome fez a comida ocupar a cabeça dos homens naquele estudo realizado na Segunda Guerra Mundial, um prazo faz a tarefa presente ter nossa atenção. Sejam os poucos minutos que restam na reunião ou as poucas semanas que restam na faculdade, o fim do prazo ganha vulto. Dedicamos mais tempo à tarefa. As distrações são menos tentadoras. Você não se demora no almoço quando o capítulo precisa estar pronto logo, não perde tempo com digressões quando a reunião está perto do fim e se concentra em tirar o máximo de proveito da faculdade antes da formatura. Quando o tempo é curto, você tira mais proveito dele, seja no trabalho ou no prazer. Chamamos isso de *dividendo de foco,* o resultado positivo da captura da mente pela escassez.

O DIVIDENDO DE FOCO

A escassez de qualquer tipo, não apenas de tempo, gera um dividendo de foco. Verificamos isso com base em observações. Somos menos liberais com a pasta de dente quando o tubo começa a ficar vazio. Em uma caixa de chocolates caros, saboreamos (e escondemos) os últimos. Passeamos mais nos últimos dias de férias tentando ver tudo o que for possível. Escrevemos com mais cuidado — e, para nossa surpresa, muito melhor — quando temos um limite apertado de palavras.

Em um trabalho com o psicólogo Anuj Shah, tivemos um insight sobre como tirar proveito da amplitude dessas implicações para testar nossa teoria. Se ela se aplica a todo tipo de escassez, não apenas de dinheiro ou tempo, deve se aplicar também à escassez produzida artificialmente. Será que a escassez criada em laboratório também produz um dividendo de foco? O laboratório nos permite estudar como as pessoas se comportam em condições mais controladas do que o mundo geralmente permite, revelando mecanismos de pensamento e ação. Isso segue uma longa tradição em pesquisas de psicologia de usar o laboratório para estudar questões sociais importantes, como conformidade, obediência, interação estratégica, comportamento prestativo e até crimes.

Para fazer isso, criamos um videogame baseado em Angry Birds e o utilizamos em nossa pesquisa. Nessa versão, que chamamos de Angry Blueberries, os jogadores atiram mirtilos em waffles usando um estilingue virtual, decidindo a que distância puxar a tira elástica e em que ângulo. Os mirtilos voam pela tela, ricocheteando em objetos e "destruindo" todos os waffles que atingem. É um jogo de direção, precisão e física. É preciso supor as trajetórias e estimar como os mirtilos vão saltar.

No estudo, os participantes jogaram vinte vezes, ganhando pontos que se traduziam em prêmios. A cada nova rodada, recebiam outro conjunto de mirtilos. Podiam atirar todos os mirtilos que tinham ou guardar alguns para usar em rodadas futuras. Se terminassem as vinte rodadas com alguns guardados, podiam jogar outras vezes e continuar acumulando pontos, contanto que tivessem mirtilos. Neste jogo, as frutas determinavam a riqueza de uma pessoa. Mais mirtilos significavam mais tiros, o que queria dizer mais pontos e um prêmio melhor. O passo seguinte foi criar uma escassez de mirtilos. Tornamos alguns participantes ricos (recebiam seis mirtilos por rodada) e outros, pobres (recebiam apenas três por rodada).

Então, como eles agiram? É claro que os ricos marcaram mais pontos porque tinham mais mirtilos para atirar. Mas, olhando de outra maneira, os pobres se saíram melhor: foram mais precisos em seus tiros. Isso não aconteceu graças a uma melhora miraculosa da pontaria. Os pobres demoravam mais tempo para atirar. (Não havia limite de tempo para os tiros.) Eles miravam com mais cuidado. Tinham menos tiros, portanto eram mais criteriosos. Os ricos, por outro lado, simplesmente deixavam os mirtilos voarem. Não é que os ricos, por terem mais tiros, tenham se entediado e decidido dedicar menos tempo à tarefa. Também não é que eles tenham ficado cansados. Mesmo nos primeiros tiros eles já focavam menos e atiravam com menos cuidado do que os pobres. Isso coincide com a nossa previsão. Por terem menos mirtilos, os pobres desfrutaram de um dividendo de foco.

De certa maneira, é surpreendente que a escassez de mirtilos tenha provocado efeitos semelhantes àqueles observados nos prazos, escassez de tempo. Ter menos mirtilos em um jogo de videogame não é muito parecido com ter apenas alguns minutos restantes em uma reunião ou algumas horas para terminar um projeto. Concentrar-se em cada tiro, na distância para puxar o elástico e no momento de soltá-lo tem pouca semelhança com as escolhas complexas que determinam uma conversa e um ritmo de trabalho. Havíamos tirado do mundo toda a sua complexidade, exceto a escassez, mas o mesmo comportamento se fez presente. Esses resultados iniciais com os mirtilos ilustram como, independentemente do que mais possa acontecer no mundo além disso, a escassez pode criar um dividendo de foco.

Os efeitos da escassez observados em condições controladas mostram mais uma coisa. No mundo real, pobres e ricos diferem de muitas maneiras. Seus históricos e experiências diversos os levam a ter personalidades, habilidades, saúde, educação e preferências diferentes. Aqueles que se veem trabalhando no último minuto do prazo podem simplesmente ser pessoas diferentes. Quando vemos alguém com um comportamento ímpar, podemos dizer que ele é causado pela escassez, mas o motivo também pode vir de qualquer uma de várias outras diferenças. Em Angry Blueberries, um cara ou coroa determinou quem era "rico" (em mirtilos) e quem era "pobre". Agora, se comportamentos diferentes foram observados nesses indivíduos, não podemos atribuir isso a qualquer diferença pessoal inerente sistemática; essa diferença se deve à única coisa que os distingue: a escassez de mirtilos. Criando a experiência em laboratório, podemos desembaraçar a escassez dos nós que geralmente a cercam. Sabemos que ela tem de ser o motivo da mudança.

O dividendo de foco, a maior produtividade diante do fim de um prazo ou a vantagem da precisão dos pobres em mirtilos, provém de nosso mecanismo principal: a escassez captura a mente. Aqui a palavra *captura* é essencial: isso acontece inevitavelmente e está fora de nosso controle. A escassez nos permite fazer algo que não conseguiríamos fazer sozinhos com a mesma facilidade.

Nesse ponto, mais uma vez, o jogo oferece um vislumbre sugestivo. Teoricamente, os ricos em Angry Blueberries poderiam ter empregado uma estratégia em que fingissem ser pobres. Poderiam ter usado apenas três tiros em cada rodada (como os pobres) e guardado o resto. Isso os teria levado a jogar o dobro de rodadas dos "realmente" pobres e, assim, teria lhes permitido ganhar o dobro de pontos. Na realidade, os ricos em mirtilos não ganharam nem de perto o dobro durante cada jogo. É claro que os jogadores podem não ter notado essa estratégia. Mas, se a tivessem percebido, não teriam sido capazes de fazer muito em relação a isso.

É difícil fingir escassez. O dividendo dela acontece por conta de sua imposição sobre nós, que capta nossa atenção em detrimento de todo o resto. Vimos que isso acontece de uma maneira que está além do controle consciente, sendo processada em milésimos de segundo. É por isso que um prazo iminente nos leva a evitar distrações e tentações tão depressa: ele as afasta. Assim como não podemos fazer cócegas em nós mesmos com eficiência, é extremamente difícil nos enganarmos para trabalhar mais fingindo um prazo. Um prazo imaginário será apenas isso: imaginado. Nunca vai capturar nossa mente da mesma maneira que um prazo de verdade.

Esses dados mostram como a escassez captura a atenção em muitas escalas de tempo. Na introdução, vimos que a escassez captura a atenção em um nível de milésimos de segundo, o tempo que os famintos levaram para reconhecer a palavra BOLO. Vemos isso nas escalas de minutos (apontando mirtilos) e de dias e semanas (universitários no último semestre aproveitando ao máximo seu tempo antes da formatura). A força da escassez, que começa em milésimos de segundo, acumula-se em comportamentos que vão bem além das escalas de tempo. Tudo isso ilustra como a escassez captura a mente, tanto de maneira subconsciente quanto de maneira mais deliberada. Como diria o psicólogo Daniel Kahneman, a escassez captura a mente tanto quando pensamos rápido como quando pensamos devagar.

ENTRANDO NO TÚNEL

Às 22 horas de 23 de abril de 2005, Brian Hunton, do corpo de bombeiros de Amarillo, recebeu o que seria seu último chamado.

Alguns chamados se revelam alarmes falsos. Outros, como esse incêndio em uma casa na rua South Polk, revelam-se bastante reais. Sem saber qual é qual, os bombeiros levam todos os chamados a sério. Cada alarme cria um rigoroso procedimento de incêndio: os bombeiros precisam ir de uma noite relaxada em seu posto para uma cena de incêndio, prontos para enfrentar as chamas. Não basta chegar lá depressa: precisam chegar totalmente equipados e preparados. Eles ensaiam e otimizam cada passo. Treinam até como se vestir mais rápido. Tudo isso compensa. Sessenta segundos depois do chamado, Hunton e o restante da equipe estavam equipados e no caminhão, todos com suas calças, jaquetas, capuzes, luvas, capacetes e botas.

Pessoas de fora da comunidade de combate a incêndios se surpreendem com a maneira como Hunton perdeu a vida. Ele não morreu em consequência de queimaduras no incêndio. Nem por inalação de fumaça ou no desabamento de um prédio. Na verdade, Hunton nunca chegou ao incêndio. Quando o caminhão dos bombeiros seguia depressa para a rua South Polk, fez uma curva fechada. Quando virou a esquina a toda velocidade, a porta traseira esquerda se abriu. Hunton caiu do caminhão e bateu a cabeça no asfalto. O forte impacto causou um traumatismo craniano grave, que o matou dois dias depois.

Essa morte é trágica porque poderia ter sido evitada. Se ele estivesse usando cinto de segurança quando a porta se abriu por acidente, poderia ter sido sacudido, mas estaria a salvo.

A morte de Hunton é particularmente trágica porque não é um caso isolado. Algumas estimativas apontam os acidentes com veículos como a segunda maior causa de mortes de bombeiros, depois de ataque cardíaco. Entre 1984 e 2000, as colisões de veículos motorizados responderam por 20% e 25% das mortes de bombeiros. Em 79% dos casos, os bombeiros não estavam usando cinto de segurança. Embora não se possa saber ao certo, parece lógico que o simples uso do cinto poderia ter salvado muitas dessas vidas.

Os bombeiros conhecem essas estatísticas. Eles as aprendem em aulas de segurança. Hunton, por exemplo, formara-se em um curso de segurança um ano antes. "Não conheço um bombeiro que não use o cinto de segurança ao dirigir um veículo pessoal", escreveu Charlie Dickinson, vice-administrador da U.S. Fire Administration, em 2007. "Não conheço um bombeiro que não insista para que os membros de sua família também o usem. Por que então os bombeiros perdem suas vidas sendo atirados para fora dos veículos de combate a incêndio?"

Na correria para atender a um chamado, os bombeiros confrontam a escassez de tempo. Não basta entrar no caminhão e ir depressa para o incêndio, muitas outras preparações são necessárias na hora em que eles chegam ao local de destino. Eles planejam estratégias a caminho. Usam a tela de um computador a bordo para estudar a estrutura e a planta do prédio em chamas. Decidem as formas mais eficientes de entrada e saída. Calculam a quantidade de mangueiras necessárias. Tudo isso precisa ser feito no breve tempo que levam para chegar ao local do incêndio. E os bombeiros são excelentes para administrar a escassez. Chegam a incêndios distantes em minutos. Colhem um grande dividendo de foco. Mas há um preço a ser pago por esse dividendo.

Focar a atenção em uma coisa significa negligenciar outras. Todos já tivemos a experiência de estarmos tão entretidos com um livro ou programa de televisão que deixamos de registrar uma pergunta feita por um amigo sentado ao lado. O poder de concentração é também o poder de excluir coisas. Em vez de dizer que a escassez nos faz "focar", poderíamos facilmente dizer que a escassez nos leva a *entrar no túnel*: concentrar com determinação a atenção na administração da escassez presente.

O termo *entrar no túnel* tem o objetivo de evocar a visão em túnel, a perda da visão periférica, o estreitamento do campo visual em que objetos dentro do túnel ficam sob um foco mais acentuado e ao mesmo tempo nos tornando cegos para tudo o que está na periferia, do lado de fora. Ao escrever sobre fotografia, Susan Sontag fez um comentário que se tornou conhecido: "Fotografar é emoldurar, e emoldurar é excluir." Com *entrar no túnel*, queremos dizer o equivalente cognitivo dessa experiência.

Os bombeiros, pelo que foi constatado, não se concentram apenas em chegar ao incêndio preparados e a tempo; eles entram no túnel. Considerações não relacionadas, neste caso o cinto de segurança, são negligenciadas. É claro que não há nada de exclusivo nos bombeiros, em se tratando de entrar no túnel, e pode ser que haja outros motivos para eles não usarem o cinto de segurança. Mas um cinto de segurança que sequer pensamos em colocar não pode mesmo ser usado.

Focar é positivo: a escassez foca nossa concentração no que parece importar mais no momento. *Entrar no túnel*, não: a escassez nos leva a entrar no túnel e negligenciar outras coisas, possivelmente mais importantes.

O PROCESSO DE NEGLIGENCIAR

Entrar no túnel muda a maneira como fazemos escolhas. Imagine que, certa manhã, você falte à aula de ginástica habitual para terminar um trabalho. Está diante de um prazo apertado e o trabalho é sua prioridade. Como essa escolha foi feita? É possível que você tenha tomado uma decisão ponderada. Você calculou a frequência com que tem ido à ginástica recentemente. Pesou os benefícios de ir mais uma vez em relação à necessidade imediata de seu projeto e decidiu faltar à aula. As poucas horas extras de trabalho nessa manhã eram mais importantes do que se exercitar. Neste cenário, se você estivesse sem a influência mental da escassez, ainda assim teria concordado que faltar à ginástica nesse dia era a melhor escolha.

Em contraste, quando entramos no túnel, fazemos uma escolha diferente. O prazo cria seu próprio foco estreito. Você acorda com a mente voltada para suas necessidades mais imediatas, alvoroçada com isso. A ginástica pode sequer passar por sua cabeça, nem mesmo entrar no túnel já cheio. Você falta à ginástica sem nem mesmo considerá-la. E, ainda que a considere, os custos e benefícios são vistos de maneira diferente. O túnel magnifica os custos — menos tempo para seu projeto — e minimiza os benefícios, fazendo os de longo prazo parecerem muito menos urgentes. Você falta à ginástica sem se importar se é a escolha certa ou não, sem que o cálculo neutro de custo-benefício o leve à mesma conclusão. O motivo que nos leva a ser mais produtivos quando estamos diante do fim de um prazo — menos pensamentos de desvio nos invadem — também nos leva a fazer escolhas de maneira diferente.

O túnel muda o que vem à mente. Para você ter uma ideia de como esse processo ocorre, experimente essa tarefa simples: faça uma lista de tantas coisas brancas quanto conseguir se lembrar. Tente. Para facilitar um pouco, daremos algumas opções óbvias para começar. Pare por um minuto e pense em outras coisas brancas.

Neve	Leite	___	___	___
___	___	___	___	___
___	___	___	___	___

Quantas coisas você conseguiu citar? A tarefa foi mais difícil do que você pensou que seria?

Pesquisas mostram que há uma maneira de facilitar essa tarefa: *não* lhe mostrar as palavras "leite" e "neve". Nos testes, pessoas que receberam essa ajuda citaram um total de itens menor, mesmo contando as amostras grátis.

Esse resultado perverso é uma consequência do que os psicólogos chamam de *inibição*. Depois que a ligação entre "branco" e "leite" é ativada em sua mente, cada vez que você pensa em "coisas que são brancas" essa ligação ativada puxa sua mente de volta ao "leite" (ativando-a ainda mais). Como consequência, todas as outras coisas brancas são inibidas, ficam difíceis de alcançar. Você tem um branco. Mesmo pensar em exemplos para esse parágrafo foi difícil. "Leite" é um objeto tão reconhecidamente branco que, depois de ativado, expulsa qualquer outro. Esta é uma característica básica da mente: focar em algo inibe conceitos concorrentes. Inibição é o que acontece quando você se zanga com uma pessoa e fica mais difícil se lembrar de características boas dela: o foco nas características irritantes inibe as lembranças positivas.

A mente não inibe apenas palavras ou lembranças. Em um estudo, os participantes foram solicitados a escrever um objetivo pessoal, um atributo que descrevesse uma característica (por exemplo, "popular" ou "bem-sucedido") que gostariam de alcançar. Metade deles foi solicitada a citar um objetivo pessoal importante. A outra metade foi solicitada a citar qualquer objetivo. Depois disso, assim como na experiência anterior com o leite, os dois grupos foram solicitados a listar tantos objetivos quanto conseguissem (importantes ou não). Começar com um objetivo importante os levou a citar 30% menos de objetivos. Assim como o "leite" tende a excluir outros objetos brancos, ativar um objetivo importante exclui objetivos concorrentes. Focar em algo que importa para você o torna menos capaz de pensar em outras coisas que lhe interessam. Psicólogos chamam isso de *inibição de objetivo*.

A inibição de objetivo é o mecanismo subjacente ao túnel. A escassez cria um objetivo forte — lidar com necessidades prementes — que inibe outros objetivos e considerações. O bombeiro tem um propósito: chegar ao local do incêndio depressa. Esse propósito inibe a invasão de outros pensamentos. Isso pode ser bom, uma vez que a mente dele fica livre de pensamentos sobre o jantar ou a poupança para a aposentadoria, focando no incêndio pela frente. Mas também pode ser ruim. Coisas não relacionadas ao objetivo imediato (como o cinto de segurança) não passarão por sua cabeça; e mesmo que passem, preocupações mais urgentes as abafam. É nesse sentido que o cinto de segurança e o risco de um acidente são negligenciados.

A inibição é motivo tanto para os benefícios da escassez (o dividendo de foco) quanto para os custos dela. Inibir distrações torna possível que você se concentre. Voltando a um exemplo anterior, por que fomos tão produtivos trabalhando com um prazo? Porque fomos menos distraídos. O e-mail do colega não vem à mente e, se vem, é facilmente descartado. E a inibição de objetivo é o motivo pelo qual nos distraímos menos. O objetivo principal, terminar de escrever o capítulo, capturou nossa mente. Inibiu todas aquelas distrações que criam a procrastinação, como e-mails, um videogame ou um lanchinho. Mas inibiu também coisas que teríamos de fazer, como ir à aula de ginástica ou dar um telefonema importante.

Nós focamos a atenção e entramos no túnel, fazemos e negligenciamos pelo mesmo motivo: as coisas fora do túnel são inibidas. Quando trabalhamos com um prazo apertado, faltar à ginástica pode fazer sentido ou não. Apenas não pensamos (ou não pensamos o bastante) sobre isso dessa maneira quando decidimos não ir à ginástica por causa do fim do prazo. Nossa mente não está atenta àquele problema sutil do custo-benefício; está concentrada no fim do prazo. Considerações que caem dentro do túnel são examinadas com cuidado. Considerações que caem fora do túnel são negligenciadas, para o bem ou para o mal. Pense no controlador de tráfego aéreo que administra vários aviões no ar. Quando um grande avião de passageiros relata problemas no motor, ele foca nisso. Durante esse tempo, negligencia não apenas seus planos para o almoço, como também os outros aviões sob seu controle, incluindo aqueles que podem de repente entrar em rota de colisão.

Vimos o dividendo de foco na experiência do Angry Blueberries. E, em laboratório, também podemos ver as consequências negativas de entrar no túnel. Se a negligência induzida pela escassez é insensível à análise de custos e benefícios, devemos ver a escassez criando negligência mesmo quando ela é prejudicial aos resultados. Para testar isso, fizemos outro estudo com Anuj Shah, em que demos aos participantes tarefas de memória simples, cada uma contendo quatro itens, como esta:

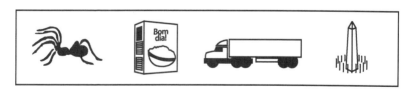

Os participantes do estudo memorizaram esses desenhos e depois foram solicitados a reconstituí-los. Eles receberam um dos quatro itens e foram solicitados a recordar os outros três. Por exemplo, depois de verem esse desenho, eles poderiam visualizar uma tela com a seguinte tarefa:

Reconstitua a cena que contenha:

Os participantes tiveram de buscar na memória quais eram os objetos que combinavam com a aranha no desenho original — um alimento, um veículo e um monumento. Eles receberam pontos por respostas corretas, e podiam demorar o quanto quisessem para responder. Não havia escassez de tempo. Mas havia escassez de adivinhações. Eles tinham um número limitado de tentativas. Conforme fizemos antes, criamos os ricos e os pobres em tentativas.

Para medir o custo de entrar no túnel, acrescentamos um truque. Fizemos os participantes jogarem dois desses jogos lado a lado. Eles receberam dois desenhos para memorizar e reconstituir. E nós os tornamos pobres (com direito a poucas tentativas) em um jogo e ricos (com direito a muitas tentativas) no outro. Assim, eles experimentavam a escassez ao tentarem reconstituir um desenho, mas não ao tentarem reconstituir o outro. Seus ganhos totais dependiam do desempenho nos dois jogos: eles tinham de fazer o máximo de pontos possível. Pense nisso como ter dois projetos, um deles com um prazo que termina amanhã e o outro com um prazo que termina uma semana depois. Se as pessoas entrassem no túnel, o que ganhassem em um desenho seria contrabalançado pelo desempenho pior no outro.

Coerentes com o dividendo de foco, as pessoas adivinharam com mais eficiência os desenhos em que eram pobres em tentativas. Mas também entraram no túnel: negligenciaram o outro desenho. E isso não foi eficiente. Elas tiveram um desempenho tão pior no desenho negligenciado que ganharam, no total, menos pontos do que os participantes que eram pobres nos *dois desenhos*. Ganharam menos embora tivessem direito a um total maior de tentativas. Uma escassez de tentativas nos dois jogos significou que elas não podiam negligenciar nenhum dos dois, enquanto a abundância em um jogo as levou a negligenciar esse jogo em favor daquele em que se sentiram pobres, e no qual focaram em demasia. Se a mudança no foco para o jogo pobre em tentativas tivesse sido deliberada, eles não a teriam levado a um extremo tão grande. Claramente, os custos e benefícios de entrar no túnel não foram medidos. As pessoas simplesmente entraram no túnel, e, nesse ambiente, isso as prejudicou.

Chamaremos essas consequências negativas de *taxa do túnel*. Naturalmente, se essa taxa domina o dividendo de foco, isso depende do contexto e das compensações. Mude o jogo um pouco, e o dividendo sai ganhando. O objetivo do estudo não era mostrar que os custos de entrar no túnel sempre dominam os benefícios de focar a atenção. Em vez disso, o que o estudo mostra é que as considerações sobre custo e benefício não determinam se entraremos ou não no túnel. A escassez captura nossas mentes automaticamente. E, quando isso acontece, não fazemos escolhas usando um cálculo cuidadoso de custo e benefício. Ao administrarmos a escassez, entramos no túnel tanto para nosso benefício quanto para nosso prejuízo.

A TAXA DO TÚNEL

> *Fiz um curso de leitura dinâmica e li* Guerra e Paz *em vinte minutos. Falava da Rússia.*
>
> Woody Allen

Como os exemplos anteriores são abstratos, fechamos com algumas situações intuitivas de como a taxa do túnel pode ocorrer na vida diária. Elas não ilustram necessariamente como as pessoas podem ser enganadas, mas como entrar no túnel pode nos levar a ignorar certas considerações. Primeiramente, alguns conselhos do *Wall Street Journal* sobre como economizar dinheiro.

Está bem. Então você quer economizar mais US$10 mil até o próximo Dia de Ação de Graças. Como fazer isso? Você já ouviu diversas vezes as duras lições de frugalidade. E já faz coisas óbvias, como cortar os cafezinhos na rua, aumentar a franquia do seguro [ênfase nisso] e manter distância de lojas caras.

Aumentar a franquia é uma boa ideia? Para alguém com um orçamento apertado, esta é uma pergunta difícil de responder. Sim, isso economiza dinheiro, mas tem um custo. Você pode economizar dinheiro de início, mas corre o risco de ter um custo maior em caso de acidente. Uma escolha sensata sobre a franquia levaria essas considerações em conta. Mas, dentro do túnel, uma consideração ganha forma: a necessidade de economizar dinheiro imediatamente. Aumentar a franquia, assim como cortar os cafezinhos na rua ou o cinema, economiza dinheiro nesse momento e está bem dentro do túnel. A outra preocupação, como pagar o conserto caso o carro quebre, fica fora do túnel.

Isso pode levar as pessoas não apenas a aumentar a franquia, mas a abrir mão do seguro de vez. Pesquisadores em países pobres acharam difícil levar agricultores pobres a adquirir muitos tipos de seguros, seja o de saúde ou o de colheita. O seguro de chuva, por exemplo, protegeria esses agricultores da devastação que a falta (ou o excesso) de chuva poderia causar a seu meio de vida. Mesmo com subsídios extremamente generosos, a maioria dos agricultores (em alguns casos mais de 90%) não faz seguro. O mesmo acontece com o seguro de saúde. Ao serem perguntados por que não possuem um, os agricultores pobres muitas vezes explicam que não têm condições de pagá-lo. Isso é irônico, uma vez que é possível pensar exatamente o oposto: que eles não podem se permitir *não* ter seguro. Aqui, o seguro é uma vítima da entrada no túnel. Para um agricultor com dificuldade de conseguir dinheiro suficiente para comida e despesas vitais da semana, a ameaça de pouca chuva ou de despesas médicas na próxima estação parece abstrata. E claramente cai fora do túnel. O seguro não cuida de nenhuma das necessidades — comida, aluguel, mensalidade escolar — pressionando sua mente no momento. Em vez disso, ele as exacerba, mais um peso em um orçamento já pesado.

Outra manifestação da entrada no túnel é a decisão de realizar várias tarefas ao mesmo tempo. Você pode checar os e-mails enquanto "ouve" uma teleconferência, ou olhar um pouco mais os e-mails no celular durante o jantar. Isso pode poupar tempo, mas tem um custo: perder algo na teleconferência ou no jantar, ou talvez escrever um e-mail descuidado. Esses custos são notórios quando dirigimos um carro. Quando você pensa em um motorista multitarefas, pensa em alguém falando ao celular. Na verdade, estudos mostram que falar ao celular (no viva voz) enquanto dirige pode ser pior do que dirigir após ingerir uma quantidade de álcool acima da permitida. Mas também podemos pensar nesse motorista comendo um sanduíche. Estudos mostram que comer dirigindo pode ser um perigo tão grande quanto falar ao celular. E esta é uma prática muito comum: um estudo verificou que 41% dos norte-americanos já comeram uma refeição inteira — café da manhã, almoço ou jantar — enquanto dirigiam. Comer dirigindo poupa um pouco de tempo, mas você corre o risco de manchar o estofado, sofrer um acidente e arranjar um tipo diferente de pneu sobressalente: as pessoas consomem mais calorias quando estão distraídas. Entrar no túnel promove as multitarefas porque propicia uma economia de tempo dentro do túnel, mas os problemas que isso cria com frequência caem fora dele.

Às vezes, quando estamos no túnel, negligenciamos completamente outras coisas. Se estamos ocupados com um projeto premente, restringimos o tempo com nossas famílias, deixamos de pôr nossas finanças em ordem ou adiamos um check-up médico regular. Quando você está com muita pressa, é mais fácil dizer, "Posso passar um tempo com as crianças semana que vem", em vez de "Na verdade, as crianças precisam de mim. Quando terei tempo de novo?" É mais difícil ver com clareza o que está fora do túnel, e é mais fácil desdenhar disso e mais provável excluí-lo.

As empresas não estão imunes à psicologia da escassez. Por exemplo, em tempos difíceis, muitas firmas cortam orçamentos de marketing. Alguns especialistas acreditam que esta não é uma boa decisão de negócios. Na verdade, isso se parece bastante com entrar no túnel. Como explica um consultor de pequenos negócios:

> *Em tempos difíceis, muitos pequenos negócios cometem o erro de cortar muito o orçamento de marketing ou mesmo de eliminá-lo de vez. Mas os tempos difíceis são justamente os tempos em que os pequenos negócios mais precisam de marketing. Os consumidores estão inquietos e querendo fazer mudanças em suas decisões de compra. É preciso ajudá-los a encontrar seus produtos e serviços e escolhê-los em vez de outros, expondo seu nome. Portanto, não desista do marketing. Na verdade, se possível, aumente seus esforços nessa área.*

Resolver esse debate — se cortar as despesas de marketing durante recessões é eficiente — exigiria um bocado de trabalho empírico. O que podemos dizer é que os benefícios do marketing parecem muito com o tipo de coisa que você negligenciaria no túnel, quando está focado em reduzir o orçamento do trimestre. O marketing, assim como a apólice de seguro, tem um custo dentro do túnel, enquanto seus benefícios ficam fora.

Em muitos desses exemplos, pode-se perguntar de maneira razoável se as escolhas feitas são ruins. Como sabemos que o tempo economizado ao comermos dirigindo não vale o risco maior de acidente? É sempre um desafio decidir se uma escolha específica foi errada. Se, ao focar no fim de um prazo, você negligencia seus filhos, esta é uma escolha ruim? Quem poderá dizer? Isso depende das consequências de um desempenho ruim no trabalho, do impacto de sua ausência na criação de seus filhos e até do que você quer da vida. Um observador externo precisaria de muito esforço para desembaraçar essas considerações. Mas, ao expor *o modo* como a entrada no túnel opera, como algumas considerações são ignoradas com frequência, a mentalidade da escassez pode jogar luz sobre a questão mesmo sem resolver esses debates.

Ela nos diz, por exemplo, que devemos ser cautelosos ao deduzir preferências a partir de comportamentos. Podemos ver uma pessoa ocupada negligenciando os filhos e concluir que ela não se importa tanto com as crianças quanto com seu trabalho. Mas isso pode estar errado, assim como seria errado concluir que o agricultor sem seguro não se preocupa particularmente com a perda de colheita em caso de chuva. A pessoa ocupada pode estar dentro do túnel. Ela pode valorizar muito o tempo com os filhos, mas o projeto que está correndo para terminar empurra tudo isso para fora.

Mais tarde, ela poderá olhar para trás e relatar uma grande angústia por não ter passado mais tempo com os filhos. Essa é uma angústia genuína, não apenas uma obediência às normas sociais. É a decepção previsível para qualquer pessoa que entra no túnel. Os projetos precisam ser concluídos agora; as crianças estarão ali amanhã. Ao nos lembrarmos de como nosso tempo ou dinheiro foi gasto em momentos de escassez, estamos fadados à decepção. A escassez imediata ganha vulto, e coisas importantes não relacionadas a ela serão negligenciadas. Quando experimentamos a escassez repetidamente, essas omissões podem aumentar. Isso não deve ser confundido com falta de interesse; afinal de contas, a própria pessoa lamenta isso.

Iniciamos o capítulo mostrando como a escassez captura nossa atenção. Agora, vemos que esse mecanismo primitivo resulta em algo muito maior. A escassez altera o modo como vemos as coisas; ela nos faz escolher de maneira diferente. Isso cria benefícios: somos mais eficientes no momento. Mas também tem um preço: nosso objetivo único nos leva a negligenciar o que valorizamos.

2. A taxa da largura de banda

Apresentaremos três exemplos sobre a escassez que ilustram uma consequência diferente do foco:

Um de seus maiores clientes lhe informou que buscará outras possibilidades. Você convence o gerente da conta a ouvir um último argumento. Ele concorda, mas diz que tem de ser amanhã. Você cancela e adia todas as outras reuniões e tarefas. Dedica todo o tempo que tem a planejar a argumentação. Mas um compromisso não pode ser evitado: esta noite, sua filha vai jogar no campeonato local de softbol. Por um instante, você até pensa em faltar, mas seu lado bom vence (por pouco). O evento de sua filha, com certeza, parece tão importante para ela quanto sua reunião com o gerente parece para você. A caminho do jogo, sua filha percebe que esqueceu seu amuleto da sorte em casa. Você é ríspido com a menina antes de fazer a volta para apanhar o amuleto. Quando se recompõe, é tarde demais. Ela já estava nervosa antes do jogo e você piorou a situação. Algo que era divertido se tornou tenso. No jogo, você não consegue se divertir. Não para de pensar naquela apresentação. Não que você possa trabalhar nisso agora, mas simplesmente não consegue se concentrar no jogo. Está distraído e, quando sua filha olha de vez em quando para você, dá para ver que ela percebe. Para sua sorte, o time dela ganha, e a comemoração ajuda a encobrir seus erros. Mas seu desempenho esta noite certamente não o levaria a qualquer Hall da Fama dos pais.

John tem uma prova da faculdade amanhã. Embora seus pais tenham economizado para a educação universitária dos filhos, não foi o bastante. Nunca imaginaram que a mensalidade subiria tanto. John é o filho mais novo e, quando chegou sua vez, os recursos haviam diminuído, e a mensalidade era ainda maior. Ainda assim, ele optou por ir para uma faculdade mais prestigiada, porém mais cara. Se era para investir em um diploma universitário, raciocinou, ele investiria também na instituição que valesse mais a pena. John juntou empréstimos estudantis, a ajuda financeira da faculdade e bolsas de estudos. Era uma confusão, mas de algum modo funcionou. Aquela sempre lhe pareceu uma boa escolha. Até agora. Duas bolsas de estudos que seriam renovadas automaticamente sumiram de repente; as fundações que as concediam foram bastante afetadas pela recessão e obrigadas a reduzi-las. Como ele vai pagar as mensalidades do semestre seguinte? O pagamento precisa ser feito em menos de um mês. O banco lhe daria outro empréstimo estudantil? Ele pode arcar com isso? Poderia pedir um empréstimo aos tios; seu pai odiaria a ideia, mas será que ele tem escolha? Deveria pedir transferência para a faculdade local? John não consegue se concentrar. Não para de pensar no que pode fazer. Preocupado, perde uma reunião de grupo de estudo à qual queria — e precisava — ir. Essa não é a hora de fazer a prova, mas ele não tem escolha. Quando o dia chega, ele tenta focar, mas sua mente escapa para outros pensamentos. Ele erra algumas questões fáceis e fica duplamente chateado no fim do dia. Além de estar com dificuldade para pagar a mensalidade, está aborrecido com seu péssimo desempenho na prova.

O gerente de um fast-food lamenta seus problemas com os funcionários (que recebem salários baixos). "Eles são muito irresponsáveis", diz. O homem reclama que passa a maior parte do tempo tentando fazer com que seus subordinados se comportem melhor com os clientes. "O serviço ao cliente é isso", diz a eles. "Abra um sorriso. Seja simpático. Quando o cliente falar com você, converse com ele. Quando o cliente for grosseiro, não seja rude. É sua obrigação ser educado." O gerente passa o resto do tempo lidando com erros de desatenção. "Quando alguém diz que quer batata frita média, é difícil apertar o botão que diz 'fritas'?", pergunta, incrédulo. O homem está claramente frustrado com os funcionários. "Talvez eles simplesmente não se importem. Talvez seja a educação neste país. Talvez seja o modo como foram criados", diz.

Esses exemplos ilustram diferentes consequências da captura da atenção pela escassez. No capítulo anterior, vimos como entrar no túnel distorce nossas escolhas. Tentando focar em fazer com que o dinheiro cubra as despesas neste momento, deixamos de considerar o impacto futuro de aumentar a franquia do seguro. Em contrapartida, nos exemplos deste capítulo vemos pessoas tentando focar em algo que não está relacionado à escassez imediata. Não vemos o executivo estressado enquanto está elaborando seus argumentos de venda, mas quando atua como pai. Não vemos o estudante sofrer quando está tentando cobrir suas despesas, mas no momento em que tenta se concentrar na prova. Não vemos as dificuldades do trabalhador de baixa renda quando ele está em casa administrando suas finanças, mas enquanto está no trabalho servindo comida.

Essas histórias ilustram uma hipótese central: como o foco na escassez é involuntário e como captura nossa atenção, ele impede nossa capacidade de focar em outras coisas. O executivo está tentando se concentrar no jogo de softbol da filha, mas a escassez o distrai. Mesmo quando tentamos fazer outra coisa, o túnel da escassez nos puxa. A escassez em uma área da vida significa que temos menos atenção, menos concentração, nas demais áreas.

O conceito de *menos mente* é bem estudado por psicólogos. Embora pesquisas cuidadosas em psicologia empreguem várias distinções claras para captar essa ideia, usaremos o termo geral *largura de banda* para cobrir todas elas. A largura de banda mede nossa capacidade computacional, ou nossa capacidade de prestar atenção, para tomar boas decisões, manter nossos planos e resistir a tentações. A largura de banda está relacionada a tudo, desde inteligência e desempenho no vestibular até controle de impulsos e sucesso em dietas. Este capítulo faz uma afirmação ousada. Ao nos puxar constantemente de volta para o túnel, a escassez taxa nossa largura de banda e, como resultado, inibe nossas capacidades mais fundamentais.

O VOLUME ESTÁ ALTO AQUI DENTRO

Imagine estar em um escritório localizado perto de trilhos de ferrovias. Os trens chacoalham várias vezes por hora. Eles não são ensurdecedores. Não atrapalham conversas. A princípio, não emitem ruídos altos o bastante para impedir que você trabalhe. Mas é claro que impedem. Quando você tenta se concentrar, o chacoalhar de cada trem o distrai daquilo que está fazendo. A interrupção em si é breve, mas seu efeito dura mais. Você precisa de tempo para retomar o foco, para reunir seus pensamentos. Pior: justo quando você voltou a se fixar, outro trem passa chacoalhando.

Essa descrição reflete as condições de uma escola em New Haven localizada ao lado de uma linha de trem barulhenta. Para medir o impacto desse ruído sobre os estudantes, dois pesquisadores observaram que apenas um lado da escola ficava de frente para os trilhos, portanto os estudantes das salas de aula desse lado estavam particularmente expostos ao barulho, mas, exceto por isso, eram semelhantes aos demais colegas. Os pesquisadores verificaram uma diferença incrível entre os dois lados da escola. Os alunos da turma cuja sala se localizava próxima ao lado do trem estavam um ano inteiro atrás dos colegas da mesma série cuja sala se localizava no lado mais silencioso. Outras evidências surgiram quando a prefeitura, motivada por esse estudo, instalou isolantes de som. Os pesquisadores verificaram que isso eliminou a diferença: a partir de então, estudantes dos dois lados do prédio passaram a apresentar desempenhos do mesmo nível. Toda uma série de estudos subsequentes mostrou que o barulho pode prejudicar a concentração e o desempenho. Mesmo que o impacto do barulho não o surpreenda, o tamanho do impacto (um ano escolar inteiro) deveria surpreender. Na verdade, esses resultados refletem muitos estudos de laboratório que documentaram os fortes efeitos de uma distração, ainda que pequena.

Agora, imagine-se trabalhando em um escritório agradável e silencioso: não há qualquer coisa para perturbá-lo, nenhum trem. Em vez disso, você está se debatendo com o financiamento de sua casa e com o fato de que está difícil aparecerem trabalhos. Você e sua esposa ou marido estão levando uma vida de casal com duas rendas, mas que tem apenas uma renda e um quarto de outra. Você se senta para focar no trabalho. Logo sua mente começa a divagar. *Será que devemos vender o segundo carro? Será que devemos fazer outro empréstimo?* De repente, o escritório já não está mais tão silencioso. É igualmente difícil ignorar esses trens de pensamentos barulhentos. Eles chegam com regularidade ainda maior e também não foram convidados. Mas puxam você a bordo. *Será que devemos vender o segundo carro?* leva a *Isso daria algum dinheiro, mas tornaria a logística muito mais difícil, justo quando preciso trabalhar o máximo possível. Não queremos arriscar o único emprego estável que temos.* Você pode viajar nesses trens de pensamentos durante algum tempo até se libertar e voltar a se concentrar na tarefa. Embora pareça silenciosa, a sala está cheia de perturbações — perturbações que vêm de dentro.

É assim que a escassez taxa a largura de banda. As coisas que nos distraem, que ocupam nossa mente, não precisam vir de fora de nós. Muitas vezes nós mesmos as geramos, e essas distrações podem perturbar mais a nossa atenção do que um trem de verdade. Esses trens de pensamentos rugem de relevância pessoal. A distração com o financiamento da casa perdura porque importa. Não é uma chateação passageira, e sim uma preocupação pessoal. É uma distração precisamente porque nos leva a entrar no túnel. A preocupação persistente prende-se à mente, puxando-nos para dentro. Assim como um barulho externo que nos afasta de um pensamento claro, a escassez gera uma perturbação *interna*.

A noção de "perturbação interna" é lugar-comum nas ciências cognitivas e na neurociência. Muitos estudos têm documentado o impacto profundo dos pensamentos internos — mesmo algo trivial, como memorizar uma sequência de números em sua cabeça — sobre a função cognitiva geral. E anos de estudos de laboratório combinados a evidências de ressonância magnética funcional têm nos ensinado sobre a maneira como o cérebro foca e como é perturbado. Uma distinção comum é aquela entre os processos "de cima para baixo", nos quais a mente é direcionada por escolha consciente sobre em que se concentrar, e os processos "de baixo para cima", nos quais a atenção é capturada por um estímulo ou outro de maneiras consideradas de difícil controle. Vimos isso na introdução, quando palavras relacionadas a comida capturaram a atenção dos famintos. Você conhece bem a sensação: a qualquer momento, um movimento rápido ou um som captura sua atenção e a afasta daquilo que você está fazendo. Uma forma de distração particularmente digna de nota, e que não requer qualquer distrator externo, é a divagação da mente. Sem percebermos, o estado de repouso do cérebro — a rede padrão — tende a nos afastar do que estamos fazendo. Quando nossa mente "divaga", isso acontece sem estímulo consciente. Portanto, embora muitas vezes sejamos capazes de direcionar as atividades de nossos cérebros, às vezes perdemos esse controle. Para as crianças da escola próxima aos trens, a capacidade de permanecer focado na presença de distratores de baixo para cima também depende da quantidade de trabalho que o cérebro está realizando, do quanto ele está "carregado". Estudos sobre comportamento e neuroimagens têm mostrado que a distração, juntamente com a atividade cerebral relacionada à presença de distratores, aumenta quando a carga é elevada. A atenção de cima para baixo não consegue impedir as intrusões de baixo para cima. Quando alguém diz seu nome na sala, em um grupo, sua atenção se volta para aquilo, não importa o quanto você tente focar em outra coisa.

A própria escassez também captura a atenção por um processo de baixo para cima. É isso o que queremos dizer quando afirmamos que esse processo é involuntário, que está além do controle consciente. Como resultado, a escassez — assim como os trens ou os barulhos repentinos — também pode nos afastar quando estamos tentando focar em outra coisa.

Um estudo inicial testou essa ideia dando aos participantes uma tarefa bastante simples: apertar um botão ao ver um ponto vermelho na tela. Às vezes, pouco antes de o ponto aparecer, outra imagem surgia por um instante. Para pessoas que não estavam de dieta, essa imagem não tinha efeito algum sobre a visão do ponto. Em contrapartida, algo interessante acontecia com aqueles que estavam de dieta. Eles tendiam menos a ver o ponto vermelho quando tinham acabado de ver uma imagem de comida. A imagem de um bolo vista por um instante, por exemplo, reduzia as chances das pessoas que estavam de dieta de ver o ponto vermelho imediatamente depois: era como se o bolo as tivesse cegado. Isso acontecia apenas com imagens de comida; outras imagens não tinham efeito algum. É claro que aqueles que estavam de dieta não eram fisicamente cegos; suas mentes estavam apenas distraídas. Psicólogos chamam isso de *piscada de atenção*. A imagem da comida, que havia desaparecido, fazia-os piscar mentalmente. Quando o ponto aparecia, a mente deles estava em outro lugar, ainda pensando na comida. Tudo isso acontecia em uma fração de segundo, rápido demais para controlar. Rápido demais até para ter consciência do que havia acontecido. O título do estudo explicita isso muito bem: "All I Saw Was the Cake" ["Tudo o que vi foi o bolo"].

A piscada de atenção é breve. Os efeitos de distração causados pela escassez, conjecturamos, durariam muito mais tempo. Para testar isso, fizemos um estudo com o psicólogo Chris Bryan em que demos aos participantes caça-palavras como este:

CAÇA-PALAVRAS*

D	N	O	V	I	G	Z
I	T	J	M	S	F	U
Q	L	E	W	O	X	N
K	W	C	E	P	B	X
H	R	E	B	R	X	J
W	P	D	S	W	T	A
N	U	X	K	R	Z	S

STREET
TREE
PICTURE
CLOUD
CARPET
LAMP
DAYTIME
RAIN
VACUUM
DOOR

---

*Optamos por manter as palavras em inglês. As respectivas traduções são: rua, árvore, retrato, nuvem, tapete, luminária, dia, chuva, vácuo e porta. (N. do E.)

Os participantes procuravam a palavra em destaque (STREET, neste caso). Quando a encontravam e clicavam nela, uma nova grade aparecia, então eles procuravam a palavra seguinte. Um segundo grupo de participantes recebeu a mesma tarefa, mas com palavras ligeiramente diferentes. Por exemplo:

CAÇA-PALAVRAS*

O	Q	M	V	T	W	A	**CAKE**
J	O	R	G	T	M	G	TREE
R	M	X	H	T	D	K	DONUT
N	A	R	E	E	E	C	CLOUD
T	O	E	K	F	P	Z	SWEETS
Q	X	G	T	P	I	V	LAMP
J	C	A	K	E	Q	P	INDULGE
							RAIN
							DESSERT
							DOOR

As palavras de número par na ordem em que foram apresentadas são as mesmas nos dois grupos. As palavras de número ímpar são neutras no primeiro grupo, mas tentadoras no segundo: STREET virou CAKE, PICTURE virou DONUT, e assim por diante. Em seguida, observamos quanto tempo os participantes demoravam para encontrar as mesmas palavras, aquelas que eles tinham em comum, as de número par e neutras.

Para a maioria dos participantes, a mudança das palavras de número ímpar não teve efeito algum. Mas para

---

*Optamos por manter as palavras em inglês. As respectivas traduções são: bolo, árvore, donut, nuvem, doces, luminária, satisfazer, chuva, sobremesa, porta. (*N. do E.*)

aqueles que estavam de dieta, teve. Eles demoraram um tempo 30% maior para encontrar CLOUD depois de acabarem de encontrar DONUT. Em geral, não foram lentos — encontraram CLOUD tão depressa quanto aqueles que não estavam de dieta quando a palavra era precedida por PICTURE. O problema foi com DONUT. O que está acontecendo aqui é evidente. É uma versão do que os psicólogos chamam de *interferência proativa*. A menção de donut leva a palavra para o topo da mente. Aquele que não está de dieta procura a palavra, e ao encontrá-la segue adiante. Em contrapartida, aquele que está de dieta acha difícil seguir adiante. Mesmo enquanto está buscando a palavra seguinte, CLOUD, aquele donut, tão perturbador quanto um trem barulhento, ainda está ali, atraindo sua atenção. E é difícil encontrar CLOUD quando a mente está em outro lugar.

Você com certeza já sentiu algo parecido. Se não com comida, talvez com o tempo. Você está pressionado pelo prazo apertado de um projeto, mas precisa ir a uma reunião não relacionada a ele. Até que ponto você vai aproveitar essa reunião? Sentado lá, você tenta se concentrar, mas, apesar do esforço, sua mente fica vagando por aquele prazo. Seu corpo está na reunião, mas sua mente está em outro lugar. Assim como a palavra DONUT para a pessoa que está de dieta, o prazo te desconcentra.

Imagine que você está navegando na internet em seu laptop. Com um computador razoavelmente rápido, é fácil navegar de uma página para outra. Mas imagine agora que há muitos outros programas abertos em segundo plano. Você tem música tocando, arquivos sendo baixados e uma penca de janelas de navegação abertas. De repente, está rastejando na internet, e não navegando. Esses programas em segundo plano estão consumindo os ciclos do processador. Seu navegador está fraco porque tem menos capacidade computacional para trabalhar.

A escassez faz algo semelhante com nosso processador mental. Ao carregar com frequência a mente com outros processos, ela deixa menos "mente" para a tarefa a ser feita naquele momento. Isso nos leva à hipótese central deste capítulo: *a escassez reduz diretamente a largura de banda* — não a capacidade inerente de uma pessoa, mas o quanto dessa capacidade está disponível para uso no momento.

Para testar essa hipótese, precisamos refinar a definição de *largura de banda*. Usamos esse termo como um substituto de vários conceitos psicológicos mais sutis e cuidadosamente pesquisados. Na verdade, estamos pisando em ovos. Como psicólogos, nos interessamos pelas distinções, funcionais ou não, entre os vários conceitos e suas funções cerebrais correspondentes. E *largura de banda* é um termo genérico que obscurece essas distinções. Mas, como cientistas sociais interessados nos efeitos da escassez, estamos dispostos a deixar as distinções sutis de lado, em grande parte como alguém poderia se referir a temas como *democracia* ou *partículas subatômicas* mas evitar as muitas distinções mais sutis que esses termos permitem. Para chegar a um consenso, continuaremos a usar o termo abrangente *largura de banda* para nos referirmos a dois componentes da função mental amplos e relacionados, que explicaremos agora em maior profundidade.

Podemos nos referir de maneira ampla ao primeiro deles como *capacidade cognitiva*, os mecanismos psicológicos subjacentes à nossa capacidade de resolver problemas, guardar informações, raciocinar de maneira lógica e assim por diante. Talvez o mecanismo mais proeminente dessa categoria seja a inteligência fluida, a capacidade de pensar e raciocinar de maneira abstrata e resolver problemas independentemente de qualquer aprendizado ou experiência específica. O segundo é o *controle executivo*, que é subjacente à nossa capacidade de administrar nossas atividades cognitivas, incluindo planejamento, atenção, iniciar e inibir ações e controlar impulsos. Em grande parte como um processador central, o controle executivo é essencial para nossa capacidade de funcionar bem. Ele determina nossa capacidade de focar, de mudar a atenção, de reter coisas na memória, de realizar mais de uma tarefa ao mesmo tempo, de nos automonitorarmos. A capacidade cognitiva e o controle executivo são multifacetados e ricos em nuances. E a escassez afeta ambos.

CAPACIDADE COGNITIVA

Uma das principais características da capacidade cognitiva é a inteligência fluida. Para testar o impacto da escassez sobre a capacidade cognitiva das pessoas, usamos a medida de inteligência fluida mais proeminente e universalmente aceita, o teste de Matrizes Progressivas de Raven, cujo nome remete ao psicólogo John Raven, que o desenvolveu na década de 1930. Para um exemplo, veja o exercício a seguir, semelhante a um item típico do teste de Raven, e pergunte a si mesmo qual das opções de 1 a 8 se encaixa no espaço vazio:

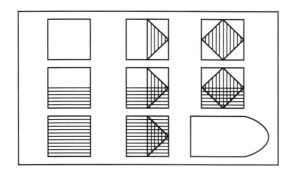

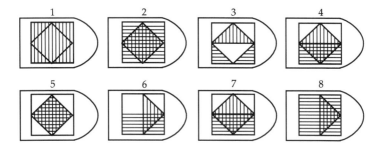

Pode ser que você reconheça esse exercício dos tempos de colégio. Trata-se de um componente comum de testes de quociente de inteligência (QI). Embora os testes de QI sejam complexos e variados, a maioria concorda que o teste das Matrizes Progressivas de Raven é um de seus componentes mais importantes e confiáveis. O teste de Raven não exige qualquer conhecimento sobre acontecimentos do mundo nem um pequeno estudo formal. É a maneira mais comum de psicólogos, educadores, militares e outros medirem o que é chamado de inteligência fluida, a capacidade de pensar de maneira lógica e analisar e resolver problemas novos, independentemente de conhecimentos anteriores. Um mecânico raciocinando sobre por que um motor não liga usa tanto seu conhecimento prévio sobre veículos automotivos quanto suas habilidades de raciocínio. O mesmo mecânico, olhando uma Matriz de Raven, aplica suas habilidades de raciocínio a um contexto em que não tem expertise alguma — ele está em condições iguais às de um agricultor da Índia. Isso tornou o teste de Raven muito útil como medida da inteligência geral, aquela que supostamente transcende uma cultura específica. Ainda assim, há céticos. Aqueles que são familiarizados com testes e acostumados a se submeter a eles decerto terão um desempenho mais alto. Os que estudaram geometria poderão se sair melhor. Na verdade, sabe-se que há benefícios na escolaridade — crianças com mais tempo na escola se saem melhor do que aquelas de mesma idade e com menos anos de estudo. Os debates sobre o que o QI mede de verdade persistem mesmo para a inteligência fluida. Por sorte, esses debates não importam para nossos propósitos. Não vamos comparar a inteligência fluida de uma pessoa com a de outra, nem de uma cultura com a de outra. Estamos interessados em como a escassez afeta a capacidade cognitiva de uma mesma pessoa. Pode lhe parecer estranho que a "capacidade" de uma pessoa possa ser tão facilmente afetada, mas este é exatamente o ponto: estamos acostumados a pensar na capacidade cognitiva como fixa, quando na verdade ela pode mudar de acordo com as circunstâncias.

Para verificar o efeito da escassez sobre a inteligência fluida, fizemos alguns estudos com um aluno nosso da pós-graduação, Jiaying Zhao, nos quais submetemos pessoas em um shopping em Nova Jersey ao teste das Matrizes Progressivas de Raven. A princípio, metade dos participantes foi apresentada a cenários hipotéticos simples, como este:

Imagine que seu carro está com um problema, e o conserto custa US$300. O seguro cobrirá metade desse valor. Você precisa decidir se conserta o carro ou se corre o risco e espera que ele dure mais um tempo. Como tomaria essa decisão? Financeiramente, esta seria uma decisão fácil ou difícil?

Após essa questão, apresentamos uma série de problemas de Matrizes de Raven. Usando as rendas familiares relatadas pelos próprios participantes, nós os dividimos em dois grupos de mesmo tamanho, entre ricos e pobres. Nessa organização, não encontramos qualquer diferença estatisticamente significativa entre os frequentadores ricos e pobres do shopping. É claro que podia haver algumas diferenças, mas não eram grandes o bastante para detectar nessa amostra. Os ricos e os pobres pareciam igualmente inteligentes.

Com outros participantes, fizemos o mesmo estudo, mas com uma pequena diferença. Eles receberam esta outra questão (com a mudança destacada em negrito):

Imagine que seu carro está com um problema, e o conserto **custa caro: US$3 mil.** *O seguro cobrirá metade desse valor. Você precisa decidir se conserta o carro ou se corre o risco e espera que ele dure mais um tempo. Como tomaria essa decisão? Financeiramente, esta seria uma decisão fácil ou difícil?*

Tudo o que fizemos foi substituir US$300 por US$3 mil. Foi notável como essa mudança afetou os dois grupos de maneiras diferentes. Dispor de US$300 ou US$3 mil foi fácil para os mais abastados. Eles podiam usar suas economias ou pagar no cartão de crédito. Para os menos abastados, encontrar US$150 para uma necessidade importante também não foi muito difícil. Não o suficiente para fazê-los pensar demais em suas finanças e na escassez.

O mesmo não se pode dizer para a despesa de US$3 mil com o carro: encontrar US$1,5 mil seria difícil para aqueles de renda baixa. Um estudo de 2011 verificou que quase metade da população norte-americana relatou que seria incapaz de dispor de US$2 mil em trinta dias, mesmo que realmente precisasse fazer isso. É claro que a questão que apresentamos aos entrevistados do shopping era hipotética. Mas era realista, e provavelmente os levou a pensar em suas preocupações com dinheiro. Eles podiam não ter um carro quebrado, mas experimentar uma escassez de dinheiro significaria que eles tinham suas questões monetárias perto do topo da mente. Depois de cutucarmos essa parte do cérebro, o pensamento não hipotético e bastante real se espalharia. *Dispor de US$1,5 mil seria difícil. Meus cartões de crédito atingiram o limite. O pagamento mínimo da fatura já é grande demais. Como vou fazer o pagamento mínimo este mês? Posso deixar de pagar outra conta? Em vez disso, eu deveria fazer um empréstimo?* Essa leve cutucada poderia causar uma barulheira no cérebro.

E essa barulheira afetou o desempenho. Os participantes mais abastados, sem qualquer barulheira, saíram-se tão bem como se estivessem diante de um cenário fácil. Por outro lado, os participantes menos abastados saíram-se significativamente pior. Uma pequena cutucada de escassez, e de repente eles pareceram significativamente menos inteligentes. Preocupados com a escassez, tiveram resultados de inteligência fluida mais baixos.

Fizemos esses estudos várias vezes, sempre com os mesmos resultados. Isso não se deve apenas ao fato de os US$3 mil serem *matematicamente* mais desafiadores. Quando apresentamos problemas não financeiros, não verificamos qualquer efeito por darmos números pequenos ou grandes. O efeito é específico de problemas difíceis de natureza financeira (para os menos abastados). Não é o resultado de falta de motivação. Em uma repetição do estudo, pagamos às pessoas por cada resposta correta no teste de Raven. Presumivelmente, os participantes de baixa renda teriam um incentivo *maior* para se saírem melhor, afinal de contas, o dinheiro importa mais para eles. Mas eles não se saíram melhor; na verdade, saíram-se um pouco pior. Os participantes de baixa renda, que presumivelmente poderiam ter usado o pagamento extra, saíram do shopping com menos dinheiro depois de imaginarem cenários mais difíceis, um efeito não encontrado nos mais abastados.

Em todas as repetições, os efeitos foram igualmente grandes. Para entender o quanto esses efeitos são grandes, eis uma comparação com um estudo sobre o sono. Nessa pesquisa, um grupo de pessoas foi dormir no horário habitual. Outro grupo foi obrigado a ficar acordado a noite inteira. Passar a noite toda acordado é muito debilitante. Imagine-se depois de uma noite sem dormir. Na manhã seguinte, o grupo que dormiu foi acordado, e os dois grupos fizeram o teste de Raven. Aqueles que haviam sido privados do sono se saíram muito pior, o que não foi uma surpresa.

Em comparação, qual foi o tamanho do efeito no shopping? Foi ainda maior. Quão inteligente você se sente depois de uma noite sem dormir? Quão atento você estaria na manhã seguinte? Nosso estudo revelou que, para os pobres, o simples fato de suscitar preocupações monetárias corrói o desempenho cognitivo ainda mais do que ser privado de sono.

Há outra maneira de entender a proporção de nossas descobertas. Como é usado para medir a inteligência fluida, o teste de Raven tem uma analogia direta com o QI. Estudos típicos sobre o tema supõem uma distribuição normal de pontos de QI, com média de 100 e desvio-padrão de 15. (O desvio-padrão é uma medida da dispersão de pontos em torno da média. Em uma distribuição normal, quase 70% dos pontos caem dentro de um desvio-padrão em relação à média.) Pode-se aferir o impacto de uma intervenção observando como seu efeito se compara ao desvio-padrão. Por exemplo, se uma intervenção tem efeito equivalente a um terço de um desvio-padrão, esse efeito corresponde a aproximadamente cinco pontos do QI.

Por essa medida, nossos efeitos correspondem a 13 ou 14 pontos de QI. Pelas classificações descritivas de QI mais utilizadas, 13 pontos podem levar você da categoria de inteligência "média" para uma categoria rotulada de inteligência "superior". Ou, se você for na outra direção, perder 13 pontos pode levá-lo da "média" para uma categoria rotulada de "deficiência limítrofe". Lembre-se: essas diferenças não são entre pessoas pobres e ricas. Em vez disso, estamos comparando os desempenhos de uma mesma pessoa em circunstâncias diferentes. Quando está preocupada por causa da escassez, a mesma pessoa tem menos pontos de QI do que quando não está. Isso é crucial para a nossa história. Os pobres responderam como os ricos quando o conserto do carro custava pouco, quando a escassez não foi interpretada como considerável. Claramente, não se trata da capacidade cognitiva inerente. Assim como o processador que fica lento ao utilizarmos muitos aplicativos ao mesmo tempo, os pobres aqui *parecem* piores porque parte da largura de banda deles está sendo usada em outros lugares.

CONTROLE EXECUTIVO

O segundo componente da largura de banda é o controle executivo. Conforme discutido antes, o controle executivo é multifacetado, portanto começamos considerando uma das muitas funções importantes para as quais ele contribui: o autocontrole. No fim dos anos 1960, Walter Mischel e alguns colaboradores fizeram uma das mais interessantes (ou pelo menos uma das mais fofas) experiências em psicologia sobre a impulsividade. A equipe de pesquisa de Mischel colocava uma criança de 4 ou 5 anos em uma sala e, diante dela, um marshmallow. Algumas crianças olhavam para o doce hipnotizadas, outras se remexiam de empolgação; todas queriam o marshmallow. E podiam tê-lo. Mas, antes de comê-lo, eram informadas de que havia uma condição. Na verdade, era mais uma oportunidade. O pesquisador sairia da sala. Se a criança não tivesse comido o doce quando ele voltasse, receberia um segundo marshmallow. As crianças enfrentaram um dos mais antigos problemas conhecidos do homem, o que o cientista social Thomas Schelling chama de "disputa íntima pelo autocomando": o problema do autocontrole.

O autocontrole continua sendo uma das partes mais difíceis do estudo da psicologia. Sabemos que muitos ingredientes estão presentes na produção do autocontrole. Ele depende de como avaliamos o futuro. E aparentemente fazemos isso de maneira incoerente. Recompensas imediatas (um marshmallow agora) sobressaem e recebem um peso grande. Recompensas no futuro distante (dois marshmallows depois) sobressaem menos e, assim, recebem um peso menor. Portanto, quando pensamos em um marshmallow *versus* dois marshmallows no futuro abstrato, dois é melhor do que um. Mas quando um marshmallow está diante de nós agora, ele supera os dois. O autocontrole também depende da força de vontade, um recurso cujo funcionamento não compreendemos de todo, mas que é afetado, entre outras coisas, pela personalidade, fadiga e atenção.

Outra contribuição importante para o autocontrole é o controle executivo. Usamos o controle executivo para direcionar a atenção, iniciar uma ação, inibir uma resposta intuitiva ou resistir a um impulso. Na verdade, uma parte menos divulgada do estudo de Mischel, mas repetida com frequência, é bastante esclarecedora. As crianças mais bem-sucedidas na resistência à tentação do marshmallow fizeram isso ao focar a atenção em outro lugar. Em vez de olhar para o marshmallow e pensar nele, pensaram em outras coisas. Em vez de ter de resistir ao desejo, simplesmente agiram de forma a não notá-lo. Como Mischel explica: "Depois que você percebe que a força de vontade é só uma questão de aprender a controlar a atenção e pensamentos, pode realmente começar a aumentá-la."

Isso proporciona uma ligação significativa entre o controle executivo e o autocontrole. Como o primeiro ajuda a direcionar a atenção e controlar os impulsos, a redução da função executiva dificulta o segundo. Diversas experiências têm ilustrado muito bem essa conexão. Em uma experiência, os participantes receberam uma tarefa de memória. Alguns foram solicitados a lembrar um número de dois dígitos; outros receberam um número de sete dígitos. Em seguida, eles foram conduzidos a um saguão onde aguardariam outros testes. Diante deles, na área de espera, havia fatias de bolo e frutas. O verdadeiro teste era o que eles escolheriam durante a espera, enquanto decoravam aqueles números. Aqueles cujas mentes não estavam terrivelmente ocupadas pelo número de dois dígitos na maioria das vezes escolheram as frutas. Aqueles cujas mentes estavam ocupadas decorando o número de sete dígitos escolheram o bolo com uma frequência 50% maior. O bolo é uma escolha impulsiva. É preciso uma ação consciente para impedir uma escolha automática. Quando nossa largura de banda mental é usada em outra coisa, como decorar números, temos menos capacidade de impedir a nós mesmos de comer bolo.

Em outro estudo, serviram uma comida a estudantes australianos caucasianos, mas neste caso era algo que eles acharam nojento: um pé de galinha preparado em estilo chinês, preservando o pé inteiro, incluindo as garras. O desafio aos participantes estava no fato de que o prato era servido por um pesquisador chinês, o que criava certa pressão para que eles agissem de modo civilizado. Assim como no estudo do bolo, as mentes de alguns participantes estavam ocupadas: eles haviam sido solicitados a memorizar um número de oito dígitos. Aqueles cujas mentes não estavam ocupadas conseguiram manter a compostura, guardando os pensamentos para si mesmos. Aqueles que estavam cognitivamente ocupados não se saíram tão bem. Eles deixaram escapar comentários grosseiros, como "Isso é nojento", apesar de terem as melhores intenções.

Seja comendo um bolo ao qual preferiríamos resistir ou dizendo coisas que não tínhamos a intenção de dizer, uma taxa sobre a largura de banda dificulta o controle de nossos impulsos. E como a escassez taxa a largura de banda, isso sugere que a escassez não apenas pode diminuir a inteligência fluida como também reduzir o autocontrole. Por isso, o estudante australiano fala de maneira ríspida com o pesquisador chinês, o executivo consumido pela apresentação iminente fala de maneira ríspida com a filha e o funcionário que está pensando nas contas não pagas fala de maneira ríspida com um cliente grosseiro.

Para investigar se a escassez reduz o controle executivo, fizemos com os participantes do shopping em Nova Jersey um teste usado com frequência para medir o controle executivo, que testou diretamente a capacidade deles de inibir respostas automáticas. Primeiro, eles foram apresentados a cenários financeiros hipotéticos, fáceis ou difíceis, assim como antes. Em seguida, viram figuras como estas em rápida sucessão, em uma tela de computador.

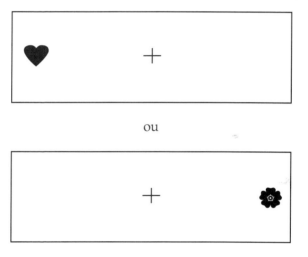

Eles puseram os dedos das duas mãos sobre o teclado. Ao ver o coração, deveriam pressionar uma tecla do mesmo lado da figura e, ao ver a flor, deveriam pressionar outra tecla do lado *oposto* ao da figura. Portanto, se o coração aparecesse à direita, você pressionava o lado direito. E se a flor aparecesse do lado direito, você pressionava o lado esquerdo.

A flor cria um impulso automático ao qual é preciso resistir: apertar o mesmo lado do coração é fácil; apertar o lado oposto ao da flor é difícil. Fazer isso bem exige domínio do impulso de apertar rapidamente o mesmo lado. Quanto mais controle executivo a pessoa tiver, melhor se sairá. Esse teste mede sua capacidade de inibir o primeiro impulso em favor de uma resposta diferente, seja resistir a um bolo, segurar a língua ou, neste caso, resistir à flor.

Embora essa tarefa teste o controle executivo, que é bem diferente da inteligência fluida, os resultados foram os mesmos. Depois das questões financeiramente fáceis, os pobres e os abastados pareceram semelhantes. Eles foram capazes de controlar seus impulsos no mesmo grau e cometeram mais ou menos o mesmo número de erros. Mas as questões financeiramente difíceis mudaram as coisas drasticamente para os pobres. Os participantes abastados continuaram a se sair bem, como se tivessem visto um cenário fácil. Exibiram o mesmo nível de controle executivo. Em contrapartida, os participantes mais pobres se saíram significativamente pior. Foram mais impulsivos, apertando equivocadamente o mesmo lado da flor com mais frequência. Embora tenham apertado a tecla correta 83% das vezes no contexto dos cenários financeiramente fáceis, o desempenho deles caiu para 63% no contexto dos cenários financeiramente mais desafiantes. Uma pequena cutucada de escassez, e eles de repente ficaram mais impulsivos. Além da inteligência fluida, a escassez parece reduzir o controle executivo.

COLHEITAS

Essas experiências no shopping testam nossa hipótese. Mas, de certa maneira, são artificiais. Mostram como as pessoas respondem quando desencadeamos pensamentos sobre a escassez, o que induzimos por meio de questões hipotéticas sobre dificuldade financeira. Nosso interesse, porém, está na vida diária das pessoas fora dos confins de uma experiência. Será que a escassez taxa os recursos cognitivos das pessoas mesmo quando não há um pesquisador as espreitando no shopping para fazê-las pensar a respeito?

Mostrar isso é essencial para o nosso argumento. Mas é difícil. Não podemos simplesmente ver como as pessoas pobres se comparam às ricas em termos de capacidade cognitiva ou autocontrole. Muitas outras coisas — saúde, amigos, educação — são diferentes entre ricos e pobres para que possamos atribuir qualquer diferença observada à escassez. Essas comparações têm sido tentadas diversas vezes sem qualquer solução óbvia para os problemas estatísticos inerentes a elas. Como poderíamos ver o efeito da escassez livre de todas essas complicações?

Foi na época em que estávamos fazendo um trabalho de campo sobre agricultura na Índia, acompanhados da economista Anandi Mani, que notamos algo interessante. Os agricultores recebem sua renda de uma só vez, no período da colheita. Isso significa que o agricultor tem uma vida financeira muito diferente da vida da maioria dos trabalhadores, que recebem seus pagamentos com regularidade (por dia, semana ou mês). Um agricultor pode ser pago duas vezes por ano, ou às vezes até mesmo uma vez por ano. Agora imagine um agricultor que é pago em junho. Os meses seguintes são muito bons, pois ele tem dinheiro. Mas mesmo que seja prudente e se esforce para harmonizar os gastos nesse período, quando o mês de abril ou maio seguinte chegar, ele estará com pouco dinheiro. Portanto, o *mesmo agricultor* é rico nos meses posteriores à colheita e pobre nos meses anteriores à colheita.

Isso era muito próximo do que precisávamos: podíamos examinar a largura de banda do mesmo agricultor nos meses anteriores e nos posteriores à colheita. Em vez de comparar pessoas ricas e pobres, estaríamos vendo a mesma pessoa se comportando de maneira diferente quando estivesse com pouco ou com muito dinheiro. Mas havia um problema. Será que os meses da colheita não imporiam obrigações diferentes daquelas dos meses comuns? Por exemplo, festivais e casamentos são costumeiros nos meses da colheita, exatamente porque as pessoas estão com dinheiro. Portanto, em vez de ver os efeitos da escassez, poderíamos ver apenas os efeitos das comemorações.

Para contornar isso, usamos o cultivo de cana-de-açúcar, que tem uma característica peculiar. Esse produto exige uma usina enorme para espremer a cana e extrair o caldo (que, depois de evaporado, forma o açúcar). As usinas só podem processar uma grande quantidade, e o produto não pode ficar muito tempo em repouso depois da colheita. Portanto, a cana-de-açúcar é colhida durante um período de quatro a cinco meses. Em algumas áreas, é colhida o ano inteiro. Plantações vizinhas muitas vezes têm ciclos de colheita bastante diferentes. Um agricultor pode estar colhendo enquanto um de seus vizinhos colheu vários meses antes e outro vizinho colherá em alguns meses. Esse fato um tanto obscuro nos deu o intervalo de que precisávamos. Agora podíamos estudar os mesmos agricultores quando eles estavam pobres e ricos *e* sabiam que não havia nada específico nos meses do calendário anteriores e posteriores à colheita.

Afinal de contas, o mesmo mês era anterior à colheita para um agricultor e posterior à colheita para seu vizinho.

Conforme esperávamos, os dados mostraram que os agricultores dispunham de menos dinheiro antes da colheita. Setenta e oito por cento deles penhoravam alguma coisa no mês anterior à colheita (e 99% faziam algum tipo de empréstimo), mas apenas 4% penhoravam algo no mês posterior à colheita (e somente 13% faziam algum tipo de empréstimo). Antes da colheita, eles também tinham uma probabilidade 11% maior de relatar problemas para lidar com o pagamento de contas comuns.

Assim como no shopping, medimos o controle executivo e a inteligência fluida. Demos aos agricultores a tarefa das Matrizes de Raven, mas não pudemos fazer o teste do coração e da flor porque era difícil realizá-lo em campo. Então, como tarefa de controle executivo, escolhemos algo parecido com esse teste, chamado Stroop. Nessa tarefa, os participantes veem séries de itens, como F F F F, e têm de dizer depressa quantos itens há na série. (Neste caso, a resposta é quatro.) Quando você vê 2 2 2 2, dizer "quatro" rapidamente é bem difícil. Isso acontece pelo mesmo motivo por que é difícil bater na tecla no lado oposto cada vez que você vê a flor.

Usando essas tarefas, verificamos que antes da colheita os agricultores tinham um desempenho muito pior do que depois. O mesmo agricultor se saía pior em inteligência fluida e controle executivo quando estava pobre (pré-colheita) em relação a quando estava rico (pós-colheita). Assim como aconteceu com as cobaias no shopping, a mesma pessoa parecia menos inteligente e mais impulsiva quando estava pobre. Mas neste caso não fomos nós que desencadeamos pensamentos relacionados à escassez ou que tentamos trazê-los à tona. Esses pensamentos estavam ali naturalmente quando os agricultores estavam pobres (o dinheiro da colheita se dissipara e era pouco), mas não quando estavam ricos (ainda cheios de dinheiro proveniente da colheita).

E, mais uma vez, as diferenças foram grandes. Os agricultores pós-colheita acertaram 25% mais itens no teste de Raven. Colocando em termos de QI, assim como fizemos no estudo do shopping, isso correspondia a 9 ou 10 pontos de QI. Não é uma diferença tão grande quanto no shopping, mas isso era esperado. Afinal de contas, aqui nós não havíamos induzido os agricultores a pensar em dinheiro. Simplesmente medimos seus estados mentais em um momento selecionado arbitrariamente, a tendência *latente* de eles terem suas larguras de banda taxadas pela escassez. Na tarefa do controle executivo, eles foram 11% mais lentos ao responder e cometeram 15% a mais de erros quando estavam pobres, o que é bastante similar ao estudo no shopping. Se tivéssemos conhecido um agricultor quando ele estava pobre, ficaríamos tentados a atribuir sua capacidade limitada a uma característica pessoal. Mas, graças ao nosso estudo, sabemos que sua limitação tem pouco a ver com sua capacidade genuína como pessoa. A própria situação de ter menos dinheiro nos meses anteriores à colheita o levara a agir de maneira menos inteligente e a mostrar menos controle cognitivo.

Entretanto, antes de marcar isso como uma vitória de nossa teoria, algumas portas precisam ser fechadas. Sabemos que a escassez (pobreza) muda antes e depois da colheita. Mas haveria outras coisas mudando com isso? E, se há, poderiam essas coisas serem as propulsoras das mudanças psíquicas? Três alternativas se destacam.

Primeiro, se os agricultores são mais pobres antes da colheita, poderiam também estar comendo menos? Se estavam, seria alguma surpresa verificar que a função cognitiva deles estava menor também? Uma nutrição pior e uma simples fome podem deixar o cérebro de qualquer pessoa enfraquecido. Mas este não era o caso para nossos agricultores. Quando estavam com pouco dinheiro, não estavam tão pobres a ponto de serem obrigados a reduzir a comida. Na verdade, gastavam um pouco menos de dinheiro em comida depois da colheita. Embora tenhamos verificado que os agricultores gastam menos antes da colheita, eles não gastam menos em comida, mas sim em outras coisas. Por exemplo, eles podem dar a um primo um presente de casamento menor. Em uma cultura como a indiana, em que dar presentes não é apenas uma bonificação, mas uma obrigação (uma retribuição a presentes passados), esses cortes podem ser dolorosos.

Segundo, eles não poderiam estar trabalhando mais antes da colheita? A preparação da colheita é um trabalho duro e poderia deixá-los cansados. A exaustão física pode facilmente causar exaustão mental. Na verdade, nossas pesquisas antecederam a data da colheita o suficiente (quatro semanas é um período longo em agricultura) para que a preparação para a colheita não tivesse começado seriamente. Na semana anterior à colheita, os agricultores não estavam trabalhando mais, ou mais duro, do que na semana posterior.

Por fim, a época da colheita não é apenas o período em que a pessoa recebe mais dinheiro; é também quando ela descobre quanto dinheiro conseguiu. A agricultura é notoriamente variável. Algumas colheitas são fartas; outras, parcas. Poderia a simples ansiedade por não saber quanto dinheiro ganhará afetar o estado mental do agricultor? Em alguns cultivos, como o de arroz, isso é uma preocupação séria. Mas não na cana-de-açúcar. Ao examinar sua terra, um agricultor pode estimar sua renda sem dificuldade. Quase todo o crescimento das plantas acontece vários meses antes da colheita. Os últimos meses são apenas para aumentar o conteúdo de açúcar das plantas, e não o volume. E este é um problema da usina: os agricultores são pagos apenas pelo volume, não pelo conteúdo de açúcar. O único motivo para os fazendeiros não fazerem a colheita mais cedo é que a usina não permite. Em suma, vários meses antes da época os agricultores já sabem precisamente quanto receberão. E sabem disso tanto antes quanto depois da colheita.

Há outras minúcias que poderíamos discutir. Mas o resultado final é claro. A *própria pobreza* taxa a mente. Mesmo sem um pesquisador por perto para nos lembrar da escassez, a pobreza reduz a inteligência fluida e o controle executivo. Voltando ao ponto onde começamos, isso sugere uma grande virada no debate sobre a capacidade cognitiva dos pobres. Nós argumentaríamos que os pobres têm, sim, uma capacidade *produtiva* menor do que aquela dos abastados. Isso acontece não por eles serem menos capazes, mas porque parte de suas mentes é capturada pela escassez.

OUTRAS FORMAS DE ESCASSEZ

> *Naquela época, ocorreu-me que eu estava tendo êxito no mundo empregando apenas uma parte do cérebro. Enquanto um décimo dele era dedicado à escola, um décimo dedicado à minha filha e talvez outro décimo dedicado a crises familiares e doenças, os outros 70%*

> *de minha mente estavam o tempo todo focados em comida — o valor calórico de uma uva, a quantidade de pipoca que me satisfaz, o uso inteligente da água como placebo. "O quanto mais eu consigo avançar", pensei, "se usar esses 70% de maneira mais sábia?"*
>
> Natalie Kusz, "The Fat Lady Sings"
> ["A senhora gorda canta"]

Todos sabemos que fazer dieta pode ser difícil: resistir a comidas gostosas é uma dificuldade para todos. A taxa da largura de banda sugere, porém, que fazer dieta é mais do que difícil. É mentalmente taxativo. Quando estão fazendo qualquer coisa, as pessoas de dieta devem achar que têm menos recursos mentais, porque em parte estão preocupadas com a comida. Isso é o que alguns estudos têm mostrado. Eles comparam pessoas de dieta com aquelas que não estão de dieta em diversas medições cognitivas, do tipo que os psicólogos usam para calcular a capacidade cognitiva efetiva. Às vezes, comparam comedores contidos com comedores não contidos. Em outras, comparam a mesma pessoa ao longo do tempo, analisando períodos em que ela está de dieta com períodos em que não está. Por mais que façam isso, encontram o mesmo efeito: em diversos testes cognitivos, foi verificado que as pessoas simplesmente têm um desempenho pior quando estão de dieta. E, quando psicólogos as entrevistam, encontram um padrão comum: as preocupações relacionadas à dieta estão no topo da mente e interferem no desempenho.

Esses resultados não parecem advir da simples falta de calorias. Não é surpresa (já que muitos que tentam fazer dieta fracassam) que os efeitos apareçam mesmo em casos em que não há perda de peso. Além disso, medições fisiológicas mostram que deficiências nutricionais não causam esses prejuízos cognitivos. Pense nisso da seguinte maneira: enquanto está perdendo peso, você está preocupado e enfrenta uma taxa da largura de banda. Mas se você consegue encontrar um novo equilíbrio e descobre que já não precisa restringir o que come, a taxa da largura de banda desaparece. É claro que é possível encontrar buracos nesses dados: pessoas que fazem dieta e pessoas que não fazem podem se diferenciar por outros motivos. Serão necessárias mais pesquisas para quantificar o tamanho da taxa da largura de banda daquelas que fazem dieta, mas é impressionante que os resultados relativos à escassez de calorias reflitam os que encontramos ao estudar a escassez de renda.

Algo semelhante acontece com os solitários. Um estudo submeteu pessoas solitárias e não solitárias a um tipo diferente de medição de largura de banda, um procedimento um tanto sofisticado chamado *tarefa de escuta dicótica*. Os participantes são solicitados a escutar dois sons diferentes, um em cada ouvido. Eles podem ouvir uma voz de mulher em um ouvido e uma voz de homem no outro. O teste mede o quanto eles conseguem acompanhar o som em um ouvido e excluir a distração que vem do outro. Esse teste se baseia em um aspecto interessante do cérebro: a lateralização cerebral. Na maioria das pessoas, o ouvido direito é dominante para a linguagem, o que significa que é mais fácil para elas acompanhar a informação verbal apresentada ao ouvido direito. Quando não recebem instruções, elas tendem a focar na voz apresentada ao ouvido direito. Na verdade, quando solicitados a acompanhar o que era dito ao ouvido direito, os solitários e não solitários se saíram igualmente bem. Em contrapartida, focar no ouvido não dominante, o esquerdo, exige largura de banda. Exige controle executivo para suprimir a propensão natural a focar no direito e, em vez disso, acompanhar o esquerdo. E dessa vez o desempenho dos solitários foi significativamente pior. Eles foram menos eficientes para suprimir a vontade natural, menos eficientes para deixar de sintonizar o ouvido direito e escutar o esquerdo. Em outras palavras, os solitários mostraram uma largura de banda debilitada — neste caso, menos controle executivo.

Em outros estudos, pesquisadores fizeram algo semelhante ao que fizemos no shopping. Eles submeteram os participantes ao que estes pensaram ser testes de personalidade e depois, de maneira aleatória, deram a essas pessoas um retorno, levando-as a crer que os testes indicavam claramente se elas se ajustariam bem socialmente ou se seriam muito solitárias. De maneira aleatória — e instantânea — criou-se uma escassez percebida levando as pessoas a prever uma solidão. Depois que essa informação foi assimilada, elas foram submetidas a um teste de Raven, e os pesquisadores verificaram que aquelas que tinham uma previsão de solidão se saíram muito pior. Na verdade, quando puseram os participantes em um scanner, os pesquisadores viram que fazer as pessoas pensarem que seriam solitárias reduzia a ativação de áreas do controle executivo no cérebro. Por fim, em um estudo que observou o controle de impulsos, quando as pessoas que previram a solidão tiveram a oportunidade de provar biscoitos de chocolate, comeram mais ou menos o dobro. Coerentes com esse resultado, pesquisas sobre dietas de adultos mais velhos verificaram que aqueles que se sentem solitários na vida diária têm um consumo substancialmente maior de alimentos gordurosos.

Por fim, vemos efeitos semelhantes mesmo na escassez artificial. Relembre o estudo do Angry Blueberries. Verificamos em jogos semelhantes que os participantes "pobres" (aqueles que recebem menos recursos no jogo) apresentam desempenho pior na tarefa do coração e da flor depois de jogarem. Embora (sendo pobres) seus jogos sejam bem mais rápidos, eles estão tão focados que no fim têm menos largura de banda. Assim como aqueles que fazem dieta, os pobres de dinheiro e os solitários, essas pessoas pobres de mirtilo são taxadas pela escassez.

ESCASSEZ E PREOCUPAÇÃO

É claro que a escassez não é a única coisa que pode taxar a largura de banda. Imagine que certa manhã você tem uma briga com seu cônjuge. Pode ser que não tenha um dia muito produtivo no trabalho. Pode ser que pareça "mais bobo" e aja de maneira mais tola nesse dia. Pode ser que não segure a língua quando deveria. Parte de sua largura de banda estará sendo utilizada para se remoer, lamentar e talvez se enfurecer com a briga. Você também provavelmente estará com menos cérebro disponível para todas as outras coisas. De acordo com essa visão, todo mundo tem preocupações e necessidades que podem taxar a mente.

Então o que há de tão especial na escassez?

A escassez é, essencialmente, um aglomerado de preocupações importantes. Diferente de uma briga conjugal, que pode acontecer em qualquer lugar e com qualquer pessoa, as preocupações com dinheiro e tempo se aglomeram em torno dos pobres e dos ocupados, e raramente passam. Os pobres precisam brigar com preocupações monetárias persistentes. Os ocupados precisam brigar com preocupações com o tempo persistentes. Previsivelmente, a escassez cria uma carga adicional que está acima de todas as outras preocupações. Constante e previsível, ela taxa a largura de banda. Todo mundo pode ficar preocupado: ricos e pobres brigam com seus cônjuges; ricos e pobres podem ser perturbados por seus chefes. Mas, enquanto apenas algumas pessoas que experimentam a abundância ficam preocupadas, todos que experimentam a escassez passam por isso.

Essa discussão levanta outra questão importante. Em toda essa conversa sobre a escassez, será que estamos nos referindo indiretamente ao estresse? Na vida diária, o *estresse* é usado em excesso, sem muito critério, para indicar muitas coisas. Cientificamente, porém, tem havido um progresso considerável na compreensão do estresse. Hoje, entendemos de maneira mais sólida a bioquímica da resposta de estresse generalizada. Podemos até identificar várias moléculas envolvidas — glicocorticoides (como o cortisol), norepinefrina e serotonina — bem como algumas de suas funções. Esse conhecimento nos permite refletir com mais cuidado se o estresse é o mecanismo biológico pelo qual a escassez afeta a mente.

Existem, mesmo em nossos dados, alguns motivos para pensar que o estresse exerce algum papel. É claro que experimentar a escassez pode ser estressante. No estudo da colheita, por exemplo, verificamos que os agricultores após esse período estavam menos estressados do que antes.

Também encontramos reduções consideráveis na variação de batimentos cardíacos, uma medida de estresse usada com frequência.

Ao mesmo tempo, é improvável que o estresse seja o principal propulsor de muitos dos efeitos observados. Alguns dos efeitos mais importantes tinham a ver com a escassez taxando o que passamos a chamar de largura de banda. O estresse, por sua vez, não tem esses efeitos previsíveis. Alguns estudos verificam que o estresse *aumenta* a memória de trabalho. Mas outros estudos encontraram evidências variadas, incluindo algumas indicações de que o controle executivo pode melhorar durante períodos de estresse. É claro que os efeitos crônicos do estresse ainda são diferentes, mas as repercussões da escassez são imediatas: no estudo do shopping, o simples ato de lembrar às pessoas sobre o dinheiro teve um efeito quase instantâneo sobre a capacidade mental delas. Além disso, mostramos um padrão específico de desempenho melhor (o dividendo de foco) e de desempenho pior (a taxa da largura de banda), um padrão que não pode ser explicado apenas por ansiedade e estresse.

Por fim, pensar em tudo isso como estresse e preocupação deixa de fora uma questão mais profunda. A taxa da largura de banda não é uma descoberta isolada. Ela surge do mesmo mecanismo central do dividendo de foco ou da maneira como a entrada no túnel influencia nossas escolhas. Estudar apenas o estresse deixaria de fora essas ligações mais profundas e acabaria por limitar nossa compreensão sobre a mentalidade da escassez.

O QUE SIGNIFICA A TAXA DA LARGURA DE BANDA

As situações hipotéticas com as quais abrimos este capítulo podem parecer óbvias à luz da taxa da largura de banda. Você não ficaria surpreso se o caixa da lanchonete não tivesse ouvido o pedido de fritas quando um trem passou. Portanto, você (e o gerente dele) não deveria se surpreender caso, perdido em pensamentos sobre como pagar o aluguel do mês, o caixa não ouvisse o pedido de fritas. Ele não está sendo descuidado. Está preocupado. Pensamentos como "será que devo me arriscar a atrasar de novo o pagamento do cartão de crédito?" podem soar tão alto quanto um trem passando. O gerente, com a argumentação de venda iminente, tenta se concentrar no jogo da filha. Mas, antes que se dê conta, ele está ruminando sobre a argumentação. O estudante tenta focar na prova, mas é constantemente interrompido por pensamentos sobre o pagamento da matrícula. Até sorrir e ser agradável é difícil quando a mente é taxada. O funcionário é ríspido com os clientes com mais frequência do que pretende. O pai é ríspido com a filha. Uma largura de banda taxada leva ao descuido. O estudante esquece a reunião do grupo de estudo. O funcionário da lanchonete anota o pedido errado.

A taxa da largura de banda nos afeta de maneiras surpreendentes e fortes. Não apenas sua presença é inesperada, mas também sua magnitude. Psicólogos passaram décadas documentando o impacto da carga cognitiva sobre muitos aspectos do comportamento. Muitos dos impactos mais importantes são esses comportamentos descritos nas situações apresentadas: da distração e do esquecimento ao controle de impulsos. A proporção desses efeitos sugere uma influência substancial da taxa da largura de banda sobre uma série de comportamentos, mesmo aqueles que — como paciência, tolerância, atenção e dedicação — se enquadram no campo da "personalidade" ou do "talento". Grande parte do que atribuímos ao talento ou à personalidade tem como base a capacidade cognitiva e o controle executivo. O gerente do restaurante busca os motivos habituais para explicar o comportamento dos funcionários: falta de habilidade, nenhuma motivação ou educação insuficiente. E uma largura de banda taxada pode parecer qualquer uma dessas coisas. Ao ser ríspido com a filha, o gerente de vendas atormentado parece um pai ruim. O estudante com dificuldades financeiras que erra algumas questões importantes no teste parece incapaz ou preguiçoso. Mas essas pessoas não são despreparadas ou descuidadas, só estão sendo duramente taxadas. O problema não é a pessoa, e sim o contexto da escassez.

Relembre a metáfora do computador que fica lento devido aos programas abertos em segundo plano. Imagine você sentado diante desse computador sem ter consciência desses outros programas. Enquanto seu navegador se arrasta de uma página à outra, você pode chegar à conclusão errada. "Que computador lento!", você pode pensar, confundindo o processador carregado de tarefas com um processador lento. Da mesma maneira, é fácil confundir uma mente sobrecarregada pela escassez com uma que é menos capacitada. No fim das contas, esta é a avaliação que o gerente da lanchonete faz de seus funcionários. Ao contrário do gerente, não estamos dizendo enfaticamente que as pessoas pobres têm menos largura de banda. É o exato oposto. Estamos dizendo que todas as pessoas, quando pobres, têm largura de banda menos eficaz.

Tudo isso sugere que temos de ampliar nossa noção de escassez. Quando pensamos em ter muito pouco (tempo, dinheiro, calorias), focamos nas implicações físicas da escassez: menos tempo para nos divertirmos, menos dinheiro para gastarmos. A taxa da largura de banda sugere que há outro déficit, talvez mais importante. Agora precisamos nos virar com menos recursos mentais. A escassez não apenas nos leva a fazer empréstimos demais ou a deixar de investir. Ela nos deixa deficientes em outros aspectos da vida. Ela nos torna mais bobos, mais impulsivos. Precisamos sobreviver com menos mente disponível, com menos inteligência fluida e com um controle executivo reduzido, o que torna a vida muito mais difícil.

Parte 2

Escassez gera escassez

3. Arrumações e folgas

Você está prestes a partir em uma viagem de negócios.
Imagine como poderia arrumar uma mala de tamanho apropriado. Você pode começar pondo todos os itens essenciais: artigos de higiene pessoal, roupas de trabalho, aparelhos eletrônicos. Sobrando espaço, pode acrescentar alguns itens menos essenciais. Você inclui um guarda-chuva, por precaução. Apanha um suéter, caso faça frio. Põe uma roupa de ginástica e um par de tênis. (Talvez desta vez consiga fazer algum exercício.) Satisfeito, você fecha a mala com algum espaço sobrando. Há outras coisas que poderia levar, mas está feliz com o que tem.
Agora imagine que está arrumando uma mala pequena para a mesma viagem. Assim como antes, pode começar pondo os itens essenciais sem muito cuidado, mas eles já enchem a mala. Você tira tudo e arruma de novo, desta vez com mais método. Cuidadosamente, empilha e ajeita as coisas. Usa de sua criatividade para

abrir espaço. Você põe meias e o carregador de celular dentro dos sapatos, desenrola o cinto e o estende ao longo das extremidades da mala. Com isso, sobra um pouco de espaço. Será que é bom levar o suéter? E a roupa de ginástica (muito otimista)? O guarda-chuva? É melhor se arriscar a pegar chuva e ter pelo menos uma chance de começar a entrar em forma? Arrumar uma mala pequena obriga você a fazer escolhas. Depois de ponderar um pouco, você opta pelo suéter e aperta a mala para fechá-la.

Tanto a mala grande quanto a pequena impõem limites: não importa o tamanho, você obviamente não consegue pôr todos os itens que podem vir a ser úteis dentro dela. As duas malas exigem escolhas sobre o que incluir e o que deixar de fora. Mas, psicologicamente, só a mala pequena é de fato um problema. A mala grande é arrumada de maneira casual. A mala pequena é arrumada de maneira cuidadosa e atenta.

Esta é uma metáfora para muitos outros problemas da vida. Temos uma mala de tempo na qual é preciso caber nosso tempo de trabalho, lazer e família. Temos uma mala de dinheiro na qual é preciso caber nossas despesas com casa, roupas e todas as outras. Alguns de nós temos até uma mala de calorias autoimposta, que precisa comportar todas as refeições.

Como ilustra essa metáfora, quando a escassez nos faz focar, ela também muda a maneira como fazemos a mala. Muda a maneira como lidamos com cada dólar, hora ou caloria. E também nos deixa com malas arrumadas de maneiras diferentes. A mala grande é arrumada de maneira descuidada, com espaço sobrando. A mala pequena é arrumada com cuidado e seu conteúdo fica apertado.

Entender essas diferenças na maneira como arrumamos a mala é crucial para entender como escassez gera mais escassez.

PENSANDO NA ESCOLHA

> *O custo de um pesado bombardeiro moderno é este: uma escola de tijolos moderna em mais de trinta cidades. Duas usinas de energia elétrica, cada uma servindo a uma cidade de 60 mil pessoas. Dois hospitais bons e totalmente equipados. Cerca de 80 quilômetros de rodovias. Pagamos por um único caça meio milhão de* bushels* *de trigo. Pagamos por um único destroier casas novas que seriam suficientes para abrigar mais de oito mil pessoas.*
>
> Dwight Eisenhower, 1953

Você está em um restaurante, jantando com amigos. O garçom descreve os pratos do dia e em seguida pergunta se gostariam de uma bebida. Em geral você não pediria um coquetel, mas algo no cardápio chama sua atenção. Como decide se pede o coquetel? Você pode calcular quanto tempo precisará dirigir depois. Pode esperar para ver se algum de seus amigos pedirá uma bebida. Pode até imaginar se a conta será dividida. Ou considerar se US$10 é um preço razoável. O que é notável, porém, é que o principal não lhe ocorreu. Há uma pergunta que você não faz a si mesmo: "Se eu comprar essa bebida, o que deixarei de comprar?" Você não se faz essa pergunta porque ela quase parece tola. A *impressão* é de que você pode comprar esse coquetel sem

---

*Antiga medida para grãos correspondente a 35,2 litros. (*N. do T.*)

desistir de qualquer outra compra. A impressão é de que não há escolha.

Pense em como isso é impressionante. Em termos de contabilidade básica, é claro que há uma escolha. Não importa o quão rico você seja, a quantidade de dinheiro de que dispõe é finita. Se você gasta US$10 em qualquer coisa, são menos US$10 que sobram para outra (mesmo que essa outra coisa seja a herança que você deixará para seus filhos). Esses US$10 têm de vir de algum lugar. Mas geralmente não pensamos assim. Muitos de nós fazemos compras de US$10 como se não houvesse escolhas. Não temos de sacrificar alguma outra compra para fazer esta. Levando isso a um extremo, a impressão é de que há um suprimento interminável de notas de US$10 em nosso orçamento. Se pensarmos bem, sabemos em algum nível que não há, mas não agimos assim.

Às vezes, porém, não reconhecemos as escolhas. Imagine que você está de dieta e pensando nesse mesmo coquetel. Embora o preço de US$10 possa não levá-lo a pensar em escolhas, o "preço calórico" pode. De repente, essas trezentas calorias a mais precisam ser contabilizadas. Beba esse coquetel e você precisará desistir de outra coisa. Vale a pena abrir mão da sobremesa? Ou do pão na manhã seguinte? As dietas nos tornam contadores de calorias. É preciso equilibrar as contas. Reconhecemos que ter uma coisa significa não ter outra. Empreendemos o que chamamos de *pensamento de escolha*.

É claro que, para aqueles que estão com um orçamento de dinheiro apertado, US$10 são como trezentas calorias para alguém que está de dieta: o dinheiro gasto precisa ser contabilizado. Na metáfora da arrumação da bagagem, uma mala pequena nos obriga a reconhecer que pôr um item significa que outro precisará ficar de fora. Aquele que arruma uma mala grande e considera adicionar um par de tênis só precisa pensar se quer levá-lo. Aquele que arruma uma mala pequena pensa no que precisa tirar para abrir espaço.

A escassez impõe um pensamento de escolha. Todas aquelas necessidades não atendidas capturam nossa atenção e vão para o topo da mente. Quando estamos apertados de dinheiro, ficamos muito atentos a todas as contas que precisam ser pagas. Assim, quando pensamos em comprar alguma outra coisa, todas as contas estão ali, tornando a escolha aparente. Quando estamos trabalhando com um prazo apertado, todas as obrigações estão em primeiro lugar em nossa mente. Assim, quando pensamos em passar uma hora fazendo outra coisa, as escolhas ficam evidentes de novo. Quando o tempo ou o dinheiro não estão muito apertados, não ficamos tão focados, e a escolha é menos aparente. Por esse raciocínio, o pensamento de escolha é uma consequência inerente da escassez.

Para testar isso de maneira mais rigorosa, fizemos uma pesquisa com trabalhadores que passavam por uma estação de trem em Boston. Pedimos que eles listassem tudo o que consideram ao pensar em comprar uma televisão. Todos os candidatos óbvios — tamanho, resolução, preço — apareceram. Quando, então, dividimos a amostra em grupos de renda maior e menor, surgiu um padrão. Apenas algumas pessoas relataram terem também pensamentos de escolha, apresentando pensamentos como: "Do que terei de desistir para comprar isso?" As pessoas que fizeram essas perguntas para si mesmas eram desproporcionalmente pobres. Elas relataram pensamentos de escolha com quase o dobro da frequência das pessoas mais abastadas (75% *versus* 40%). Foi uma diferença notável, ainda mais considerando que o limite de renda utilizado era, na melhor das hipóteses, um indicador grosseiro de escassez. Alguns daqueles que classificamos como abastados também podiam estar experimentando a escassez — alguns, por exemplo, estavam sobrecarregados com o pagamento do financiamento da casa, com dívidas de cartão de crédito, com empréstimos para a faculdade ou com famílias grandes.

O mesmo estudo produziu uma peculiaridade digna de nota quando o fizemos na Índia. Vimos como a escassez é determinada por uma interação entre o orçamento de uma pessoa e o tamanho dos itens. Assim como acontecera antes, quando solicitados a pensar em comprar um liquidificador, os participantes mais abastados mencionaram escolhas em menos de 30% das vezes, enquanto os mais pobres as mencionaram em mais de 65% das vezes. Mas quando perguntamos sobre um item mais caro — uma televisão — tanto ricos quanto pobres relataram escolhas. Se pensamos ou não em escolhas, isso depende do tamanho do item em relação ao nosso orçamento. O liquidificador era uma fração significativa do orçamento para os pobres, mas não para os ricos. Já a televisão era uma despesa significativa mesmo para os lares mais abastados da Índia. Explicando de outra maneira, o liquidificador evocou escassez para alguns, mas a televisão, por ser grande em relação a todos os orçamentos, evocou a escassez em todo mundo, mais ou menos da mesma maneira que pensar em um carro muito provavelmente teria gerado um pensamento de escolha na maioria dos lares norte-americanos.

FOLGAS

A metáfora da arrumação da mala ilustra por que a escassez cria o pensamento de escolha. Arrumamos malas grandes com tranquilidade. Nem todos os cantos e fendas são preenchidos. Sobra espaços aqui e ali. Chamamos esses espaços de *folgas*, a parte do orçamento que não é utilizada por causa da maneira como arrumamos a mala. Isso é típico de malas grandes. A folga é uma consequência de não ter a mentalidade da escassez ao arrumar a mala com espaço de sobra, de uma atitude específica ao administrar recursos quando experimentamos a abundância. O conceito de folga pode explicar nossa tendência a considerar (ou deixar de considerar) escolhas e a prestar atenção aos preços (ou deixar de notá-los).

Imagine que depois de arrumar uma mala grande você queira acrescentar um item. Você pode simplesmente jogá-lo ali dentro. Nenhum item precisa ser retirado. Você não precisa rearrumar o conteúdo porque a mala tinha espaço de sobra, tinha folga. Mas, em uma mala menor, acrescentar alguma coisa exige retirar alguma coisa. A folga é o que nos permite sentir que não há escolha. De onde vem o dinheiro para o coquetel de US$10? Se você está bem de vida, o coquetel dará a impressão de que o dinheiro não vem à custa de nada, porque, de certo modo, não vem. A folga paga a conta. A folga nos livra de fazer escolhas.

Todos já experimentamos folga de tempo. Em uma semana não muito ocupada, deixamos buracos na agenda. Você deixa um intervalo de 15 minutos entre as reuniões, quando em épocas mais atarefadas teria enfiado um telefonema rápido entre uma e outra. Esse tempo simplesmente está ali, como moedas de troco espalhadas pela casa. Você não sente compulsão alguma para usá-lo. Não se esforça para acomodar as coisas com rigidez. Quando um colega diz que telefonará para você entre 10 e 11 horas, você não se incomoda em pedir para ele dizer a hora certa; simplesmente reserva uma hora inteira para um telefonema de trinta minutos.

Muita gente também goza de folga de dinheiro. Um estudo mostrou que pessoas com renda alta, ao fazerem compras, têm o dobro da probabilidade de relatar que não controlam seus gastos porque "não precisam; ganham o suficiente". Um estudo holandês verificou que as pessoas mais abastadas não pensam em seus orçamentos. E planejadores financeiros com frequência levam uma folga em conta. Eles contabilizam os itens grandes meticulosamente, mas costumam deixar o restante para ser gasto como quiser. Richard Jenkins, ex-editor do MSN Money, por exemplo, sugere deixar 10% de lado como "dinheiro para diversão" — a folga no orçamento, literalmente um dinheiro a ser gasto por diversão.

É claro que pode ser muito sensato não gastar tudo o que puder. Deixar espaço para despesas imprevistas pode ser uma estratégia consciente, deliberada e inteligente, uma apólice de seguro para as excentricidades da vida. Mesmo levando apenas 25 minutos para chegar ao aeroporto, você se dá 45 minutos, só por garantia. Porém, não use a *folga* para se referir a um espaço criado de propósito para lidar com o inesperado, do tipo que foi cuidadosamente orçado. Você pode deixar espaço na mala para eventualidades futuras, digamos, para as compras que fizer em Roma. Mas, preste atenção, esta é uma folga intencional, do tipo que você reserva com cuidado, como faria para qualquer outro item.

A folga da maneira como usamos não é um espaço deixado deliberadamente sem uso, e sim um subproduto de arrumar a mala em uma condição de abundância. Em épocas boas, não contamos cada dólar meticulosamente. Em geral, escolhemos uma casa e um carro que nos dão um espaço confortável para todas as outras coisas. Temos uma vaga noção do tipo de restaurante ao qual podemos ir e com que frequência, de modo a ficarmos com conforto dentro do orçamento. Escolhemos férias do tipo que podemos bancar sem problemas, em vez de ficarmos calculando o que temos na conta bancária e escolhendo algo que nos leve exatamente ao limite do orçamento. Essa mentalidade é uma característica da abundância, e a folga é o resultado.

Por que os pobres acabam ficando com menos folga, e os ricos, com mais? Uma metáfora da natureza ilustra nossa resposta.

ABELHAS POBRES E VESPAS RICAS

Nenhuma estrutura feita pelo homem é construída com o cuidado de uma simples colmeia. Jovens abelhas operárias se empanturram de mel e excretam pequenas partículas de cera. A taxa de câmbio é elevada: cada meio quilo de cera exige 4 quilos de mel, o que exige mais de 90 mil viagens individuais de abelhas para coletar o néctar das flores. A cera é reunida em pequenos conglomerados, enquanto as abelhas se agrupam e usam o calor de seus corpos para aquecê-la e, assim, poderem moldá-la. De pouco em pouco, as abelhas põem esses pedaços no lugar para criar o conjunto de azulejos que forma a colmeia. O trabalho é gradativo e local, sem chefe para supervisioná-lo. Imagine construir um castelo de areia grão após grão, sem nunca parar para examinar onde está e sem ninguém lhe orientando. Agora imagine fazer isso com centenas de amigos, no escuro. Mas funciona. As abelhas criam paredes que correspondem a 120 graus incrivelmente precisos para quem olha, formando hexágonos perfeitos. Cada parede tem uma espessura inferior a 0,1 milímetros, com variações de apenas 0,002 milímetros, para mais ou para menos. Isso é uma tolerância de 2%, o que não é um padrão de construção ruim. A título de comparação, o National Institute of Standards and Technology, dos Estados Unidos, permite uma tolerância de 10% na largura de tábuas de compensado fabricadas para uso em construção.

Assim como as abelhas, as vespas-oleiras fazem ninhos, mas os constroem com barro. Depois, picam aranhas e chegam a juntar duas dúzias de carcaças destas em seus ninhos, onde depositam seus ovos e depois fecham o local. A larva incubada se alimenta da presa picada, sobrevivendo ao inverno dentro do ninho fechado. Diferentemente das abelhas produtoras de mel, as vespas não são construtoras sofisticadas. Os compartimentos são mais ou menos cilíndricos, emboçados juntos de maneira irregular, sem a precisão de uma colmeia.

Por que as abelhas criam essas estruturas precisas enquanto as vespas criam estruturas bagunçadas? Em função da escassez. As vespas as constroem com um material abundante: barro. As abelhas, com um material escasso: cera. A cera das abelhas, assim como o espaço em uma mala apertada ou os dólares em épocas difíceis, precisa ser conservada. Construir mal gera desperdício, o que é um incentivo para ser eficiente, para arrumar bem a bagagem. As vespas, por outro lado, têm um material abundante, bastante barro para gastar. As vespas podem se permitir folgas, construir de maneira negligente, porque o material de construção que usam é barato. As abelhas não podem porque seu material é caro.

Algo semelhante acontece com pobres e ricos. Imagine que antes de fazer a mala você ponha os itens que quer levar sobre a cama, deixando os mais importantes à esquerda e os menos importantes à direita. Para uma viagem de três dias, a primeira roupa de baixo estaria na extremidade esquerda; a quinta, na extremidade direita. Você começa a pôr os itens na mala a partir dos mais importantes, da esquerda para a direita. Você pode pôr vários itens até encher a mala, quando então começaria a pôr coisas com as quais não se importa muito, como a quinta roupa de baixo. O espaço não utilizado nas malas dos ricos existe graças a itens pouco importantes. As malas dos pobres ficam cheias quando eles ainda estão pondo itens muito necessários. O espaço é escasso na mala pequena, enquanto na mala grande o limite importa menos. Economistas chamam isso de utilidade marginal decrescente: quanto mais você tem, menor é o valor de cada item a mais.

Há uma lógica quase econômica nisso: os pobres têm menos folga porque só podem arcar com menos folga. O material para arrumar a mala, o espaço na mala, é barato para os ricos, como o barro, mas é caro para os pobres, como a cera. Portanto, os ricos arrumam a mala como as vespas: de maneira casual, ineficiente e com folga. E os pobres a arrumam como as abelhas: com cuidado, sem folga alguma.

Há também uma dinâmica psicológica profunda em ação. Quando fazem uma pausa na arrumação, pobres e ricos têm itens deixados fora da mala. Como esses itens que não cabem têm muita importância para os pobres, eles geram ansiedade. Os pobres colocam esses itens no túnel e não conseguem deixar de se perguntar: *será que não consigo rearrumar para que também caibam?* A arrumação captura a atenção deles porque os itens que correm o risco de ficar de fora são importantes. Quando os ricos fazem uma pausa, os itens deixados de fora são de pouca importância. Eles podem ser acrescentados, mas também podem ser deixados de fora. Os ricos deixam uma folga porque estão menos envolvidos na arrumação.

O QUE COMPRAMOS COM A FOLGA

> *Uma casa é apenas uma pilha de coisas com uma cobertura em cima.*
>
> GEORGE CARLIN

Para onde vai a folga? Se você é como a maioria das pessoas, poderá ver por si mesmo. Vá à cozinha e dê uma olhada na despensa. Provavelmente ela está cheia de itens comprados em um passado distante. Nisso, você não está sozinho. Em todo os Estados Unidos, os armários de cozinha estão cheios de sopas, gelatinas e comida enlatada que há muito não são usadas. Esse fenômeno é tão comum que pesquisadores de comida lhe deram um nome: chamam esses itens de os *rejeitados do armário*. Alguns estimam que um em cada dez itens comprados na mercearia está destinado a se tornar um rejeitado do armário.

De fato, muitas de nossas casas são museus de rejeitados. Lembre-se da última vez em que mexeu em um armário ou o limpou e pensou consigo mesmo: "Não me lembrava de que tinha isso!" Esses rejeitados do armário são tão comuns que o espaço — e não o dinheiro — é que se torna o artigo escasso. As pessoas precisam alugar depósitos para guardar todas as coisas que têm. Alguns estimam que mais de US$12 bilhões são gastos anualmente em depósitos, três vezes mais do que se gasta em compra de músicas. Os Estados Unidos têm mais de 185 quilômetros quadrados alocados para depósitos. A Self Storage Association observa que "todos os norte-americanos poderiam ficar em pé, ao mesmo tempo, sob a cobertura total dos tetos de depósitos".

Não é surpresa que as fortunas da indústria de depósitos sejam intimamente dependentes da folga proveniente da abundância. Como descreveu um jornalista da *New York Times Magazine*:

> "*A preguiça humana sempre foi grande amiga das operadoras de depósitos*", *disse-me Derek Naylor, presidente do grupo de consultoria Storage Marketing Solutions. "Porque, depois que as coisas estão dentro, ninguém gosta de passar o dia inteiro tirando-as de lá. Contanto que possam pagar e sentir psicologicamente que podem pagar, as pessoas deixam as coisas ali para sempre." Agora [durante a Grande Recessão iniciada em 2008], porém, "há pessoas que estão vigiando as contas de cartão de crédito mais de perto do que antes", comentou ele. "Elas estão*

de fato prestando atenção às coisas que estão pondo em depósitos e percebendo que provavelmente não vale a pena pagar US$100 por mês para guardá-las. Então apenas se livram delas."

A folga nos permite aceitar os rejeitados. Ela nos permite comprar por capricho uma sopa em lata diferente ou um aeromodelo de controle remoto. Com a folga, não nos sentimos compelidos a questionar se um item será útil. Não nos perguntamos, "Será que vou usar esse espremedor de frutas o suficiente para que ele valha a pena?" ou "Será que algum dia vou usar esses sapatos arrojados para justificar comprá-los em vez de comprar uma calça?". Como não há escolha alguma, simplesmente pensamos, "Por que não?". Como nos liberta das escolhas, a folga nos permite comprar itens só por serem interessantes, sem qualquer outra consideração.

É claro que o resultado é ineficiência e desperdício. Quando temos tempo de sobra, relaxamos, e o tempo evapora. Minutos aqui e ali se acumulam em horas esbanjadas. Em um dia de 16 horas, acabamos fazendo bom uso de seis delas. Demoramos uma semana para terminar um trabalho que sabemos que poderia ser feito em dois dias. E, de novo, não estamos nos referindo a horas reservadas de propósito para "não ter nada importante para fazer". Queremos dizer aquelas horas que nunca foram reservadas. Quando temos tempo livre, esbanjamos e desperdiçamos as horas de maneira despreocupada. E, quando temos dinheiro fácil, compramos coisas que jogaremos fora e esqueceremos. Acabamos gastando horas e depois não sabemos ao certo o que fizemos com elas, com armários cheios de sopas que não comemos e depósitos cheios de objetos que não lembrávamos ter.

Mas a folga é mais do que apenas ineficiência. Considere a seguinte decisão hipotética que apresentamos a um grupo de estudantes universitários:

Você planeja passar o início da noite na biblioteca preparando um trabalho que precisa entregar no dia seguinte. Quando está cruzando o campus, descobre que um autor que sempre admirou vai dar uma palestra pública dentro de instantes. Você vai mesmo assim para a biblioteca ou vai à palestra?

Outro grupo foi apresentado ao mesmo problema, mas com uma opção acrescentada (em negrito), que representava um atrativo a mais para deixar de ir à biblioteca.

Você planeja passar o início da noite na biblioteca preparando um trabalho que precisa entregar no dia seguinte. Quando está cruzando o campus, descobre que um autor que você sempre admirou vai dar uma palestra pública dentro de instantes **e que, em outra sala, vão exibir um filme estrangeiro que você estava querendo assistir.** *Você vai mesmo assim para a biblioteca, vai à palestra ou vai ver o filme?*

Quando receberam apenas uma alternativa atraente, a palestra, 60% dos estudantes ficaram com a biblioteca. Mas quando receberam duas alternativas atraentes, um número ainda *maior* de pessoas (80%) escolheu a biblioteca. Este parece um resultado peculiar: as pessoas recebem mais opções atraentes, mas tendem menos a escolher uma delas. Isso acontece porque a escolha é difícil. Quando a escolha é entre a palestra e a biblioteca, você pode decidir o que é mais importante naquele dia, o estudo ou o lazer. Mas quando há duas atividades de lazer, você tem mais uma escolha: qual delas é a certa para você? Diante dessa escolha a mais, as pessoas simplesmente dizem, "Esqueça. Vou ficar com a biblioteca". Elas evitam o fardo de escolher mantendo o plano original — na verdade, optando por não optar.

A folga proporciona uma maneira fácil de evitar o fardo da escolha. O único motivo pelo qual você precisa escolher entre a palestra e o filme é que seu orçamento de tempo está apertado. Se tivesse folga, poderia fazer as duas coisas. Quando você está fazendo compras e vê duas coisas das quais gosta, um orçamento apertado o obriga a escolher. Se vê dois sabores de sorvete dos quais gosta, uma dieta o obriga a escolher o que prefere. A folga — em dinheiro, tempo ou calorias — permite o luxo de não escolher. Permite que você diga, "Vou levar os dois". Ao contrário do ideal de Milton Friedman da "liberdade para escolher", a folga nos deixa com liberdade para *não* escolher.

ESPAÇO PARA FALHAR

Outro benefício importante da folga é exemplificado na seguinte situação:

Alex e Ben passam por uma loja de roupas. Ambos veem uma jaqueta de couro. Eles não têm uma roupa dessas, mas sempre quiseram ter. Aquela é perfeita. Só que é muito cara, US$200, o que não é muito conveniente. O certo a fazer é se *afastar, mas é difícil resistir a antigos desejos. Ambos pensam: "por que não ceder e fazer uma compra imprudente?"*

Alex está passando por uma fase financeiramente confortável. Ele vai para casa e pensa: "Que compra ruim!"

Ben está apertado de dinheiro. Ele vai para casa e pensa, "Que compra ruim!", seguido de, "Agora não vou ter dinheiro para consertar o carro. Isso pode me fazer chegar atrasado ao trabalho, o que pode me levar a..."

Ben enfrenta um mundo mais desafiante que o de Alex. Como eles próprios admitiram, ambos cederam a uma tentação de US$200 e fizeram uma compra tola. Pagaram o mesmo preço pela jaqueta de couro. Alex pode ignorar o erro. Ben, não. Erros iguais, consequências diferentes. O mundo de Ben não é mais desafiador por ele enfrentar um vendedor mais insistente ou taxas de juros mais altas. É mais desafiador porque lhe falta folga.

Como a tentação de US$200 será financiada? Para o abastado Alex, a folga paga por isso. Mesmo antes da compra por impulso, ele não estava gastando todo o seu orçamento. Os US$200 virão daquele espaço restante. Ben, financeiramente apertado, por outro lado, não tem folga alguma. Seus US$200 precisam vir à custa de algo que ele planejava, algo que pensava ser essencial. Seu erro lhe custa algo real. A folga não só isenta você da necessidade de fazer escolhas, ela significa que os erros não acarretam sacrifícios reais.

Considere um exemplo semelhante com o tempo. Em um estudo, psicólogos pediram a estudantes do último ano da faculdade para estimar o tempo necessário para terminar suas monografias. A média estimou em 34 dias. Quando sondados sobre a possibilidade de imprevistos bons e ruins, eles concordaram que o tempo poderia ser de 27 dias (se tudo desse certo) a 48 (se as coisas não corressem bem). Na realidade, eles precisaram em média de 55 dias. Este não é um desatino apenas de universitários inexperientes. Todo mundo, de administradores a produtores de cinema, sofre da falácia de planejamento: somos otimistas demais com nossos planos. Mesmo jogadores de xadrez de primeira linha podem alocar tempo demais para as primeiras rodadas e acabar tendo "problema de tempo", ficando com muito pouco tempo mais à frente.

Embora a falácia de planejamento seja comum para muita gente, nem todo mundo enfrenta as mesmas consequências dela. Suponha que você tenha um projeto que precisa estar pronto no fim do mês. Na realidade, o projeto exige quarenta horas de trabalho, mas você pensa equivocadamente que precisará de apenas trinta e se planeja com base nisso. Quando o fim do prazo se aproxima, seu erro se torna claro. Faltam-lhe dez horas. Como você resolve esse déficit?

Suponha que não esteja terrivelmente ocupado. O déficit não passa de um aborrecimento. Você examina sua agenda e encontra maneiras de criar tempo. Há alguns compromissos que podem ser transferidos sem grandes problemas, alguns afazeres que podem ser adiados e, o que é mais importante, você já tem espaços vazios aqui e ali no calendário. Com um pouco de jogo de cintura, você se ajeita e encontra as dez horas de que precisava.

Imagine, em vez disso, que sua semana já esteja muito comprometida. Agora isso é mais do que um aborrecimento. Ao examinar a agenda, você percebe que está sobrecarregado. Isso é mesmo muito ruim. Como uma torre de Jenga cambaleante, se você se atrasar ou mover qualquer coisa, toda a estrutura desabará. Sem ter alternativa, você faz algumas escolhas difíceis com relutância. Adia outro projeto (apenas um pouco menos urgente), temendo, com razão, as consequências disso (mas sem pensar muito nelas). Você tomou esse tempo emprestado e terá de pagar um preço; a semana seguinte será um pesadelo ainda maior.

Para a pessoa menos ocupada, a folga absorve o erro, minimizando as consequências. A pessoa ocupada, por outro lado, não pode desprezar o erro tão facilmente. Cada hora acrescentada vem à custa de outra coisa. O *mesmo* erro tem consequências maiores. Acabamos de ver como a folga pode ser ineficiente. Compramos itens destinados a se tornar rejeitados do armário e usamos o tempo e o dinheiro de maneira ineficiente. Aqui, vemos que a folga proporciona uma eficiência escondida. Ela nos dá espaço para manobrar, para rearrumar quando erramos. E nos dá espaço para falhar.

A folga também nos protege de outra maneira. Alex e Ben pagaram o mesmo valor por aquela jaqueta. Mas, de certa forma, ela custou mais para Ben. Aquela despesa de US$200 é uma pequena fração da renda de Alex, uma pequena fração de sua folga. Mas é uma fração grande da renda de Ben. O mesmo erro com os dólares sai *proporcionalmente* mais caro para Ben. Como o economista Abhijit Banerjee descreve, a *taxa de tentação* é regressiva; pesa mais sobre aqueles que têm menos.

Um estudante de pós-graduação em economia, Dan Bjorkegren, testou essa noção usando uma grande pesquisa sobre os padrões de consumo de pessoas na Indonésia. Ele classificou alguns gastos delas como *bens de tentação*. Essa classificação certamente é subjetiva e sujeita a contestações; em pesquisas futuras, pessoas seriam solicitadas a classificar seus bens de tentação por si mesmas. Mas, como primeiro passo, foi um exercício que valeu a pena, e a lista era bastante sensata: cigarros, bebidas, outras substâncias viciantes e por aí em diante. Examinando a proporção de gastos com a compra desses bens, Bjorkegren quantificou a taxa de tentação. O que ele verificou foi que, para o grupo mais pobre, a taxa de tentação correspondia a 10% do consumo total. E conforme as pessoas ficavam mais ricas a taxa diminuía; chegava a 1% do consumo. É claro que os abastados gastavam muito mais dinheiro nessas tentações, mas proporcionalmente menos.

Se os erros são mais custosos e há mais chances de falhar, será que a escassez não nos torna mais cuidadosos? É mais fácil falar do que fazer. Os esforços muitas vezes não são suficientes para reduzir os erros. Muitos desses erros não derivam do descuido, eles têm raízes profundas em nossos processos mentais. Esforço e atenção por si sós não conseguem nos livrar da falácia de planejamento, lembrar-nos de que certas coisas são insensatas ou nos dar uma resistência de ferro a todas as tentações. Nossas tendências, resultado direto do funcionamento do cérebro, nem sempre são suscetíveis às consequências. Podemos ceder a uma tentação momentânea e ter uma folga quando somos saudáveis; também podemos ceder quando somos diabéticos. Podemos ficar distraídos quando estamos jogando um videogame tolo; mas podemos ficar distraídos quando estamos dirigindo um carro em uma rodovia. As tendências psicológicas costumam persistir apesar das consequências mais extremas.

Na verdade, a escassez nos leva a erros maiores. A taxa da largura de banda nos põe em uma posição em que ficamos propensos a cometer erros. A pessoa ocupada tende a cometer um erro de planejamento ainda maior; afinal de contas, ela provavelmente ainda precisa dar atenção a seu *último* projeto e está mais distraída e assoberbada, uma maneira certeira de planejar mal. Com uma largura de banda comprometida, apresentamos maior tendência a ceder aos impulsos, a cair em tentações. Com pouca folga, temos menos espaço para falhar. Com a largura de banda comprometida, apresentamos uma tendência maior a falhar.

Isso permite examinar as condições da escassez sob uma nova ótica. Contas atrasadas são uma penalidade por planejar mal ou esquecer e criam um ambiente ainda mais hostil para aqueles que vivem na escassez. Comer bobagens disponíveis pode causar obesidade nos pobres e nas pessoas ocupadas, que estão, por sua vez, mais expostas e menos atentas; isso não chega a ser uma ameaça para os ricos e relaxados. As informações de difícil entendimento nos formulários sobre financiamentos de casa de baixo custo serão particularmente mal compreendidas por aqueles que vivem em escassez financeira (e terão consequências maiores para eles). Ambientes que criam espaço para erros, que depois são penalizados, são um desafio para todos nós. Mas são particularmente desafiadores para quem está em um contexto de escassez.

A escassez não nos dá apenas menos espaço para falhar; também nos dá mais chances de falhar. Em nossa história anterior sobre Alex e Ben, a jaqueta de couro era uma tentação; comprá-la foi um erro para os dois. Mas imagine se tivéssemos escrito a história da seguinte maneira:

> *Alex e Ben passam por uma loja de roupas. Ambos veem uma jaqueta de couro. Eles não têm uma roupa dessas, mas sempre quiseram ter. Aquela é perfeita. Só que é muito cara, custa US$200, o que não é muito conveniente. Alex, que*

está cheio de dinheiro, decide, "Por que não?". Não é como se ele tivesse maneiras melhores de usar seu dinheiro. Ben, que está com o orçamento apertado, percebe que esta é uma compra imprudente. Ele precisa resistir.

Aqui, comprar a jaqueta de couro é um erro para Ben, mas não para Alex. No fim das contas, é isso que a abundância nos permite. Permite que compremos mais. A riqueza transforma as tentações em luxos que temos condições de adquirir. O mesmo bem pode ser uma tentação quando você tem pouco dinheiro, mas uma simples frivolidade quando se tem muito. A pessoa de dieta precisa evitar o mesmo biscoito que a pessoa que não faz dieta come sem pensar. A pessoa ocupada precisa evitar distrações — beber um drinque com amigos ou assistir à televisão com tranquilidade — das quais a pessoa desocupada desfruta sem pensar.

A escassez não apenas aumenta os custos do erro, como proporciona mais oportunidades de errar, de fazer escolhas equivocadas. É mais difícil fazer as coisas certas, porque é preciso agir com cuidado para que muitos itens — os compromissos com o tempo para os ocupados, as despesas para os pobres — caibam em um orçamento restrito. Para entender isso, pense novamente na arrumação da bagagem. Imagine que nós dois, Sendhil e Eldar, somos convidados para um piquenique. Sendhil tem de levar frutas para uma salada de frutas, e o trabalho de Eldar é levar jujubas. Sendhil precisa pensar com cuidado na melhor maneira de arrumar as frutas: ele põe uma melancia na sacola, e grande parte do espaço fica comprometido. Até o abacaxi torna difícil que caiba muito mais coisa. Talvez ele possa enfileirar algumas bananas nas beiradas ou pôr algumas uvas ou morangos entre as maçãs e as peras. A logística para seu problema de arrumação não é simples: encontrar o melhor lugar para as frutas é um desafio. Compare isso com a tarefa de Eldar. Ele simplesmente despeja algumas jujubas de melancia e laranja. Então balança a sacola para as balas se acomodarem e despeja algumas de outros sabores. Pode ser que Eldar também tenha de fazer algumas escolhas: ele pode não conseguir pôr todos os sabores que quer. Mas depois que faz suas escolhas, a arrumação é inerentemente mais fácil. Nenhuma engenhosidade é necessária para acomodar as jujubas. O que distingue as duas tarefas é a granulosidade. As frutas são itens volumosos, enquanto as jujubas são pequenas, quase como grãos de areia. A complexidade da arrumação fica mais fácil quando os itens são mais granulares.

Na vida, você arruma grãos ou itens volumosos? Isso depende do orçamento. Com um orçamento pequeno, aquele iPod parece volumoso, tomando uma fração grande daquilo que você gastará no mês. Conforme seu orçamento aumenta, o iPod ocupa cada vez menos espaço. Torna-se uma fração cada vez menor do orçamento disponível, cada vez mais granular. Um orçamento maior não só torna as decisões menos complicadas; ele reduz a complexidade da arrumação. Orçamentos menores tendem a levar a itens volumosos e arrumações mais complexas; orçamentos grandes tendem a levar a itens granulares e arrumações mais fáceis.

É claro que, mesmo com um orçamento vasto, itens grandes criam complexidades. Ser jurado de um enorme (e longo!) julgamento criminal produzirá complexidade mesmo para alguém com muito tempo livre; a decisão de comprar uma bela casa de veraneio exigirá atenção até mesmo de uma pessoa bem de vida. Mas, com abundância, suas escolhas tendem a ficar cada vez mais granulares. Elas param de pressionar o orçamento ou o planejamento.

Tudo isso sugere uma camada a mais. Embora nosso foco aqui esteja mais na psicologia proveniente da escassez, o efeito dela pode ser mais do que psicológico; pode ser um fato matemático. A escassez pode criar um problema de arrumação logisticamente *mais difícil*. A mente, desafiada pela psicologia que surge da escassez, pode se ver com necessidade de navegar em um mundo que, em termos computacionais, é mais complexo.

ESCASSEZ E FOLGA

Iniciamos este livro com a definição de escassez: uma sensação subjetiva de ter mais necessidades do que recursos. Isso está acima e além dos limites físicos reais — apenas muito dinheiro, tempo e assim por diante — que todos nós necessariamente enfrentamos. O conceito da arrumação traz essa distinção para um foco preciso. Os limites físicos e as escolhas estão sempre ali: as malas, não importa quão grandes sejam, têm um tamanho fixo. Mas não as experimentamos assim. Uma mala pequena nos faz sentir a escassez. Percebemos as escolhas; sentimos que temos muito pouco espaço. Uma mala pequena também pode tornar a escassez objetivamente mais complicada de administrar. Uma mala grande não só permite mais espaço; ela remove a sensação de escassez. Não sentimos apenas que temos espaço suficiente; sequer notamos as escolhas. Embora os limites reais e as escolhas sejam universais, a experiência não é.

Nesse sentido, o conceito de folga está no cerne da psicologia da escassez. Ter folga nos permite o sentimento de abundância. A folga não é somente ineficiência; é um luxo mental. A abundância não nos permite apenas comprar mais bens. Permite-nos o luxo de arrumar a mala de qualquer jeito, o luxo de não ter de pensar, bem como o luxo de não se importar com os erros. Como observou Henry David Thoreau: "Um homem é rico na proporção do número de coisas das quais pode abrir mão."

4. Expertise

Alguns anos atrás, Sendhil e um estudante de doutorado (vamos chamá-lo de Alex) estavam na periferia da cidade de Chennai, na Índia, à procura de um riquixá motorizado que os levasse para a próxima reunião. Era um lugar onde esse tipo de transporte é raro, e a espera poderia ser longa. E dolorosa: o dia estava quente e úmido; o ar, repleto de poeira e areia; o termômetro marcava 36 graus, mas não captava o sofrimento (os verões no Sul da Índia precisam de suas próprias correções de temperatura, o equivalente à "sensação térmica" de frio no Norte). Depois de dez minutos arenosos, um riquixá parou, e Sendhil ficou aliviado — prematuramente, como logo veria.

Tudo em Chennai exige uma negociação. A corrida de riquixá em geral custaria 40 rupias (cerca de US$0,80), mas, como Alex estava ali, o motorista viu uma oportunidade de cobrar um preço maior a um estrangeiro. Ele começou com 100, mas, depois de alguma negociação, caiu para 60 rupias, e daí não saiu. Sendhil estava a ponto de pular no carrinho; o calor era opressivo, e eles tinham de chegar a uma reunião.

Alex, porém, recusou-se, inflexível, a pagar 60 rupias, e disse a Sendhil que não aceitaria a corrida. "Outro riquixá deve estar vindo. Vamos esperar", disse. Sendhil amaldiçoou a si mesmo por pechinchar em inglês, e não em tâmil, mas estava esgotado demais para argumentar, então eles deixaram o riquixá ir embora. Dez cansativos minutos depois, outro motorista parou. Para sorte deles, concordou com as 40 rupias, e Alex entrou. Sendhil entrou atrás dele, jurando que no futuro trabalharia com doutorandos mais sensatos.

Por que Alex não aceitou a oferta inicial? Sua recusa foi em parte motivada pelo que achava justo: ninguém gosta que lhe cobrem a mais. Mas Alex estava na Índia havia algum tempo, o suficiente para se adaptar à realidade de que cobrar a mais não era algo pessoal, apenas a dura realidade. Ele via essas transações em termos puramente monetários. "Não me importo em pagar mais", comentara, "mas não 50% mais!" Alex fizera uma escolha clara: decidiu que sofreria mais dez minutos com o calor e a poeira para evitar pagar uma sobretaxa de 50%.

Agora, suponha que em outro contexto Sendhil tivesse proposto: "Alex, quero que você passe dez minutos em uma sauna, de roupa, com o som das buzinas dos carros estourando em seus ouvidos. Ah, de vez em quando eu também vou jogar poeira no seu rosto. Mas, para fazer isso valer a pena, aqui estão US$0,50." Alex provavelmente não aceitaria. O mais provável é que procuraria um novo orientador na faculdade. Mas esta foi a escolha que ele aceitou em Chennai. Não apenas aceitou; insistiu nela. Por quê?

Em outra ocasião, Sendhil se viu pechinchando com outro motorista de riquixá por algumas rupias, em favor de um estrangeiro. Desta vez, o motorista trocou o inglês pelo tâmil. "Por que você está pechinchando por essa quantia?", perguntou. "Essa quantia não significa nada para ele!" É claro que, de certa maneira, o motorista estava certo: uma quantia tão pequena *não deveria* significar muito para pessoas mais abastadas. De certa maneira, porém, ele estava errado. As pessoas agem, pelo menos às vezes, como se essas pequenas quantias significassem muito.

Para psicólogos que estudam avaliações e tomadas de decisão, o comportamento de Alex é bastante previsível, e é claro que você não precisa ir à Índia para vê-lo. Ele se encaixa em algumas das descobertas mais antigas e persistentes sobre como as pessoas fazem escolhas. Veja esse exemplo no qual as pessoas são apresentadas aos dois cenários:

Imagine que você passou o dia fazendo compras. Um item que você estava procurando era um aparelho de DVD. No fim do dia, você se vê em uma loja que tem a marca e o modelo que você quer por US$100. É um bom preço, mas não o melhor que você viu hoje. Uma loja, um desvio de trinta minutos a caminho de casa, oferece o produto por US$65. Você compra o aparelho de DVD por US$100 e vai para casa ou decide fazer o desvio para comprá-lo por US$65 na outra loja? Pense no que você faria.

Imagine que você passou o dia fazendo compras. Um item que você estava procurando era um laptop. No fim do dia, você se vê em uma loja que tem a marca e o modelo que você quer por US$1 mil. É um bom preço, mas não o melhor que você viu hoje. Uma loja, um desvio de trinta minutos a caminho de casa, oferece o produto por US$965. Você *compra o aparelho de laptop por US$1 mil e vai para casa ou decide fazer o desvio para comprá-lo por US$965 na outra loja? Pense no que você faria.*

Os dois cenários oferecem uma chance de se deslocar por meia hora para poupar US$35. E o que você descobre é que a maioria das pessoas opta por fazer o desvio para comprar o aparelho de DVD, mas não o laptop. Isso contradiz o modelo econômico padrão: a taxa de câmbio entre tempo e dinheiro deve ser constante. Mas aqui ela varia bastante. Para tornar isso preciso, pode-se pedir às pessoas para afirmar de forma explícita a economia que precisariam fazer para optar pelo desvio; pode-se calcular o valor que as pessoas estão dando (implicitamente) ao tempo delas. Os resultados são impressionantes. Variando o preço, pode-se mudar o valor de uma hora de US$5,64 (para aqueles que consideram uma caneta de US$3) para US$1.364 (para aqueles que consideram um carro de US$30 mil). Isso significa que nossa frugalidade tem uma consequência perversa. Economizamos centavos em itens pequenos, mas torramos dólares em itens grandes. Nossa frugalidade é, portanto, bastante desperdiçada. Passamos horas navegando na internet para economizar US$50 em um par de sapatos de US$150, mas abrimos mão de uma pesquisa de algumas horas para economizar algumas centenas de dólares em um carro de US$20 mil.

Essas descobertas são importantes porque demonstram como as pessoas violam rotineiramente os modelos de comportamento humano "racionais" dos economistas. Se o valor que uma pessoa associa a US$1 muda com tanta facilidade, as análises de comportamento econômico tradicionais estão seriamente distorcidas. Essas descobertas e outras relacionadas a elas fomentaram o surgimento da "economia comportamental", uma tentativa de incorporar a psicologia a modelos econômicos. O impacto disso tem sido grande, porque os resultados têm ampla aplicação. Eles não descrevem apenas o comportamento curioso de Alex na Índia como também o comportamento de estudantes de faculdade, de MBA, de apostadores profissionais e de executivos de todos os tipos. Sempre presumimos que essa descoberta básica era um fato do comportamento de todos.

O EFEITO DA ESCASSEZ

Junto com a estudante de doutorado de Crystal Hall, fizemos uma versão da questão laptop/DVD:

> *Imagine que um amigo vai comprar um aparelho que custa US$100. Embora os preços da loja sejam bons, o atendente informa a seu amigo que uma loja a 45 minutos de distância oferece o mesmo item em liquidação por US$50 a menos. Você aconselharia seu amigo a ir à outra loja para economizar US$50 em uma despesa de US$100?*

Assim como na questão do laptop/DVD, manipulamos o que as pessoas viram. Para algumas, o aparelho custava US$100; para outras, US$500; e para outras ainda, US$1 mil. A economia era sempre a mesma (US$50). Começamos testando uma amostra de pessoas relativamente bem de vida. Quando fizemos esse estudo com trabalhadores que passavam pela estação de trem de Princeton, em Nova Jersey, verificamos o que muitos outros antes de nós já haviam verificado: 54% das pessoas recomendariam ir a outra loja quando o aparelho custava US$100; 39% quando custava US$500 e somente 17% quando custava US$1 mil. Os US$50 de economia pareciam cada vez menores à medida que o preço do produto aumentava. Para um item muito caro, parecia que dificilmente valeria o esforço.

Mas então fizemos exatamente o mesmo estudo a 19 quilômetros de distância, em um restaurante popular em Trenton, Nova Jersey. Assim como na maioria desses sopões norte-americanos, os visitantes ali variavam muito em idade, sexo e raça, mas tinham uma característica em comum: para eles, o orçamento era muito apertado. Isso nos levou a prever que eles estariam mais dispostos a se deslocar para economizar dinheiro. De fato, foi isso que verificamos. Para o item de US$100, 76% acharam que deveriam se deslocar para economizar US$50. Mas isso não é 100%, e poderia ser assim por diversos motivos. Talvez o tempo também fosse apertado, houvesse outras coisas para cuidar, ou talvez deslocar-se fosse desagradável, já que muitos pobres não têm carro. Talvez as pessoas do sopão, assim como todas as outras, dessem algum valor ao tempo.

Porém, o que tornou o estudo impressionante foi o que aconteceu quando aumentamos o preço do produto. Quando o aparelho custava US$500, o percentual disposto a se deslocar mudou pouco; foi de 73%. E quando o preço subiu para US$1 mil, esse percentual aumentou um pouco, chegando a 87%. O pequeno aumento pode se dever à sensação de que é preciso tentar economizar quando se gasta tanto.

Para a maioria das pessoas, uma economia de US$50 parece grande para um aparelho de DVD de US$100 (50% menos!), mas pequena para um laptop de US$1 mil (uma mera economia de 5%). Mas as pessoas do sopão de Trenton pareciam indiferentes a tudo isso; suas respostas mudaram pouco. Como a escassez — neste caso, de dinheiro — derrubou esse resultado tradicional?

Para entender como, precisamos fazer um desvio para a psicofísica da percepção.

UM POUCO SOBRE A PERCEPÇÃO

Um médico alemão de nome Ernst Weber, considerado um dos fundadores da psicologia experimental, descobriu um fato importante sobre como nossos sentidos operam. Em uma de suas experiências pioneiras, uma pessoa de olhos vendados segurou um prato com pesos com uma das mãos e foi solicitada a sinalizar quando notasse uma mudança no peso, enquanto partículas de metal limado eram silenciosamente acrescentadas. Quanto peso a mais seria necessário para a pessoa detectar a mudança? Qual seria a "diferença perceptível"? Weber verificou que a diferença perceptível é uma fração constante da quantidade básica. Para pesos, a constante é de mais ou menos um trigésimo. Portanto, se você está segurando um peso de 3 quilos, pelo menos um décimo de quilo precisa ser acrescentando para você detectar uma diferença. Mas, se você estivesse segurando um peso de 30 quilos, 1 quilo inteiro teria de ser adicionado para que você notasse.

Weber mostrou que a percepção era muito relativa. O olho, por exemplo, não é um medidor de luz. Ele avalia a luminosidade relativa ao pano de fundo. Quando você está em uma caverna escura, um fósforo riscado pode produzir uma chama clara, forte o bastante para iluminar o que está à sua volta. Esse mesmo fósforo riscado em um café ao ar livre, em uma tarde ensolarada, mal seria detectável. Efeitos semelhantes na percepção do tamanho relativo, por exemplo, surgem com frequência em nossa vida diária. Fabricantes de sabão líquido para máquina de lavar perceberam há muito tempo que as pessoas usam mais sabão quando a tampa é maior. Encher uma tampa pequena quase até o fim é satisfatório. Em uma tampa maior, a linha que marca a quantidade necessária corresponde a apenas uma fração do espaço disponível, mas, como somos movidos por quantidades relativas, e não absolutas, isso parece muito pouco. Então as pessoas põem um pouco mais, e mais sabão líquido é vendido. O dinheiro, pelo menos até certo ponto, também é avaliado de acordo com o pano de fundo. É por isso que nos importamos mais em economizar 40% em um livro de US$20 do que em economizar 1% em uma geladeira de US$1 mil. Em Chennai, Alex simplesmente viu o dinheiro mais ou menos como seus olhos veriam um palito de fósforo: relativo ao pano de fundo. Sessenta rupias pareceram muito quando o preço justo era quarenta.

Embora a percepção relativa seja parte inerente do modo como a mente processa informações, a experiência e a expertise nos permitem transcendê-la. Em um estudo realizado pelos psicólogos Simon Grondin e Peter Killeen, dois grupos — um de não músicos e outro de músicos que haviam estudado durante 11 a 23 anos — foram solicitados a repetir intervalos de seis, 12, 18 e 24 segundos. Os não músicos se comportaram como o esperado. Cometeram erros proporcionais ao tempo do intervalo: quanto maior o intervalo, maior a discrepância. Eles estavam aproximando a distância em termos relativos. Em contrapartida, as pessoas que haviam estudado música por bastante tempo exibiram variabilidade relativa decrescente em relação à duração do intervalo; em intervalos mais longos, esses músicos cometeram erros menos que proporcionais. Pareciam estar avaliando mais perto de uma escala absoluta.

O que isso nos diz é que a expertise, o conhecimento mais profundo das unidades, pode alterar a percepção. Músicos especialistas em intervalos de tempo têm um indicador *interno*, eles não dependem de estimativas de duração do tempo heurísticas e intuitivas. Estudos mostraram que atendentes de bar mais experientes despejam os líquidos melhor e tendem a ser menos afetados pela altura de uma garrafa quando solicitados a despejar determinada quantidade.

A escassez também nos torna especialistas em arrumação de bagagem. Sem o luxo da folga, passamos a entender o valor de cada centímetro de espaço em nossas malas. Os pobres precisam saber o valor de US$1; os ocupados, o valor de uma hora; e as pessoas que estão de dieta, o valor de uma caloria.

Pesquisadores de marketing têm estudado essa expertise de maneira bastante específica. Eles abordam pessoas saindo de supermercados para fazer uma pesquisa rápida. Apanham os recibos dos compradores e fazem perguntas como, "Quanto custou a pasta de dente Crest que você acabou de comprar?" Compradores abastados não se dão bem no teste. "O preço da pasta de dente Crest? Mais ou menos US$3? Talvez US$5?" A maioria sequer sabe quanto gastou no total, o tamanho da conta que pagara minutos antes. Mas os compradores de baixa renda sabem. Eles são mais precisos ao informar quanto gastaram, bem como os preços dos itens comprados. Verificamos isso em um estudo nosso, elaborado com cuidado de modo a separarmos o conhecimento da frequência da experiência. Perguntamos a trabalhadores em Boston o valor da bandeirada quando o taxímetro começa a rodar. Os ricos deram a resposta certa apenas 12% das vezes; os menos abastados acertaram com uma frequência três vezes maior. Isso apesar de os ricos pegarem táxis com mais frequência.

Saber preços muitas vezes envolve mais do que apenas ler a etiqueta. Exige vigilância, já que o que você vê muitas vezes não é o que paga. Os impostos sobre cigarros nos Estados Unidos, por exemplo, são de dois tipos. O imposto especial sobre o consumo aparece no preço apresentado na embalagem, mas o imposto sobre a venda, não; ele é acrescentado na caixa registradora. Se você olha apenas o preço na embalagem, não percebe o imposto sobre a venda. Quando o imposto sobre o consumo — o preço visível — muda, ricos e pobres reagem, fumando menos. O mesmo não acontece tanto quando muda o imposto sobre a venda, o preço escondido. Apenas os consumidores de baixa renda reagem a isso. Só os de baixa renda avaliam tanto os impostos sobre o consumo quanto sobre a venda (e precisam fazer isso). Eles não notam apenas os preços; decifram melhor que o preço total é maior do que o informado.

Os consumidores de baixa renda também são mais astutos de outras maneiras. Quando você faz compras em um supermercado — digamos, um saco de batatas fritas ou uma lata de atum — naturalmente supõe que comprando o pacote maior paga menos por unidade e, portanto, economiza. Mas muitas vezes está errado. O pacote maior pode custar mais por unidade; pode haver uma "sobretaxa por quantidade". Uma pesquisa verificou que 25% das marcas que ofereciam mais de um tamanho impunham alguma forma de sobretaxa por quantidade. Essas sobretaxas não são erros. A *Consumer Reports* as chamou de "truque sorrateiro no produto para o consumidor". O truque funciona melhor com consumidores que não prestam muita atenção aos preços, que supõem que o pacote maior será um negócio melhor. (Quantas vezes você já fez isso?) Um estudo examinou quais são os supermercados que praticam esse "truque" e descobriu exatamente o que nossa discussão até agora teria previsto: os supermercados em bairros de baixa renda têm menos tendência a cobrar sobretaxas por quantidade. É mais difícil enganar uma pessoa levando-a a pagar mais quando ela tem o cuidado de espremer o máximo de cada dólar.

Os pobres, em suma, são grandes conhecedores do valor de US$1. Eles têm seu próprio indicador interno, pelo qual avaliam esse valor. Não se baseiam no ambiente para ter ideia de quanto vão pagar. As necessidades prementes no topo da mente ajudam a gerar uma escala interna própria. Ter esse indicador interno significa que o pano de fundo os afeta menos, assim como as batidas precisas dos músicos experientes. As pessoas do sopão não mostraram a mesma tendência de Alex em Chennai, ou de inúmeras outras pessoas de renda mais elevada, porque tinham menos tendência a usar características arbitrárias do contexto para valorizar o dinheiro.

Pense em como isso é impressionante. Os pobres nesses estudos se comportam de maneira mais "racional". Estão mais perto, neste caso, do ideal econômico racional, mais perto do *homo economicus*. Isso não nos diz apenas algo sobre a pobreza; também nos diz algo sobre a economia comportamental. O fato de o dinheiro ser valorizado em termos relativos é considerado uma descoberta clássica na economia comportamental: presumivelmente, é algo que caracteriza o pensamento de todos. Mas aqui vemos que a escassez derruba, ou pelo menos dilui, essa descoberta clássica. Na verdade, a escassez também altera muitas outras descobertas.

O QUE ISSO REALMENTE ESTÁ ME CUSTANDO?

Um dia, quando era universitário, Sendhil estava pensando em comprar um walkman. (Para aqueles que não sabem o que é isso, é como um iPod, mas para fitas cassete. Para aqueles que não sabem o que é uma fita cassete... bem, deixa pra lá.) O walkman custava US$70. Será que *valia* US$70? Será que ele deveria comprá-lo? O preço era justo: ele havia procurado e não o encontrara por menos. Mas o que ele preferiria ter: US$70 em dinheiro ou o walkman? O que essa quantia representava? É difícil entender o sentido do valor real de US$1. Sendhil desenvolvera uma técnica para decisões como essa. Na época, seu principal alimento (na verdade, seu único alimento) eram burritos de feijão do Taco Bell. Embora não entendesse muito bem de dólares, ele entedia de burritos. Então decidiu pôr tudo em uma escala de burritos de feijão. Em vez de perguntar se deveria ter um walkman ou US$70, ele poderia perguntar a si mesmo se queria o walkman ou 78 burritos. Os burritos pareciam mais tangíveis, mais reais do que os dólares.

Por que existe a necessidade de construir um referencial, uma maneira de dar sentido a US$70? Por causa da folga. Abundância significa libertar-se de escolhas. Quando compramos algo em uma condição de abundância, não sentimos que precisamos desistir de coisa alguma. Psicologicamente, isso é agradável. Mas pode ser um obstáculo para tomar decisões. Se você não sabe do que está desistindo, é difícil imaginar o que uma coisa custa e se ela vale a pena. A folga, e a ausência de escolhas, significa que não temos uma maneira intuitiva, fácil, de avaliar as coisas.

É claro que o indicador do burrito não foi um grande sucesso para Sendhil. Mas não está muito longe do que alguns especialistas sugerem. Um psicólogo que estuda tomadas de decisões sugeriu um aplicativo de iPhone que fizesse algo semelhante: "Você diria, 'Eu gosto de férias nas Bahamas, sapatos, café latte e livros'. E então, quando ficasse tentado a comprar algo, isso se traduziria em termos das coisas que lhe interessam. Assim [o aplicativo diria], 'Ei, esse item corresponde a meio dia nas Bahamas, dois [pares de] sapatos e um latte'." Outros especialistas sugeriram usar um "preço do tempo". Suponha que você ganhe US$20 por hora quando trabalha (líquido: depois de deduzir custos de deslocamento, impostos e por aí em diante). Quando você compra uma máquina de fazer sorvete de US$80, comprometeu quatro horas de trabalho; e quando opta por um pacote de televisão a cabo mensal US$60 mais caro, comprometeu mais três horas de trabalho todo mês. (Um latte grande por dia exigiria aproximadamente mais cinquenta horas de trabalho por ano.)

Quando estava decidindo sobre o walkman, Sendhil percebeu como esse raciocínio era enganoso. Ele já estava comendo todos os burritos que queria. Suponha que optasse por não comprar o walkman. Ele não sairia para comer *mais* 78 burritos. Ele não estava escolhendo o walkman em detrimento de 78 burritos. Para esse raciocínio funcionar, ele precisava saber onde o dinheiro economizado seria gasto. E com certeza não seria com burritos de feijão, da mesma forma que deixar de comprar alguma coisa não levaria você de férias às Bahamas. Fazer a escolha concreta exige rastrear o dinheiro poupado e entender como ele seria gasto. Isso também era válido para as outras sugestões: como deveríamos escolher os itens para comparar de maneira a dar um sentido tangível?

Em vez disso, as pessoas tendem a procurar comparações com itens de preços semelhantes. E isso pode ser terrivelmente enganoso. Muitos desses itens podem não ser coisas que, de qualquer modo, você compraria. De maneira semelhante, o preço do tempo ("isso corresponde a quatro horas de trabalho") é enganoso porque em muitos casos você não seria capaz de optar por menos horas de trabalho se deixasse de comprar um item, nem trabalharia mais horas se o comprasse. Verificar o melhor uso para o dinheiro é igualmente enganoso. Se eu gasto US$40 em um jantar incrível, é injusto dizer que todos os US$40 que eu gastar deveriam propiciar o mesmo prazer. Mesmo que eu gaste corretamente, poucas despesas de US$40 vão se equiparar a essa compra incrível. Mas quantos jantares incríveis por dia eu posso ter? O princípio dos retornos decrescentes diz que os últimos US$40 que eu gastar — aqueles sobre os quais estou decidindo, aqueles sobre os quais estou fazendo escolhas — não produzirão nem de perto aquele prazer.

O problema com todos esses referenciais é que eles não são reais. Pensar sobre escolhas em uma condição de folga é como tentar obter o melhor dos dois mundos. Como não fazemos muitas escolhas, elas continuam sendo, em grande parte, uma invenção. Sem essas escolhas, o valor de pequenas quantias não é algo com que você precisa realmente se importar. Se você tivesse mais US$20, o que compraria que até agora não comprou? Se tem uma boa condição financeira, esta é uma pergunta que nunca precisa responder — ou mesmo pensar em fazer. Se quisesse aquela coisa pequena, você a teria comprado.

Esses problemas surgem porque, em condição de abundância, não temos noção do valor de US$10. E essa ambiguidade pode nos deixar sujeitos a manipulações. Pode-se fazer com que as compras pareçam mais ou menos atraentes em comparações criteriosas. Optar por um quarto melhor nas férias é uma ninharia se você pensar que isso é uma fração daquilo do que paga de aluguel. Mas pode parecer uma fortuna se você pensar em termos de sobremesas incríveis que poderia comer em vez disso. Agências de marketing e organizações sem fins lucrativos usam essa estratégia. Apoiar uma criança na África ou comprar um aspirador de pó custam apenas centavos por dia. Com folga, é claro que esses centavos parecem não sair de lugar nenhum.

Temos alguns amigos abastados que são frugais. Muitas vezes, quando contamos a eles sobre nosso trabalho, eles concordam e dizem: "É assim que eu sou: muito cuidadoso com o dinheiro." Mas a frugalidade não captura a experiência da escassez. O frugal tem uma consciência íntegra sobre o dinheiro. O pobre tem de ser vigilante nas escolhas. Ao fazer uma compra, o frugal calcula se o preço é "bom". O pobre, em contrapartida, tem de perguntar a si mesmo do que terá de desistir para pagar esse preço. Sem se envolver em escolhas reais, o frugal, assim como a maioria daqueles que vivem em abundância, tem dificuldade de dar sentido a US$1. Então ele se vale do contexto. Foi isso o que aconteceu com Alex e o riquixá. Ele vendeu seu tempo muito barato (e de maneira inconsequente) porque usou seu contexto para determinar o preço "razoável" por uma corrida de riquixá. Alex era frugal, mas não pobre.

Um amigo nosso, também pesquisador de comportamento, recentemente comprou uma trufa de conhaque por US$3. Mais tarde, quando lhe perguntaram se valeu a pena, ele considerou o que mais poderia ter comprado: "seis barras de Snickers, um exemplar do *Sporting News*, ou uma taça de vinho melhor no jantar." Ou então poderia ter economizado o dinheiro; não é muito, mas, se fizesse outros sacrifícios, talvez ele conseguisse comprar um apartamento maior no ano seguinte. Ele também lembrou que a televisão por satélite custava US$49 por mês e que ultimamente assistia muito pouco à TV. Com os US$49 que economizaria, poderia ter todas as trufas que quisesse. Por fim, admitiu: "Não sei." A abundância nos torna menos capazes de saber o valor de US$1.

Muitas tendências e incoerências reveladas pela economia comportamental são mais sobre pessoas lutando para dar sentido a US$1. Sem um sentido claro de como avaliar uma economia de US$50, as pessoas de nosso estudo com Hall usaram o preço de base como pano de fundo para avaliar os US$50. Os pobres, por sua vez, como *de fato* enfrentam escolhas com US$50, têm um indicador interno de especialista (possivelmente grosseiro) para o valor de US$50. Consequentemente, eles tendem menos à incoerência. Segundo essa interpretação, deve haver situações em que a escassez dá ao pobre um sentido do valor das coisas que falta àqueles que vivem em abundância. E quando a falta de um valor claro leva a erros previsíveis, o pobre evitará os erros que aqueles em abundância cometem.

PERCEPÇÃO

Pesquisas sobre percepção nos dão outra pista sobre como as pessoas podem fazer para dar sentido a um valor incerto. Na percepção, o cérebro usa muitas pistas contextuais para interpretar dados visuais. E, ao entender as pistas utilizadas pelo cérebro, você pode manipulá-las um pouco, o que às vezes leva a resultados perversos. A ilusão do tabuleiro de xadrez de Ted Adelson, do MIT, é uma de nossas ilustrações visuais favoritas entre aquelas que se aproveitam desse conhecimento:

Nessa ilustração notável, o quadrado A parece mais escuro do que o B. O que torna isso uma ilusão é que A e B têm exatamente o mesmo tom de cinza. Provavelmente você não acredita nisso; até mesmo nós de vez em quando nos sentimos compelidos a verificar novamente, porque isso parece muito errado. Se você não quer acreditar em nossa palavra, pegue uma folha de papel e recorte dois buracos que mostrem apenas os quadrados A e B. Você verá que os dois quadrados têm cores idênticas. Por que nossos olhos são tão ludibriados?

Aqui, o sistema visual usa pistas do fundo da imagem para dar sentido às coisas. As pistas do fundo afetam o modo como os itens à frente são vistos. O quadrado B tem um fundo diferente do quadrado A. Além de ser cercado por quadrados mais escuros, fica à sombra do cilindro. Como as coisas nas sombras parecem mais escuras, o olho corrige a cor, fazendo o item parecer mais claro. Então a cor percebida, assim como a distância, depende das pistas ao redor. E, pelo que se vê, é isso o que também acontece com o valor percebido.

Uma experiência clássica relatada certa vez pelo economista Richard Thaler faz com dinheiro o equivalente a essa ilusão ótica. Recriamos essa experiência com Anuj Shah. Pedimos que as pessoas considerassem dois cenários que se diferenciam apenas nas palavras entre colchetes, uma mercearia em um caso e um resort luxuoso no outro:

Imagine que você está deitado na praia em um dia quente. Tudo o que você tem para beber é água de gelo. Há uma hora você está pensando em como gostaria de uma bela garrafa gelada de sua cerveja favorita. Um amigo levanta-se para dar um telefonema e se oferece para lhe trazer uma cerveja do único lugar que vende por perto [uma pequena mercearia fuleira] [um resort luxuoso]. Ele diz que a cerveja pode ser cara e pergunta quanto você estaria disposto a pagar por ela. E diz que comprará se a cerveja custar o preço que você disser ou menos. Mas se custar mais do que o estipulado por você, não comprará. Você confia em seu amigo, e não há possibilidade alguma de pechinchar com o atendente. Que preço você diria?

As pessoas mais abastadas mostram uma tendência clássica ao tomar a decisão, como relatou Thaler originalmente. Elas pagam mais pela mesma cerveja no contexto de um luxuoso resort. Mais ou menos como no comportamento de Alex, essa diferença na disposição para pagar é uma incoerência. Uma cerveja é uma cerveja (e eles consumirão a mesma cerveja na mesma praia). Essa cerveja matará sua sede da mesma forma, quer venha da mercearia ou do resort. Os mais abastados, sem ter certeza sobre o que pagar, usam o contexto para chegar a um valor.

Os pobres se comportaram de maneira bem diferente. A disposição que relataram para pagar era muito mais parecida nos dois contextos. Não que eles tenham falado quantias maiores ou menores. Eles simplesmente deram respostas mais coerentes. Note que o que está sendo perguntado às pessoas não é quanto elas *esperariam* pagar. Tanto os pobres quanto os mais abastados dão a mesma resposta quando você faz essa pergunta: é claro que o hotel cobrará mais. Os dois grupos só diferem no quanto estariam *dispostos* a pagar. Isso é o que preveríamos: os pobres são capazes de ter um sentido melhor sobre o que pagar. Indiferentes ao contexto, eles podem se valer de seu indicador interno do valor de US$1.

Isso nos dá uma receita de onde olhar para "derrubar" descobertas tradicionais da psicologia comportamental, isto é, aquelas descobertas que dependem de construir valores a partir de um contexto local arbitrário. Dentro dessa linha, pessoas têm demonstrado pensar em dinheiro como se este estivesse compartimentado em contas separadas. Estudos verificaram, por exemplo, que quando o preço da gasolina sobe, as pessoas passam a usar gasolina de qualidade inferior. Agimos como se fôssemos "mais pobres" mesmo quando o custo maior da gasolina não afeta nosso orçamento geral de forma concreta. E mesmo assim agimos como se fôssemos mais pobres "em gasolina". (Pense nisso: se dinheiro fosse o problema, você poderia, de maneira igualmente fácil, economizar comprando biscoitos mais baratos ou jogando menos golfe.) Isso acontece porque o dinheiro é guardado em contas setorizadas: um choque negativo na conta da gasolina (preços mais altos) leva você a apertar os centavos (e a uma qualidade inferior) naquela conta. Essa ideia de contabilidade mental tem muitas implicações. Esse é o motivo pelo qual, por exemplo, gastamos uma restituição de imposto de US$2 mil de maneira bem diferente de um aumento de US$2 mil no valor de nossas ações. Nos dois casos, estamos mais ricos em US$2 mil, mas tratamos as duas contas ("dinheiro livre" *versus* "conta da aposentadoria") como separadas e desiguais, e muitas vezes temos propensões muito diferentes para consumir o dinheiro. Os pobres teriam uma tendência menor a mostrar esse efeito.

CUSTOS DE OPORTUNIDADE

A confusão sobre o valor das coisas acontece porque não fazemos escolhas — talvez sequer saibamos como fazer essas escolhas — quando temos abundância. Para verificar isso diretamente, pedimos às pessoas que imaginassem o seguinte cenário:

> *Você compra um pequeno pacote de ingressos para a temporada de jogos de seu time favorito. O pacote inclui entradas para uma programação fixa de oito jogos. Embora um*

ingresso simples para cada jogo custe US$30, seu pacote para a temporada custa apenas US$160, ou US$20 por ingresso. Você gosta da série de jogos incluída no pacote, então decide comprá-lo.

Agora imagine que a temporada está quase no fim e só lhe resta um jogo para assistir. Há muita agitação em torno desse jogo e os ingressos estão sendo vendidos a US$75. Você está prestes a ir ao evento. Imagine como você se sente em relação a quanto custa assisti-lo.

As pessoas foram solicitadas a avaliar o quanto as seguintes afirmações correspondem a seus sentimentos sobre o custo de assistir ao jogo:

Eu sinto que isso me custa US$75, o valor atual do ingresso e o preço que eu poderia obter se tivesse optado por vendê-lo.

Eu sinto que isso me custa US$20, o preço que paguei pelo ingresso.

Qual é a resposta certa aqui? Economistas veem os US$75 como o custo real: se você deixar de ir ao jogo, pode vender o ingresso e ganhar US$75. (Isso sequer inclui a escolha em relação ao tempo). Economistas chamam isso de custo de oportunidade, a escolha sobre de que outra maneira você poderia gastar o dinheiro. Pessoas mais abastadas entendem isso errado. Elas tendem muito mais a dizer US$20. Muitas delas escolheriam até uma terceira opção: US$0, porque o ingresso já está pago. Você pode entender por que essa é a impressão dos mais abastados. Quando você tem folga, possivelmente US$0 (ou US$20, porque isso é algo em que você pode se apoiar) parece "certo". Com folga, você não está desistindo de nada para ir ao jogo — vender o ingresso não serviria para comprar nada que você já não tenha.

Em contrapartida, os pobres têm uma noção clara sobre o que poderiam fazer com US$75. Como resultado, verificamos que eles tendem muito mais a relatar que sentem que o ingresso lhes custa US$75. Mais uma vez, parecem muito mais próximos do ideal econômico.

Todo ano, muitos economistas do mundo inteiro se reúnem em um lugar para apresentar pesquisas. (Parece divertido? Ainda há ingressos disponíveis.) Em 2005, dois economistas, Paul Ferraro e Laura Taylor, decidiram virar a mesa. Eles apresentaram uma questão semelhante à que apresentamos aqui sobre os ingressos a mais de duzentos economistas profissionais. As respostas ficaram longe do ideal econômico (de maneira um tanto previsível). Como escreveu o economista Alex Tabarrok em seu blog: "Tenho dificuldade de acreditar que isso é possível, mas 78% dos economistas deram a resposta errada! Esta não é uma questão difícil. Não há truque algum. O custo de oportunidade é central para a economia, as pessoas consultadas estavam entre os melhores economistas do mundo, grande parte delas leciona introdução à economia e ainda assim a resposta correta foi a menos popular."

Será que é tão surpreendente que os maiores economistas do mundo não pensem nas coisas dessa forma? Afinal de contas, eles são bem pagos e têm muita folga em seus orçamentos. Sem o costume de enfrentar escolhas menores, por que eles deveriam ter tendência a calcular custos de oportunidade menores? Com base nos livros de economia, a resposta que foi dada é considerada errada. Mas com base no comportamento humano cotidiano, a resposta estaria certa. Muitas pessoas mais abastadas — incluindo esses economistas — não pensam em escolhas para quantias modestas.

Nossos resultados poderiam ser interpretados como uma sugestão de que ser pobre torna as pessoas melhores em economia do que os profissionais no assunto. Pode-se também ficar tentado a concluir que os economistas seriam melhores em seu ramo se fossem menos bem pagos, mas pelo menos um dos autores discorda dessa conclusão.

A economia comportamental nasceu da observação empírica de que as pessoas violam várias previsões básicas da economia. Elas não consideram os custos de oportunidade. Mas o propósito da economia é seguir a lógica da escassez. É apropriado, portanto, que essas previsões sejam mais verdadeiras para aqueles que realmente têm a mentalidade da escassez.

É claro que não estamos sugerindo que os pobres são sempre mais racionais. O que eles têm é uma habilidade específica: são melhores em gastar o que possuem no momento. Eles fazem US$1 render mais. Tornam-se especialistas em valor de dinheiro. Essa expertise pode fazer com que pareçam mais racionais, menos propensos a incoerências, em alguns contextos. Mas a expertise local também pode se tornar um obstáculo. Junto com o foco advindo da expertise vem a entrada no túnel. E, com ela, vem um monte de consequências negativas.

5. Empréstimos e miopia

Não há nada na perspectiva de uma batalha intensa, incessante, pelas necessidades simples da vida que encoraje a olhar adiante, tudo para desencorajar o esforço.

JACOB RIIS, *HOW THE OTHER HALF LIVES*

Um relatório recente do Center for Responsible Lending dos Estados Unidos apresentou a história de Sandra Harris:

Ex-estudante do programa de desenvolvimento infantil Head Start, para famílias de baixa renda, Sandra passara a trabalhar na diretoria administrativa do Head Start no condado de New Hanover. Em 2003, ela foi homenageada como Funcionária do Ano por seu trabalho na Universidade da Carolina do Norte, em Wilmington (UNC-W), e os moradores de Wilmington a conheceram como uma personalidade do rádio na WMNX. Mas nada estava bem para Sandra sob a superfície. Seu marido perdera o emprego de chefe de cozinha executivo. O casal, que sempre estivera um mês à frente no pagamento do aluguel e das contas, encontrava-se em crise financeira. O seguro do carro venceria e Sandra simplesmente não podia pagar a conta.

Então Sandra se deparou com uma solução: um empréstimo. A ideia era simples. Conseguiria dinheiro agora e o pagaria com uma taxa quando recebesse seu salário, dentro de algumas semanas. Era exatamente do que precisava. Ela fez o empréstimo e pagou a conta do seguro no prazo. E, no dia em que recebeu seu salário, Sandra estava preparada para pagar o pequeno empréstimo e uma taxa de US$50.

"Você sabe que pode renovar", disse-lhe o atendente do empréstimo. E a conta de luz atrasada lhe veio à cabeça. Sandra pensou, "Você está certo. Eu preciso disso."

Sandra iniciara um efeito em cadeia. O mês seguinte não foi mais fácil do que aquele. O dinheiro estava ainda mais apertado e, por causa das taxas, a quantidade que ela devia era ainda maior. Nos meses seguintes, ela continuou prorrogando os empréstimos — chegando a fazer um novo empréstimo para pagar o anterior. Alguns meses depois, estava prorrogando até as taxas.

Depois de uma sucessão de prorrogações, a empresa de empréstimos exigiu o pagamento total do valor. Sandra não podia pagar, então foi a outra empresa, a Urgent Money Service, e fez um empréstimo para pagar à primeira. Sandra continuou afundando. Seis meses depois, estava pagando taxas de prorrogação de seis empréstimos diferentes. Em *junho de 2003, Sandra e seu marido estavam prestes a ser despejados do apartamento onde moravam havia seis anos. Sandra escreveu, "Basicamente, acabamos tendo de usar um empréstimo para pagar outro, e acabamos pagando de US$495 a US$600 por mês em taxas, sem nunca pagar os empréstimos."*

Isso continuou por pelo menos seis meses. Esse dinheiro não sustentava um estilo de vida esbanjador, explicou Sandra. "As pessoas acham que você está vivendo acima de seus recursos.". Mas ela estava pagando contas, e não comprando roupas. Sandra trabalhava com diligência para administrar as contas de sua família durante um período financeiro difícil...

Ela passou cheques sem fundo. Seu carro foi devolvido. Decidiu aumentar as isenções de taxas a fim de conseguir mais dinheiro para quitar as contas e acabou devendo milhares de dólares em taxas atrasadas. Ela, enfim, faliu e passou um expediente na estação de rádio chorando nos intervalos do programa.

"É preciso muita coisa para me fazer chorar", disse ela.

Os dados sugerem que a história de Sandra é bastante comum. Em 2006, havia nos Estados Unidos mais de 23 mil agências de empréstimo do tipo que é pago no dia do recebimento do salário, o que é mais do que todos os McDonald's (12 mil) e Starbucks (quase 9 mil) combinados. A prática de Sandra de prorrogar e acumular taxas também é comum. Três quartos de todo o volume de empréstimos desse tipo provêm de prorrogações, que acabam respondendo por US$3,5 bilhões em taxas a cada ano.

Por que as pessoas apertadas de dinheiro fazem esses empréstimos extremos que não têm condições de pagar? Por que se permitem iniciar essa corrida degringolada? Essas perguntas tipicamente levam a debates sobre a importância da responsabilidade pessoal ou sobre como negócios inescrupulosos se aproveitam de indivíduos de baixa renda; elas fomentam discussões sobre a miopia dos pobres e a necessidade de uma educação financeira. Defensores dos consumidores se queixam de que a indústria desses empréstimos é predatória e pressionam para que eles sejam proibidos. Outros observam que, quando você realmente precisa, um empréstimo, por mais caro que seja, pode ser melhor do que empréstimo nenhum. Damos esse exemplo não porque queremos entrar nesse debate, mas porque ele oferece uma boa visão da escassez.

O problema é mais do que apenas esse tipo de empréstimo. As pessoas sem dinheiro fazem empréstimos de muitas maneiras, não apenas dessa. Elas fazem "empréstimos" pagando contas com atraso. Aproximadamente uma em cada seis famílias do grupo de renda mais baixa (os 20% que estão mais embaixo) paga pelo menos uma conta com atraso. Na ponta disso estão as taxas de "religação". Um estudo constatou que 18% das famílias mais pobres tiveram seus telefones desligados e 10% tiveram pelo menos um serviço público cortado em um período de 12 meses. Pagar US$40 para ter seu telefone religado depois de deixar de pagar a conta em dia é algo semelhante a pagar uma taxa de US$40 por um empréstimo para evitar o desligamento. Um estudo de 1997 estimou que quase 5% da renda anual dos pobres foi gasto em religações, serviços e tarifas atrasadas, um número que suspeitamos ter aumentado muito desde então. Sandra Harris também fez um "empréstimo", primeiro reduzindo a retenção de impostos e depois atrasando o pagamento deles. Pobres do mundo inteiro fazem empréstimos, muitas vezes com agiotas que cobram taxas tão altas quanto a das agências de empréstimo a ser pago no dia do recebimento do salário (e, às vezes, maiores). E, ainda assim, os pobres não pagam essas taxas só uma vez, pagam continuamente, iniciando a mesma corrida degringolada da dívida prorrogada.

Esse fenômeno não é exclusivo dos pobres. Pessoas ocupadas fazem empréstimos de tempo, muitas vezes com taxas tão altas quanto. A fim de encontrar tempo para um projeto que precisa estar pronto logo, os ocupados fazem empréstimos adiando outro trabalho. E, assim como acontece com o empréstimo, a conta vence: agora, o trabalho adiado precisa ser feito. E com frequência também há uma "taxa" cobrada pelo tempo emprestado: o adiamento de um trabalho pode aumentar o tempo necessário para realizá-lo. Enviar sua declaração de imposto de renda antes do prazo teria demorado alguns minutos, mas no último dia o sistema está sobrecarregado e você pode levar horas para conseguir enviar sua declaração. Por causa de um prazo iminente, você deixa de digitar as anotações de uma entrevista que fizera à mão. Mais tarde, você precisa decifrar essas anotações, o que leva mais tempo do que se tivesse a entrevista ainda fresca na memória. E, assim como aqueles que fazem empréstimos, os ocupados também prorrogam suas dívidas. Algo que você faria hoje precisa ser adiado agora por causa de algo de ontem que você adiou para hoje. Quantas tarefas vão ficando atrasadas até finalmente serem cumpridas? E por motivos semelhantes— na próxima oportunidade de cumpri-las, você se vê com tão pouco tempo quanto tinha antes.

Os empréstimos andam de mãos dadas com a escassez.

ENTRANDO NO TÚNEL E FAZENDO EMPRÉSTIMOS

Por que fazemos empréstimos quando enfrentamos situações de escassez? Fazemos porque entramos no túnel. E quando fazemos empréstimos, nos enterramos mais fundo no futuro. A escassez hoje gera mais escassez amanhã.

Tome o exemplo de Sandra. Aquela conta inicial que ela não podia pagar criou a escassez. Então ela entrou no túnel para cobrir as despesas daquele mês. Com isso, o empréstimo se revelou eminentemente atraente. Seus benefícios caíram dentro do túnel: isso a ajudou a atravessar o mês. Os custos do empréstimo, a devolução e as taxas, caíram fora desse túnel. O empréstimo parecia oferecer uma solução para o problema no qual ela estava fixada.

Nosso campo de trabalho qualitativo sustenta a visão de que entrar no túnel torna o empréstimo particularmente atraente. Pergunte ao devedor na ocasião do empréstimo, "Como você planeja pagá-lo?", e geralmente você receberá respostas rápidas como "Bem, eu recebo meu pagamento daqui a uma semana". Investigue um pouco — "Mas você não tem outras despesas?" — e é recebido com exasperação, como se não estivesse compreendendo. "Você não entende? Eu preciso pagar o aluguel *deste* mês!" As entrelinhas são: "Eu estou focando no que precisa ser feito agora!" O orçamento do mês seguinte é uma abstração, algo para se preocupar depois. Como todos os objetivos merecedores de atenção que não importam quando você está correndo para o hospital, a economia de longo prazo do empréstimo não importa naquele momento. Por isso os empréstimos são tão atraentes — as pessoas recorrem a eles quando estão com a visão focada e limitada apagando um incêndio. E o melhor aspecto disso é que os empréstimos apagam esse fogo com rapidez e eficiência. O pior aspecto — de que o fogo voltará possivelmente maior no futuro — está obscurecido.

É claro que nada disso é exclusivo de empréstimos ou dinheiro. Pense no adiamento de uma resposta a um e-mail. Quando contraímos essa dívida de tempo, focamos nos benefícios: "Neste momento, preciso fazer outras coisas." Não gastamos muito tempo perguntando a nós mesmos: "Como vou achar tempo para isso depois?" Não é que estejamos cegos para os custos; eles simplesmente não recebem muita atenção.

Há uma importante suposição implícita aqui sobre o que nos leva a entrar no túnel. Sandra está apertada de dinheiro e espera continuar assim no mês que vem. As pessoas sempre ocupadas estão ocupadas nesta semana e na próxima. Aqueles que experimentam a escassez não a experimentam apenas agora, mas geralmente mais tarde também. E as pessoas entram no túnel com a escassez imediata; saber que você estará faminto no mês que vem não captura sua atenção da mesma forma que estar com fome hoje. A conta que vence agora gera avisos ameaçadores; a conta a ser paga daqui a dois meses está longe de ser vista. Mesmo que você pensasse com cuidado na escassez de amanhã, só poderia "conhecê-la" de maneira abstrata; você não a *sentiria* e, portanto, ela não capturaria sua mente da mesma maneira. Um motivo para isso é a taxa da largura de banda. O presente pressiona você automaticamente. O futuro, não. Prestar atenção ao futuro exige largura de banda, o que a escassez taxa. Quando a escassez taxa nossa largura de banda, ficamos ainda mais focados no aqui e agora. Precisamos de recursos cognitivos para estimar necessidades futuras, e precisamos de controle executivo para resistir a tentações presentes. Ao taxar nossa largura de banda, a escassez nos leva a focar no presente e a fazer o empréstimo.

Já vimos dados que sustentam essa suposição. Relembre o estudo do prazo no capítulo 1, em que um grupo de estudantes tinha três semanas para terminar uma tarefa, enquanto outro grupo enfrentava um prazo a cada semana. Atribuímos o estímulo ao desempenho do segundo grupo ao dividendo de foco. Mas é claro que o primeiro também enfrentava um prazo — de três semanas, em vez de uma. Isso nos diz que o prazo de três semanas não pressionava. Mas podemos supor o que aconteceu. O prazo só importava quando seu fim se aproximava. Até então, era uma abstração; não evocava a mentalidade da escassez. Essa mentalidade surgiu três vezes para aqueles com prazo de uma semana e apenas uma vez para aqueles com três semanas. Tudo isso, a propósito, deveria ser familiar. É por isso que experimentamos uma onda de produtividade pouco antes do fim de um prazo que sempre esteve ali.

Entrar no túnel dessa maneira cria a tendência a fazer um empréstimo. Como apenas a escassez imediata entra no foco de visão, os empréstimos são particularmente atraentes.

É claro que fazer um empréstimo não é necessariamente uma escolha ruim. Quando você realmente tem mais tempo semana que vem, adiar coisas é eminentemente sensato. Fazer um empréstimo para pagar o aluguel quando se está enfrentando uma ameaça de despejo pode ser sensato se você tem um salário a ser pago em breve. Quando os recursos hoje — tempo ou dinheiro — podem realmente proporcionar benefícios maiores do que o fariam no futuro, um empréstimo é uma boa ideia. Mas quando entramos no túnel, fazemos um empréstimo acima e além do que é determinado por esse cálculo de custo-benefício. Quando enfrentamos a escassez, fazemos um empréstimo quando este faz sentido a longo prazo e quando não faz.

VAMOS JOGAR *FAMILY FEUD*

Essa explicação para o empréstimo é diferente das habituais. Para explicar por que os pobres fazem empréstimos demais, não precisamos apelar à falta de educação financeira, à avareza de emprestadores predatórios ou a uma tendência exagerada à autoindulgência. Para explicar por que os ocupados adiam as coisas e se atrasam, não precisamos apelar ao fraco autocontrole, à compreensão deficiente ou à falta de habilidade para administrar o tempo. Em vez disso, fazer empréstimo é uma simples consequência de entrar no túnel. Para testar essa ideia, recorremos a uma de nossas ferramentas preferidas: criar uma escassez artificial em laboratório.

Desta vez, recorremos a *Family Feud*, um game show da televisão norte-americana que, curiosamente, nosso colega Anuj Shah conhecia muito bem (não é o que você esperaria de um estudante de PhD em Princeton pressionado pelo tempo, o que ele era na época). Os concorrentes de *Family Feud* são solicitados a citar itens que pertencem a categorias como "coisas que a Barbie poderia leiloar se precisasse de dinheiro urgente". Antes do programa, cem norte-americanos aleatórios são apresentados a essas categorias e dão suas respostas favoritas. Os concorrentes precisam adivinhar as respostas mais comuns, ganhando pontos quando acertam as mais populares. A resposta "o supercarro da Barbie" recebe 35 pontos porque 35 das 100 pessoas deram essa resposta. ("Ken", o amigo da Barbie, recebe 21 pontos). Muitos programas de perguntas e respostas fazem questões sobre cultura inútil que exigem respostas de iniciados nos temas, o que leva os espectadores a se perguntarem se os participantes leem almanaques para se divertir. As perguntas de *Family Feud*, por sua vez, são acessíveis e cativantes porque não têm uma resposta correta, apenas respostas populares. Isso democratiza a verdade. Você poderia chamá-lo de primeiro game show pós-moderno.

Shah percebeu que os concorrentes de *Family Feud* experimentam a escassez: eles precisam responder sob pressão do tempo, com um tempo muito limitado para pensar. Perguntas de cultura inútil corriqueiras exigem que você *lembre* a resposta — ou você sabe ou não. Em *Family Feud*, as perguntas exigem uma abordagem diferente, mais criativa. Quando pedem, "cite algo que Barbie venderia", você escolhe entre várias possíveis respostas. Você pode pensar em coisas associadas a Barbie e examinar se alguma delas poderia ser vendida. Você também pode pensar em coisas que as pessoas costumam vender e examinar se Barbie as tem. Cada caminho leva a respostas diferentes, de "Ken" ao "carro". Essas respostas são meras suposições: a popularidade potencial de cada uma delas precisa ser considerada. A pressão do tempo significa que menos caminhos podem ser seguidos, e menos tempo pode ser dedicado a avaliar o potencial de cada resposta. Diferentemente de pessoas ocupadas que medem a escassez em dias ou horas, os participantes de *Family Feud* a medem em segundos. Em vez de decidir em que projeto trabalhar primeiro, eles precisam decidir depressa como propor as respostas mais populares.

Recrutamos universitários de Princeton para jogar *Family Feud* em um ambiente controlado. Os participantes jogaram várias rodadas em um intervalo de tempo predeterminado — a quantidade de tempo estabelecida determinava a "riqueza" deles. Os "ricos" tinham mais tempo; os "pobres", menos. A cada rodada, eles viam uma nova pergunta. Ao fim de todas as rodadas, o número total de pontos acumulados por eles era convertido em dólares.

Depois de criarmos os ricos e os pobres, acrescentamos o elemento de verdadeiro interesse para nós: demos a eles a opção de fazer empréstimos com juros. Cada segundo adicional que eles optavam por utilizar em uma rodada lhes custava *dois* segundos deduzidos do tempo total. Também permitimos que "economizassem": se terminassem uma rodada antes, o tempo restante era "depositado" de novo no total.

Os pobres se concentraram. Por segundos, foram mais eficientes do que os ricos; fizeram mais suposições e ganharam mais pontos. Isso aconteceu principalmente nas rodadas finais, quando eles estavam ficando sem tempo: os pobres fizeram 50% a mais de suposições por segundo e acertaram com mais frequência. Se os ricos tivessem permanecido tão focados quanto os pobres, poderiam ter ganhado muito mais pontos. Como demos aos ricos mais do triplo de segundos, eles puderam jogar o triplo de rodadas e ganhar o triplo de pontos. Mas ganharam apenas uma vez e meia a mais do que os pobres. Análises adicionais confirmaram que nenhum dos motivos que poderiam vir à mente — que os ricos, que jogaram mais tempo, estavam ficando mais enjoados da brincadeira, ou que as melhores suposições são as primeiras em cada rodada — podia explicar esses resultados.

Os pobres foram mais eficientes porque entraram no túnel. Como resultado, eles fizeram muito mais empréstimos do que os ricos. Apesar da alta taxa de juros, os empréstimos pareciam extremamente atraentes — muito mais do que uma visão de fora do túnel permitiria. Portanto, os pobres recorreram ao empréstimo com mais frequência, para ajudá-los naquele momento. Mas no fim foram prejudicados por isso. Quando retiramos a capacidade de fazer empréstimos — agora você jogava cada rodada da melhor maneira possível e passava para a rodada seguinte — os pobres ganharam 60% a mais de pontos, enquanto os ricos não foram afetados.

Em outra versão da experiência, recriamos a armadilha do empréstimo a ser pago no dia do recebimento do salário, como o que Sandra fez. Os pobres de *Family Feud* prorrogaram os empréstimos exatamente como os devedores verdadeiros. A dívida começava a ser paga na rodada seguinte, que se tornava um pouco mais curta. Como as rodadas subsequentes eram cada vez mais curtas, os participantes sentiam necessidade de tomar mais segundos emprestados. Os primeiros empréstimos criaram um círculo vicioso para os pobres. Pressionados pelo tempo, apressados demais para fazer suposições produtivas, eles fizeram mais empréstimos. A maior parte do seu tempo era usada simplesmente para compensar empréstimos iniciais (com juros). E, assim como antes, quando tiveram permissão para fazer empréstimos, os pobres se saíram muito pior do que quando não tiveram a permissão, um efeito não observado nos ricos.

Esse estudo mostra a ligação íntima entre sucesso e fracasso em uma condição de escassez. Os concorrentes de *Family Feud* fizeram mais empréstimos quando estavam sendo mais produtivos, quando estavam mais empenhados, quando realmente sentiram que precisavam de mais tempo. Em certo sentido, eles estavam certos em fazer empréstimos: aqueles segundos a mais tinham uma boa chance de compensar. Em outro sentido, estavam errados, porque essa compensação não surtia efeito em função da taxa de juros incorrida. A informação que percebiam no túnel — um segundo a mais de fato os ajudava naquele momento — era precisa. O erro deles foi negligenciar o que estava do lado de fora: quanto esse segundo a mais lhes custaria mais tarde. Vale notar que tanto os ricos quanto os pobres mostraram esse padrão de fazer empréstimos quando eram particularmente produtivos e pressionados. Só que os pobres, com menos segundos, ficavam nesse estado com muito mais frequência.

Então por que os pobres fizeram mais empréstimos? Os resultados se devem ao túnel ou a alguma outra coisa? Talvez a pressão do tempo leve as pessoas a fazer empréstimos em pânico. Afinal de contas, não é todo dia que você se vê tendo de responder a perguntas em 15 segundos. Fizemos essas mesmas constatações em vários outros contextos. No estudo de Angry Blueberries, no capítulo 1, também permitimos empréstimos. E verificamos que os participantes pobres em mirtilos fizeram mais empréstimos e foram prejudicados pela capacidade de fazer empréstimos. O foco mais uma vez exerceu um papel: aqueles que demoraram mais tempo em cada tiro se mostraram mais propensos a fazer empréstimos: quanto mais empenhados, mais eles faziam empréstimos. Testamos isso em muitos jogos semelhantes e os resultados foram compatíveis: a escassez, em qualquer forma, sempre leva a empréstimos.

Ou talvez nossos resultados se devam a uma miopia geral. Pesquisadores têm documentado, por exemplo, uma tendência ao aqui e agora que chamam de *desconto hiperbólico*, ou *tendência ao presente*. Valorizamos exageradamente os benefícios imediatos à custa dos benefícios futuros: é por isso que é difícil poupar, ir à ginástica ou fazer o imposto de renda cedo. É claro que a tendência ao presente também geraria empréstimos. Talvez os pobres façam empréstimos simplesmente por se preocuparem mais com o presente. Na verdade, algumas pessoas têm tentado explicar os empréstimos de verdade no mundo usando esse argumento. O que é incrível em nossos dados é que os participantes foram *selecionados aleatoriamente* para serem pobres — eles não eram diferentes dos "ricos", exceto por uma decisão de cara ou coroa. Claramente, os dois grupos desse estudo, ricos e pobres, deveriam mostrar a mesma tendência em se preocupar mais com o presente. Na verdade, qualquer tentativa de analisar o pensamento míope no nível de diferenças pessoais entre ricos e pobres — sejam diferenças na tendência em se preocupar mais com o presente ou outras — precisaria explicar de algum modo como a escassez levou ao empréstimo em nossos contextos presentes, em que ricos e pobres foram criados aleatoriamente e não poderiam ser mais parecidos.

Esses estudos corroboram nossa hipótese mais geral sobre o mundo: o motivo pelo qual os pobres fazem empréstimos é a própria pobreza. Não há necessidade alguma de recorrer à miopia ou à inaptidão para finanças a fim de explicar. Emprestadores predatórios certamente podem facilitar esse tipo de empréstimo, mas não são o motivo principal. Esse forte impulso para fazer empréstimos, a exigência de juros altos e os empréstimos potencialmente crescentes — do tipo que leva a uma corrida degringolada e parece tão imprudente — são consequências diretas do túnel.

A escassez nos leva a fazer empréstimos e nos empurra mais fundo para ela própria.

NEGLIGENCIANDO O FUTURO

Imagine que você está trabalhando com um prazo apertado. De repente, após semanas de planejamento, percebe que seu relatório deve ser entregue no dia seguinte e que ainda não o terminou. Você passa a noite inteira se esforçando, faz tudo o que pode, mas há algumas referências que não consegue encontrar. Pelo menos não até o dia seguinte. Então você apresenta o relatório a seu chefe do jeito que está, torcendo pelo melhor. E passa a cuidar de outros assuntos prementes. Na semana seguinte, horas antes de uma viagem importante, você recebe um bilhete do chefe: "Estão faltando referências no relatório. Preciso delas imediatamente!" Como um bumerangue, aquele ajuste apressado retorna para você, no pior momento. Assim como os empréstimos contraídos, comportamentos como esse parecem atraentes dentro do túnel, mas têm consequências que podem crescer muito do lado de fora: podem enterrar você mais fundo na escassez.

Dois pesquisadores organizacionais ilustram isso com a história de um fabricante de cabos de aço.

> *Como o tempo de operação das máquinas era importante, a empresa incentivou os engenheiros da manutenção a reagir às avarias da maneira **mais rápida possível** [ênfase acrescentada]. Mesmo assim, o desempenho geral não melhorou. Só depois de começar a guardar e analisar os registros máquina por máquina, em vez de pessoa por pessoa, a empresa percebeu [o motivo]. Os engenheiros... faziam um conserto rápido e passavam para a máquina seguinte. Cada... avaria [era] consertada três vezes antes de [o defeito] finalmente ser resolvido.*

De certa maneira, os engenheiros estavam fazendo exatamente o que lhes fora solicitado: estavam resolvendo os problemas com rapidez. Você poderia pensar que os administradores haviam cometido um erro clássico. Como descreveriam os pesquisadores organizacionais, eles estavam "pagando por A e esperando por B". Estavam pedindo velocidade e esperando velocidade e qualidade. Porém, este não era apenas um caso de incentivos mal organizados; os trabalhadores, neste caso, provavelmente aceitariam esse conserto rápido mesmo se fossem seus próprios chefes. Trabalhando para terminar as coisas depressa, os engenheiros entraram no túnel. Por isso, um conserto rápido era exatamente do que precisavam. Buscar um atalho era a solução perfeita; o custo só apareceria depois. Em grande parte como em um empréstimo que sai caro, uma solução improvisada às pressas parece atraente dentro do túnel. Poupa-nos alguma coisa hoje, mesmo criando despesas maiores no futuro. E depois teremos mais coisas para fazer, mais coisas para consertar, mais contas para pagar. Improvisar é muito parecido com fazer um empréstimo — deixar de investir e comprometer recursos agora para que o trabalho seja feito corretamente.

Pessoas com pouco dinheiro também improvisam soluções a curto prazo. Você precisa de uma lavadora de roupas mas está meio sem grana? Compre a máquina mais barata. É claro que a máquina dura menos, mas esse problema cai fora do túnel. Quando um pneu fura, você opta literalmente por um remendo barato em vez de comprar um pneu novo. Você sabe que um pneu remendado é menos aconselhável, menos seguro e menos durável do que um novo. Mas isso também cai fora do túnel. Por hora, dentro do túnel, o remendo torna a vida muito mais fácil. Assim como um conserto apressado que poupa tempo a princípio, esses são consertos rápidos que economizam dinheiro no momento. E enquanto os improvisos se acumulam — para os engenheiros, os autores de relatórios e os pobres — os custos a longo prazo também se acumulam.

O escritor Stephen R. Covey acha que a classificação das tarefas de acordo com sua importância e urgência ajuda. Ele observa que pessoas ocupadas gastam seu tempo em tarefas urgentes e importantes. É isso o que significa trabalhar em cima do prazo. Temos um surto de produção cumprindo tarefas importantes e urgentes. Chamaríamos isso de dividendo de foco.

Ao mesmo tempo, argumenta ele, pessoas ocupadas tendem a negligenciar tarefas *importantes, mas não urgentes*. São tarefas que sempre podem ser deixadas para depois. E é assim que fazemos. Em nenhum outro lugar vemos isso com mais clareza do que no estado de nossos escritórios ou nossas casas. Quando ficamos muito ocupados, nossas casas e escritórios viram uma bagunça. Há sempre algo mais premente do que manter a ordem, o que nunca é urgente de fato. É claro que não tomamos uma decisão consciente de ter uma vida bagunçada. O ambiente bagunçado simplesmente "surge" enquanto atendemos ao que é urgente. A casa ou o escritório bagunçado é resultado de uma sequência de pequenas escolhas, na maioria das vezes passivas, sem esforço, despercebidas. Ao sair apressado para uma reunião, você deixa uma pilha de correspondência em cima de outra pilha de papéis. Ao atender ao telefone, você deixa o livro que está lendo aberto em cima do sofá. Um monte de coisinhas que, no fim, viram uma bagunça. Embora elas não sejam urgentes, são importantes. É menos produtivo e menos agradável trabalhar e viver em um lugar bagunçado.

Adiar uma atividade importante, mas não urgente, é como fazer um empréstimo. Você ganha tempo no momento em que deixa de realizá-la. Mas incorre em um custo futuro: precisará encontrar tempo (possivelmente mais tempo) para fazê-la algum momento depois. Nesse meio-tempo, pode ser que você pague um custo por não tê-la feito ou perca os benefícios que poderia ter conquistado se tivesse cuidado dela. Ter um escritório bagunçado torna seu trabalho menos produtivo. Você passa muito tempo tentando encontrar aqueles papéis embaixo da correspondência. Todos os dias incorre em um pequeno custo. O custo nunca é alto o bastante para tornar a coisa urgente, como um prazo poderia fazer. Em vez disso, o escritório negligenciado faz você sangrar por centenas de pequenos cortes.

A escassez — e entrar no túnel, particularmente — leva você a adiar coisas importantes mas não urgentes — limpar seu escritório, fazer uma colonoscopia, escrever um testamento — que são fáceis de negligenciar. Seus custos são imediatos, importantes e fáceis de adiar, e seus benefícios caem fora do túnel. Portanto, eles esperam enquanto todas as coisas urgentes são feitas. Você deixa de fazer esses pequenos investimentos mesmo quando os benefícios futuros podem ser substanciais.

A tendência a adiar escolhas importantes, mas não urgentes, se manifesta com o dinheiro, bem como com o tempo. Eis um exemplo. Na Índia, colecionadores de trapos circulam pela cidade à procura de roupas e panos velhos jogados fora que possam ser vendidos e reutilizados. É um trabalho de baixa renda, como você pode imaginar: um colecionador típico ganha menos de US$1 por dia. Mas é também um trabalho de baixo investimento: além do trabalho em si, o único equipamento é um carrinho de mão, que pode custar US$30. E a maioria dos colecionadores de trapos não tem seu próprio carrinho de mão: eles o alugam, por US$5 ou US$10 por mês. A maior parte gostaria de economizar para comprar um carrinho de mão, mas nunca consegue fazer isso.

Investir em um carrinho de mão é uma atividade importante, mas não urgente. Assim como manter o escritório limpo é uma atividade que tem benefícios no futuro, mas que sempre pode esperar; não é essencial no momento. A ironia, é claro, é que, se um colecionador de trapos tivesse um carrinho de mão, teria menos uma despesa (o aluguel) e não teria tanta dificuldade de lidar com algumas outras despesas prementes. É claro que isso também vale para seu escritório — se ele fosse mais bem organizado, você estaria poupando tempo e acabaria menos apressado. (E com mais tempo para limpá-lo.) O carrinho de mão é apenas um dos muitos exemplos que pesquisadores de pobreza podem citar: mesmo quando o retorno é alto, o pobre, que precisa desse retorno mais do que qualquer pessoa, deixa de investir de maneiras que não podem ser explicadas por instituições financeiras fracas ou por falta de habilidade.

Se tudo isso parece vagamente familiar, pode ser porque você ouviu isso sendo discutido na política. Um foco semelhante sobre o urgente à custa do importante tem sido observado há muito tempo nos trabalhos de governos que, ao longo de décadas de orçamentos apertados, cortam gastos em infraestrutura. A manutenção de pontes, por exemplo, é um investimento crucial. Mas é um dos que são facilmente adiados quando os orçamentos são apertados e os cortes se fazem necessários. Pontes se deteriorando são importantes, mas não urgentes, e, portanto, de acordo com um relatório de 2009 emitido pela Sociedade Americana de Engenheiros

Civis, aproximadamente uma em cada quatro pontes rurais e uma em cada três pontes urbanas dos Estados Unidos apresentam algum problema.

DEIXANDO DE PLANEJAR

Esses comportamentos diversos têm uma característica óbvia em comum: as pessoas estão se comportando com miopia. Isso leva à implicação mais básica de entrar no túnel. Quando focamos demais em ter dinheiro para pagar as despesas do momento, planejamos o futuro com menos eficiência. É claro que estudos têm mostrado que o planejamento é um problema para todas as pessoas. Mas a escassez o torna algo muito pior.

Pense da seguinte maneira. Em um dia fácil, você pode começar a olhar sua agenda, demorando-se alguns instantes para avaliar o que tem pela frente, talvez até tendo uma ideia do que a semana lhe reserva. Ter consciência do que está por vir torna possível que você se prepare mentalmente para isso, preveja uma conversa difícil ou lembre-se de detalhes, para não entrar desinformado em uma reunião. Em contrapartida, em um dia ocupado você se joga sem pensar muito. Não dá um passo atrás e examina o dia. Não tem muita certeza de quem estará na reunião ou do que será tratado. E não apenas por falta de tempo. Pode ser que você tenha um tempinho para o trabalho, mas sua mente esteja tão focada em tudo que precisa ser feito que sua visão fica obscurecida. Você não olha para os compromissos após as primeiras reuniões, querendo saber o que virá em seguida.

Dar um passo atrás, dissociar-se do momento e pensar à frente exige uma perspectiva maior e alguns recursos cognitivos. Pensar nas contas a serem pagas no mês que vem, em outras fontes de renda que você pode prever, nos novos comprometimentos de tempo que podem surgir, tudo isso requer alguma capacidade cognitiva de sobra. Com a mente focada na escassez do presente, a atitude de olhar à frente corre o risco de se tornar mais uma vítima da taxa de entrada no túnel.

Será que também poderíamos recriar isso no *Family Feud*? Assim como antes, as pessoas foram solicitadas a jogar várias rodadas. Mais uma vez, algumas eram ricas (tinham muitos segundos por rodada para jogar) e outras eram pobres (tinham apenas alguns segundos). Mas, desta vez, demos a elas uma chance de olhar um pouco adiante, de se preparar para futuras rodadas. Metade recebeu uma prévia da questão da rodada seguinte. Assim, elas puderam pensar nessa questão paralelamente, enquanto pensavam na rodada do momento. Puderam examiná-la e decidir poupar ou fazer um empréstimo por acharem que deveriam gastar mais ou menos tempo nela.

As prévias ajudaram. Para ser mais exato, ajudaram os ricos, que olharam adiante, tiraram proveito da informação e marcaram mais pontos. Os pobres, por outro lado, não melhoraram com as prévias. Estavam tão focados na rodada do momento que não gastaram os recursos mentais necessários para olhar adiante. A escassez os manteve amarrados ao presente, incapazes de se beneficiar de uma olhadela no que o futuro poderia lhes reservar.

Um tema comum abrange muitas formas de taxa de entrada no túnel. A escassez produz comportamentos que reduzem o alcance de nossa visão. Ignoramos o (futuro) custo para a saúde proveniente de comer fora quando estamos ocupados. Não pensamos nas implicações de pagar (no futuro) os empréstimos quando estamos apertados de dinheiro. Não consideramos os benefícios (futuros) de manter os escritórios limpos quando estamos trabalhando com um prazo. É claro que haverá exceções, coisas que tomam conta de nossas mentes independente de onde estejamos. Você pode esquecer uma reunião hoje quando está ocupado pensando em seu casamento daqui a um ano. Isso é parte da beleza da mente humana. Mas, em geral, os problemas da escassez nos pressionam hoje. Amanhã, pode ser que também estejamos pobres (em tempo ou dinheiro), mas esse é outro problema, deixado para outro dia. A escassez que nos captura existe nesse momento, produz uma taxa de entrada no túnel e nos faz agir como míopes.

Mas o que é impressionante nessa explicação é que a miopia não é um defeito pessoal. Entrar no túnel não é uma característica pessoal. Seria imprudente, afinal de contas, chamar Sandra de míope. Ela cresceu em um programa Head Start para se tornar funcionária do ano da UNC-W e membro da diretoria da Head Start. Assim como não descreveríamos pessoas ocupadas que conhecemos como míopes. E os estudantes de nossos estudos de laboratório provavelmente não chegaram a Princeton tendo uma visão limitada. Muitas das pessoas mais ocupadas que fazem empréstimos de tempo são as mesmas que investiram anos em carreiras exigentes e planejaram cuidadosamente como progredir. Na verdade, em termos de traços de personalidade, essas pessoas não são nada míopes; em vez disso, é o contexto da escassez que faz todos nós agirmos assim.

Os túneis limitam a visão de todo mundo.

6. A armadilha da escassez

Quando se tem tempo, dá para ir andando a qualquer lugar.

STEVEN WRIGHT

O mercado de Koyambedu, em Chennai, na Índia, é um espetáculo. Espalhado por 16 hectares, é abarrotado de 2.500 lojas que vendem de tudo, de mangas a cravos-de-defunto. Dezenas de milhares de compradores circulam em meio a seus mostruários coloridos, como uma longa hora do rush no metrô. Há muitas coisas capazes de chamar a atenção. Mas talvez a coisa mais interessante ali também seja aquela que mais facilmente passa despercebida.

Nas horas que precedem o amanhecer, os vendedores ambulantes chegam ao mercado. Qualquer pessoa que foi às cidades mais pobres do mundo já viu um vendedor ambulante e provavelmente já comprou dele. Em Chennai, eles ficam à beira da estrada, às vezes com uma barraquinha, porém mais frequentemente apenas com uma manta estendida, vendendo vegetais, frutas ou flores frescas. O modelo de negócios deles é simples. Um ambulante típico compra um estoque de cerca de 1 mil rupias (US$20) de manhã. Ele o vende ao longo do dia por mais ou menos 1,1 mil rupias, obtendo um lucro de 100 rupias (pouco mais de US$2). Seu negócio utiliza dois insumos: seu trabalho e as 1 mil rupias necessárias para comprar o estoque todos os dias. Alguns ambulantes tiram essas 1 mil rupias do próprio dinheiro, mas a maioria (segundo nossos dados, mais de 65%) faz empréstimos, o que não sai barato: um ambulante médio paga 5% *por dia* pelo que toma emprestado. Em outras palavras, no fim do dia, metade do lucro bruto de 100 rupias é para pagar os juros. Isso — a taxa de juros que os ambulantes pagam por seus empréstimos — talvez seja o aspecto mais fascinante de Koyambedu.

Você pode pensar que só um economista poderia usar a palavra *fascinante* associada à expressão *taxa de juros*, mas considere isso. Quase todo ambulante tem uma pequena folga no orçamento, algo que pode ser retirado. Ele pode comprar uma xícara de chá, uma guloseima como o *dosa*, ou um doce para um filho ou neto. Suponha que, em vez de pagar 5 rupias por esses itens todo dia, ele usasse essa quantia para comprar suas próprias mercadorias. Assim, pegaria menos 5 rupias emprestado todos os dias. Pode parecer que assim o ambulante precisaria de duzentos dias para se libertar da dívida de 1 mil rupias. Na verdade, ele precisaria de apenas *cinquenta* dias. Este é o poder do *compounding* (ainda mais quando a taxa de juros é alta). Cinco por cento por dia permite um *compounding* rápido.

A magnitude é impressionante. Tirando um pouquinho, em cinquenta dias o ambulante fica livre da dívida. Fazendo isso, ele *dobra* sua renda pelo resto dos dias de trabalho. Um programa social para os pobres que dobrasse os rendimentos em um mês seria considerado espantoso, bom demais para ser verdade. E, embora todos os ambulantes tenham acesso a esse "programa", eles deixam de usá-lo. E de maneira persistente. Em nossa amostra, o ambulante típico fazia empréstimos há 9,6 anos.

O ambulante está em uma armadilha. Mas o que é particularmente interessante é como ele caiu nela. Estamos acostumados a pensar na escassez como uma fatia da realidade que é distribuída. E, em alguns casos, isso é verdade. A diferença entre alguém que vive no mundo em desenvolvimento com US$1 por dia e alguém que vive no mundo desenvolvido com US$100 por dia tem pouco a ver com o comportamento e tudo a ver com a geografia do nascimento. Mas alguma escassez — como no caso dos ambulantes — é, em parte, resultado do comportamento humano. O ambulante poderia ser bem menos pobre se tivesse um comportamento diferente.

A condição do ambulante é um exemplo do que chamaremos de *armadilha da escassez*: uma situação em que o comportamento da pessoa contribui para a escassez. Pessoas que caem nas armadilhas da escassez, como o ambulante, podem herdar componentes dela além de seu controle. Se o ambulante tivesse nascido em Nova York, seria significativamente mais rico. Mas estamos particularmente interessados naquela parte da escassez que resulta de nosso comportamento. E, mais do que isso, estamos interessados em como a escassez gera esse comportamento, em como se perpetua — e com frequência se amplia — por meio do que fazemos quando estamos com uma mentalidade de escassez.

Imagine dois estudantes, Felix e Oscar. Felix passa um bocado de tempo fazendo os trabalhos escolares no fim de cada semana e entrega suas tarefas no prazo. Ele é ocupado, mas relaxado. Por outro lado, Oscar, que é tão talentoso quanto Felix e frequenta as mesmas aulas, é pressionado pelo tempo. Ele trabalha mais horas, sente-se estressado e corre para entregar suas tarefas com atraso toda semana. O que torna Oscar tão mais ocupado? Ele não está frequentando mais aulas. Não é uma pessoa menos produtiva. Oscar está simplesmente um passo atrás: está trabalhando nas tarefas da semana *passada*. Diferente de Felix, para quem o material está fresco, porque ele acabou de assistir à aula, Oscar utiliza um tempo a mais para se lembrar do que foi lecionado na semana anterior e tentar manter esse assunto separado (mas sem esquecê-lo) do conteúdo desta manhã. Oscar trabalha mais duro, mas faz o mesmo trabalho. Ele está um passo atrás.

Você também pode estar um passo atrás com o dinheiro. Imagine que Felix e Oscar são agricultores que plantam o mesmo produto temporada após temporada. Felix usa suas economias para comprar sementes, fertilizantes, e para cobrir as despesas de seu sustento até a época da colheita. Oscar faz empréstimos com os mesmos propósitos. Assim como o estudante Felix parecia mais relaxado, o agricultor Felix parece mais rico. Oscar tem menos dinheiro para gastar. Embora ambos tenham a mesma renda, parte da de Oscar é destinada ao pagamento de juros de seu empréstimo. De novo, o problema é que ele está um passo atrás. A renda de Felix é investida na temporada seguinte; a de Oscar é para pagar o empréstimo feito na temporada anterior.

Esses cenários mostram que a escassez não é simplesmente uma questão de recursos físicos. Nos dois casos, Felix e Oscar têm os mesmos recursos disponíveis, mas Oscar experimenta a escassez, e Felix, não. No primeiro caso, os dois têm a mesma quantidade de trabalho e o mesmo tempo; no segundo, eles têm a mesma quantidade de terra e a mesma renda. Os resultados diferentes decorrem do modo como esses recursos são aplicados.

Esse contraste entre Felix e Oscar torna claro o que queremos dizer com armadilha da escassez. Ambos enfrentam restrições claras, mas Oscar caiu nessa armadilha graças a seus próprios comportamentos. Em geral, a armadilha da escassez é mais do que uma falta de recursos físicos. Baseia-se em um mau uso desses recursos, de modo que ocorre uma falta *efetiva*. É estar sempre um passo atrás, sempre pagando as despesas do mês anterior. É uma maneira de administrar e usar o que você tem de modo a parecer e sentir que você tem ainda menos. Uma escassez inicial é composta por comportamentos que a magnificam.

Com frequência, observamos a escassez no mundo e não a percebemos. Podemos observar o agricultor Oscar fazendo empréstimos sem parar e pensar, "Ele gasta demais. Não consegue economizar". Podemos ver o estudante Oscar trabalhando muitas horas e descumprindo os prazos e pensar, "Ele trabalha demais. Deveria reduzir o ritmo". Mas depois que entendemos a lógica da armadilha, podemos dizer com a mesma facilidade, "Oscar gasta muito pouco (lembre-se, ele está gastando menos do que Felix, que tem a mesma terra)" ou "Oscar não consegue terminar o trabalho (ele trabalha mais e realiza o mesmo que Felix)". O problema não é o quanto é gasto, mas *como* isso é gasto. O devedor perpétuo está gastando menos naquilo que quer; grande parte de sua renda é para pagar os empréstimos. A pessoa que está sempre um passo atrás gasta menos tempo para fazer as coisas; grande parte de seu tempo é usada para tentar acompanhar o passo. De maneira mais concreta, podemos olhar para os ambulantes e pensar que eles têm pouquíssimo dinheiro para economizar. Podemos pensar que eles têm uma renda pequena demais. É claro que isso é verdade. Mas a escassez também os põe em uma armadilha por outro motivo.

Neste capítulo, descrevemos as armadilhas da escassez, como elas operam e por que caímos nelas. E por que, assim como o ambulante que não separa 5 rupias por dia, não fazemos as coisas que nos tirariam da armadilha da escassez.

FAZENDO MALABARISMO

Para entender por que permanecemos presos, precisamos primeiro entender uma característica ignorada das armadilhas da escassez. Em nosso próprio trabalho, nos deparamos com isso quando fazíamos um projeto com o economista Michael Faye sobre os empréstimos de joias nas vilas rurais de Tamil Nadu, na Índia. Esses empréstimos equivalem a penhorar joias. Estávamos trabalhando com um banco de uma vila pobre que oferecia o serviço com juros de 13% ao ano, e ficamos surpresos ao descobrir que os clientes prefeririam fazer negócio com o agiota local, que cobrava uma taxa muito maior, de mais de 70% de juros. A sabedoria prevalecente na vila era de que os empréstimos de joias eram usados em emergências, um recurso "de última hora". Já o agiota estava sempre ali. Ele tinha horas flexíveis. Dava para bater à porta dele durante o fim de semana e conseguir um empréstimo, enquanto o banco só abria durante a semana e em parte do sábado. Mas é claro que em uma emergência você poderia não ter condições de esperar que abrisse. Isso é o que você faria se estivesse no túnel. Fazia sentido, pelo menos de início.

Mas então vimos os dados sobre o que exatamente estava sendo considerado uma emergência. O número três da lista parecia razoável: despesas médicas. Os números um e dois eram mais intrigantes: mensalidades escolares e compras de sementes. Presumivelmente, as pessoas sabiam com bastante antecedência quando as mensalidades escolares deveriam ser pagas e quando precisariam de dinheiro para plantar. Como isso poderia ser uma emergência? Na verdade, quando examinamos mais fundo, até mesmo algumas despesas médicas não eram emergências de fato; o dinheiro estava sendo usado em cirurgias planejadas, como cataratas e partos. Por que as pessoas estavam reagindo a esses eventos apenas no último minuto? Por que estavam tratando eventos da rotina, programados, como se fossem sustos?

Você com certeza já viveu isso antes. Quando está focado em pagar as despesas da semana, não lida com os detalhes reservados pela semana que vem. E então, quando a semana que vem chega, algumas coisas que ela traz e que você deveria ter previsto lhe surpreendem. Você perdeu o desconto que teria se comprasse com uma semana de antecedência uma passagem aérea que sabia precisar ou tem de passar pelo constrangimento de informar ao cônjuge que já não há ingressos para o show que há muito tempo concordara em ir com tanto entusiasmo. No trabalho, depois de finalizar um projeto, você fica chocado ao perceber que tem apenas dois dias para concluir outro projeto. Recentemente, faltavam semanas para o fim desse prazo. O que você sempre "soube" agora é uma baita surpresa.

Aja assim por algum tempo e chegará ao que chamamos de *malabarismo*: o movimento constante de uma tarefa premente para a seguinte. O malabarismo é uma consequência lógica de entrar no túnel. Quando estamos lá dentro, "resolvemos" problemas de forma pontual e temporária. Fazemos o que podemos no presente, mas isso cria novos problemas no futuro. A conta de hoje gera um empréstimo, que se torna outra conta (um pouco maior) mais à frente. O tratamento médico barato funciona durante um tempo, mas precisaremos de uma atenção médica mais cara depois. Se há muitas bolas no ar, quando estamos no túnel focamos naquela que está prestes a cair. Às vezes, resolvemos o problema definitivamente. Outras, pegamos a bola em cima da hora, apenas para jogá-la no ar de novo.

O malabarismo é o motivo pelo qual eventos previsíveis são tratados como sustos. Ao fazer malabarismo, você se concentra nas bolas prestes a cair e negligencia as que estão mais no alto. Quando aquelas bolas caem "de repente", são novas para o malabarista que está no túnel — são um susto, se você preferir. Um observador poderá ver a bola caindo por um bom tempo. Como partes desinteressadas, podemos ver a mensalidade escolar aproximando-se. Para o pobre que está fazendo malabarismo com suas finanças, ela só se torna real quando o pagamento é iminente.

Essa maneira de administrar a escassez leva a um balancete confuso. Quando buscamos sempre a solução mais próxima para o problema mais imediato, com o tempo esses problemas de curto prazo criam uma complexa rede de compromissos. O resultado é uma mistura confusa de recursos e obrigações. Para as pessoas ocupadas, isso significa agendas sobrecarregadas e distorcidas do tipo que discutimos no capítulo de abertura, com pilhas de afazeres "quase tombando" e compromissos remarcados duas vezes. Para os pobres, isso significa vida financeira complicada. Pesquisas detalhadas no fascinante livro *Portfolios of the Poor* [*As finanças dos pobres*, em tradução livre] mostram que os pobres usam em média cerca de dez instrumentos financeiros distintos. Em Bangladesh, um desses instrumentos, um empréstimo de curto prazo e sem taxas de juros, foi usado mais de trezentas vezes em 42 lares ao longo de um ano. Em qualquer momento desse período, os pobres dessas pesquisas deviam ou haviam emprestado dinheiro a inúmeras fontes — uma miscelânea criada durante meses ou anos dentro do túnel com o problema mais premente do momento.

As decisões, sejam sobre uma nova compra ou um novo instrumento, precisam agora passar por essa mistura sempre mais complexa. O legado de escolhas prévias torna cada decisão nova ainda mais desafiadora. Fazendo malabarismo, nós — por meio de nosso comportamento — aumentamos o problema. O balancete confuso da armadilha da escassez aumenta a complexidade e desafia a capacidade de arcar com as despesas.

Fazer malabarismo não quer dizer estar com o tempo ocupado. Em alguns lugares, os pobres têm vários empregos e são realmente ocupados. Mas, em outros, eles têm bastante tempo livre e ainda assim fazem malabarismo. Na agricultura, é no fim do ciclo da colheita que há mais malabarismo. Esta é a época em que a renda obtida na colheita anterior se esgotou. É quando, em nossos estudos, as pessoas mostram inteligência fluida menor e controle executivo reduzido. Ao mesmo tempo, é quando os agricultores têm pouco a fazer além de esperar pela hora da colheita. Dados sobre a utilização do tempo sugerem que eles trabalham pouquíssimas horas nesses dias. E, ainda assim, há muito malabarismo acontecendo. Fazer malabarismo não quer dizer ficar estressado em cima da hora; quer dizer ter muita coisa na cabeça. Grande parte da largura de banda acaba sendo dedicada às bolas que estão no ar, prestes a cair.

Essas duas características — estar um passo atrás e fazer malabarismo — definem a armadilha da escassez. A vida nessa armadilha é ter ainda menos do que você poderia ter. É tentar acompanhar o passo, lidar com cada bola quando ela está caindo e com a mistura confusa que surge como resultado. E parte disso é consequência do comportamento em condição de escassez, o que leva a uma pergunta óbvia. Por quê? Se existem várias maneiras de administrar um determinado recurso, por que ficamos presos a uma delas que é tão terrivelmente ineficiente? Por que não saímos da armadilha?

SAINDO

Já vimos um motivo importante pelo qual ficamos presos na escassez: entrar no túnel nos leva a fazer empréstimos. E quando as taxas de juros são altas, como no caso dos ambulantes, esse mesmo impulso básico cria mais escassez. Esta não é apenas a história dos ambulantes; é também a história de Sandra e de seus empréstimos, no capítulo 5. Embora esse mecanismo seja forte, a psicologia da escassez também torna difícil escapar da armadilha por outros motivos.

Escapar dela exige, primeiramente, formular um plano, algo que a mentalidade da escassez não acomoda sem dificuldade. Fazer um plano é importante, mas não urgente, exatamente o tipo de coisa que a entrada no túnel nos leva a negligenciar. Planejar exige dar um passo atrás, mas o malabarismo nos mantém presos à situação presente. Focar na bola que está prestes a cair torna muito difícil ter uma visão abrangente. Você adoraria parar de tentar acompanhar o passo, mas tem afazeres demais para descobrir como fazer isso. Neste momento, precisa pagar seu aluguel. Neste momento, precisa cumprir o prazo daquele projeto. Um planejamento de longo prazo claramente cai fora do túnel.

E é claro — e talvez mais importante — que um planejamento futuro exige largura de banda, o que a escassez taxa pesadamente. O ambulante de Koyambedu preocupa-se todos os dias com uma dúzia de considerações. Qual é a quantidade de vegetais e frutas que ele deve comprar, e de que qualidade? Que mercadorias ele deixou de vender? Esse estoque pode ficar guardado por uma noite? Por que esse dia foi fraco, e será que continuará assim? Todo dono de um negócio tem esse tipo de pensamento. O dono de um negócio mais abastado, que pode lidar com contratempos ocasionais, toma essas decisões e segue em frente. Para o ambulante, porém, esses pensamentos persistem. Eles pensam em sua largura de banda e, com isso, sua mente fica retornando a eles, mesmo depois de achar que fez uma escolha. Será que realmente deveria ter um estoque para o festival da semana que vem? Estaria correndo um grande risco? Pensamentos como esses grudam na cabeça. Conforme vimos, criam uma taxa da largura de banda bastante real. Nessas circunstâncias, é difícil focar na formulação de um plano para escapar da armadilha da escassez.

Para piorar muito as coisas, o plano necessário é muito mais complicado do que aquele simples que elaboramos.

Será que separar 5 rupias todo dia é a estratégia certa? Será que ele deveria separar mais um pouco em alguns dias? E os dias em que ele de fato precisa do dinheiro? Como sempre, isso não é exclusivo do ambulante. Na introdução, descrevemos um "plano" simples para Sendhil e Shawn saírem de suas dificuldades: dizer não a todos os novos compromissos ou novas compras. Formular um plano de verdade é muito mais difícil. Será que Shawn não incorreria em novas despesas? E as despesas que poderiam poupar dinheiro a longo prazo, como um check-up nos dentes ou pneus novos para o carro? E quais são as dívidas que devem ser pagas primeiro? As mais imediatas? As mais antigas? As maiores? O malabarismo e a armadilha da escassez criam uma mistura confusa de obrigações. Desembaraçar-se disso da melhor maneira não é um desafio simples.

Por fim, mesmo que um plano fosse formulado, sua implementação poderia se provar difícil. Conforme vimos, as melhores intenções muitas vezes deixam de ser realizadas. Na hora, diante de um projeto ou de uma compra particularmente atraente, muitas vezes não conseguimos resistir a dizer sim. Levar um plano adiante exige largura de banda e controle cognitivo, e a escassez nos deixa com pouco de ambos.

O malabarismo torna ainda mais difícil a saída. O inesperado acontece. Você finalmente fez um plano para escapar e, de repente, é atingido por uma multa por causa de uma vistoria vencida do carro. Fazer uma nova vistoria é algo que havia sido adiado, uma das muitas bolas jogadas de volta ao ar. Agora, ela voltou. Mais uma obrigação, e você está de volta à armadilha da escassez.

Tudo isso é complicado pela falta de folga. Suponha que o ambulante evite, com prudência, gastar dinheiro com quase qualquer coisa todos os dias. Ele é vigilante e controlado, e está juntando dinheiro conforme descrito. Então, um dia, entre tantos outros, tem um deslize e faz uma compra por impulso. Ele se distrai, calcula mal, alguma coisa parece que vale muito a pena; afinal de contas, o dinheiro está ali. E agora, semanas de esforço mental e restrições físicas estão perdidas. Escapar da armadilha da escassez não exige apenas um ato de vigilância ocasional. Exige vigilância constante, perpétua; é preciso resistir a quase todas as tentações quase o tempo todo.

Agora, a força de vontade não poderia ser desenvolvida com a prática? Por terem que exercitá-la o tempo todo, os pobres não desenvolveriam uma força de vontade maior? Há poucas evidências de que a capacidade de ter força de vontade aumente com o uso. (Pense em como isso seria irônico em relação à crença comum: os pobres tendo uma força de vontade *maior*!) E, mesmo que a pobreza realmente aumentasse a força de vontade, há motivos para pensar que isso poderia ainda não ser suficiente para produzir a quase infalibilidade necessária. Mesmo que isso pudesse acontecer, há evidências razoavelmente boas do contrário.

Pesquisas recentes mostram que o autocontrole pode se esgotar conforme o usamos. Em um estudo, por exemplo, pessoas de dieta foram postas em uma sala com alguns petiscos bastante tentadores (Doritos, Skittles, M&Ms, amendoins salgados) e receberam uma tarefa para cumprir no computador. Para algumas delas, os petiscos foram deixados bastante visíveis, na mesa ao lado. Para outras, os petiscos estavam distantes, longe da mente. Depois de concluírem a tarefa no computador, as pessoas tiveram acesso a grandes recipientes com sorvete. Aqueles que haviam sentado ao lado dos petiscos, resistindo o tempo todo, finalmente cederam. Comeram uma quantidade significativamente maior de sorvete do que aqueles que haviam sido menos tentados pelos petiscos distantes. Pesquisadores dessa área têm comparado a força de vontade a um músculo, que se cansa com o uso. Segundo essa explicação, uma necessidade persistente de resistir a uma tentação se esgotaria, tornando muito mais difícil escapar da armadilha da escassez.

A RAIZ DO PROBLEMA

As armadilhas da escassez são particularmente dolorosas porque há uma sensação de que, com apenas uma infusão de dinheiro, depois de se livrar apenas uma vez de toda a dívida, uma pessoa pode se libertar do ciclo. "Se eu pelo menos tivesse um pouco mais de tempo", lamenta a pessoa que está eternamente atrasada, "poderia fazer as coisas e me adiantar". Para o ambulante, se ele pelo menos conseguisse o dinheiro para comprar as frutas (em vez de ter de poupar pequenas quantias), ficaria livre da armadilha da dívida e sua renda dobraria. Em todos esses casos, uma única infusão de recursos pareceria resolver o problema.

Para ver o que acontece, resolvemos dar aos ambulantes de Koyambedu o dinheiro de que precisavam. Trabalhando com o economista Dean Karlan, fizemos um estudo com centenas de ambulantes. Simplesmente acompanhamos metade deles durante um ano, registrando suas finanças. À outra metade, demos uma saída para a armadilha: saldamos todas as suas dívidas. Da noite para o dia, nós os transformamos de devedores em potenciais poupadores. E suas rendas efetivamente dobraram.

Queríamos entender como e por que ocorrem as armadilhas da escassez. Considere, por exemplo, algumas explicações que geralmente são dadas para o motivo pelo qual os ambulantes se encontram em uma armadilha de dívidas. Uma delas é a de que eles prefeririam fazer um empréstimo a poupar, porque não teriam um lugar seguro para guardar as economias. Eles poderiam não dispor de uma conta bancária e temer pela segurança do dinheiro se este fosse deixado em outro lugar, podendo ser facilmente roubado ou expropriado por membros da família. Se fosse esse o caso, então, quando lhes déssemos o dinheiro, eles logo comprariam algo durável e seguro e continuariam fazendo empréstimos, o que acabaria os levando de volta à armadilha da escassez.

Outra explicação possível é que os ambulantes são simplesmente míopes: estão presos na armadilha da dívida porque não pensam o suficiente no futuro. A nós, parece que essa visão está equivocada. Os ambulantes acordam às 3 horas da manhã, dirigem um riquixá motorizado durante 45 minutos para comprar suas mercadorias e passam o dia inteiro sob o sol quente. Essas dificilmente parecem ser ações de uma pessoa míope. Ainda assim, poderíamos argumentar que pelo menos em suas finanças eles focam muito pouco no futuro. Se este fosse o caso, depois que lhes déssemos o dinheiro, ele seria desperdiçado. Você pode imaginar a rapidez com que um míope gastaria uma grande quantia de dinheiro. O ambulante logo se veria de volta à armadilha da dívida.

Como terceira explicação, suponha que os ambulantes simplesmente não conseguissem entender o poder do *compounding*. Afinal de contas, o fato de que precisariam de apenas cinquenta dias para se livrar da dívida — a rapidez com que os pagamentos de juros se acumulam — foi uma surpresa para nós; talvez também o fosse para eles. Para um ambulante que prefere fazer um empréstimo e que não gosta de seu custo cumulativo, o empréstimo diário parece mais barato do que é. Como dar a ele o dinheiro não alteraria sua percepção do *compounding*, o vendedor continuaria a achar o empréstimo barato e logo cairia de novo na armadilha da dívida.

Pensamos que havia muito a aprender simplesmente dando aos ambulantes uma única infusão de dinheiro necessário para livrá-los da armadilha da dívida. E então acompanhamos o comportamento dos ambulantes livres da dívida durante o ano seguinte.

Nos primeiros meses, os ambulantes não caíram de novo na armadilha. Eles não gastaram o dinheiro com despesas insensatas. Não resolveram guardá-lo de alguma outra forma por motivo de segurança. Não voltaram a fazer empréstimos. Parecia que agora enxergavam os perigos da armadilha da dívida e se mantinham longe dela. Isso em grande parte coincide com os dados qualitativos: os ambulantes pareciam entender muito bem que estar um passo atrás era custoso. Assim como a pessoa ocupada que está atrasada em suas obrigações, eles pareciam estar totalmente conscientes de que estavam pagando um preço alto por viverem na armadilha da escassez.

Mas esta não é toda a história. Nos meses seguintes, eles caíram de novo na armadilha, pouco a pouco. Ou melhor, deveríamos dizer um a um. No fim do ano, eles haviam acumulado tantas dívidas quanto aqueles cujas dívidas não haviam tido nossa interferência. Portanto, embora as explicações padrões não sejam sustentadas pelos dados — os ambulantes não voltam a cair na armadilha imediatamente

— também não se sustenta a visão de que aqueles que estão em uma armadilha da escassez precisam apenas de uma única infusão de dinheiro que os livre da dívida.

Como podemos explicar esse comportamento? Por que os ambulantes acabam caindo de novo na armadilha? O que existe na armadilha da escassez que atua tão drasticamente para alterar suas vidas novamente, mesmo depois de receberem dinheiro suficiente para dobrar a renda?

SUSTOS

O cerne do problema é a falta de folga. Mesmo depois da infusão de dinheiro, o ambulante ainda está vivendo com menos de US$2 por dia. Afinal de contas, sua renda precisa alimentar mais do que apenas a si próprio. Suponha que, estando apertado de dinheiro, ele tenha um baque — o casamento de um parente será em breve e ele não tem como comprar um presente. Em um lugar como a Índia, o costume social impõe a compra de um grande presente, portanto a maneira como o ambulante lida com esse baque depende em parte de ele estar em um ciclo de dívidas ou em um ciclo de poupanças.

Em um ciclo de dívidas, o ambulante enfrenta um desafio difícil. Ele precisa fazer escolhas: e se desistir de comprar o presente? Ou talvez ele simplesmente compre um presente menor. Ele entra no túnel, mas crédito não é bem uma opção; ele já está usando o agiota para comprar frutas e vegetais. Resiste à tempestade sacrificando o pouco que pode. Ele pode sentir a dor do que tem de sacrificar para comprar o presente e pode sentir vergonha do presente mais modesto que tem condições de comprar.

Agora imagine o ambulante em um ciclo de poupanças, depois de o absolvermos da dívida. Diante da necessidade repentina de comprar um presente, ele também entra no túnel. Precisa enfrentar essa necessidade premente. E há uma solução "fácil" à mão: ele tem dinheiro guardado. Pode tomar emprestado o capital de seu trabalho e usar o dinheiro disponível para lidar com o presente de casamento. Como sairá de outro ciclo de dívidas? Quais são os custos? A esta altura sabemos a resposta para essas perguntas: "Não posso me preocupar com isso agora." Essas preocupações caem estritamente fora do túnel.

Nessa visão, o ambulante cai de novo na armadilha da escassez porque não tem folga suficiente em seu orçamento para resistir aos sustos que enfrenta. Sustos maiores do que a folga o empurram de volta à psicologia da escassez. E, uma vez ali, uma das primeiras vítimas é sua poupança. Embora essas evidências nunca sejam diretas, os dados dos ambulantes corroboram essa interpretação. Os ambulantes não voltam a cair na armadilha imediatamente, mas aos poucos, um a um, como se fossem alvejados, exatamente o que você esperaria se tomassem alguns sustos esporadicamente. Em muitos casos, os ambulantes relataram como susto aquilo que desencadeou um novo empréstimo e seu consequente declínio.

Tudo isso deveria ser bastante familiar quando pensamos no contexto temporal. Imagine darmos a alguém muito ocupado e eternamente atrasado o presente do tempo: as obrigações já atrasadas desapareceram, todos os compromissos pendentes resolvidos. Essa pessoa antes sobrecarregada, mas agora apenas muito ocupada, pode ficar adiantada durante um tempo. Mas provavelmente também acabará escorregando: uma falha inesperada em um grande projeto, um problema de saúde na família, pura letargia e uma perda momentânea de produtividade — e de repente ela se vê atrasada de novo.

Qualquer pequena instabilidade é uma ameaça pairando sobre uma vida vivida à beira da armadilha da escassez, porque, com pouca folga para absorver a instabilidade, é quase certo que esta seja sentida. Em *Portfolios of the Poor*, os autores observam que a vida dos pobres é cheia de instabilidades e sustos; quem vive com US$2 por dia não consegue ganhar US$2 todo dia. Em alguns dias a pessoa ganha US$3, e em outros, US$1. A vida no fundo do poço é volátil. Nos Estados Unidos e em outros países desenvolvidos, essa volatilidade pode ser menor, mas ainda é pronunciada. Os pobres enfrentam rendas variáveis, provenientes de muitas fontes. Costumam ter vários empregos, todos potencialmente intermitentes. Muitos de seus empregos são por hora, e esse número varia bastante. E é claro que a perda de um emprego é sempre uma possibilidade séria. Despesas repentinas, como um carro enguiçado ou uma doença, também são um problema. Considere o seguinte relato, extraído de entrevistas em uma faculdade comunitária no Novo México:

> *Consertos [de automóveis] são despesas inesperadas. Esses respondentes descrevem contas de consertos de centenas de dólares, que representam um percentual significativo de suas rendas mensais registradas. Para pagar por esses consertos, os respondentes pegam empréstimos com amigos e parentes, buscam assistência financeira... ou esperam por boas oportunidades financeiras, como uma assistência financeira acadêmica.*

O que mais importa é a folga disponível para resistir a cada novo susto. É por isso que a instabilidade pode ter tanto impacto. Sem folga suficiente, onde você conseguirá o dinheiro para consertar o carro? Se tivesse alguma poupança líquida, você a usaria. Se estivesse bem de vida, apenas reduziria outro consumo, talvez abrindo mão de um jantar caro que estava planejando para o fim de semana. Se tivesse um segundo carro, talvez adiasse o conserto até assegurar com cuidado o dinheiro para isso. Todas essas opções são fáceis ou baratas. Mas, quando você não tem poupança ou um segundo carro e não tem jantares para cancelar, se depara com um sério desafio: onde conseguirá o dinheiro? Nesse momento, você entra no túnel. Faz um empréstimo. Começa um caminho de volta à armadilha da escassez.

Tudo isso sugere que deveríamos aprofundar nossa noção de escassez. A escassez não é simplesmente uma disparidade entre recursos e desejos *em geral*. Mesmo que, como no caso do ambulante, haja muitos dias com folga, são os dias de escassez que importam. Para se livrar de uma armadilha da escassez, não basta ter mais recursos do que desejos. É importante ter folga (ou algum outro mecanismo) suficiente para lidar com os grandes sustos que podem surgir a qualquer momento. Cientistas sociais, ainda mais economistas, entendem há um bom tempo a importância da incerteza em termos de afetar os resultados. Sabemos que retornos incertos podem reduzir investimentos, que fluxos de renda incertos podem criar ansiedade e relutância. A presente discussão, porém, dá uma perspectiva diferente à incerteza e à instabilidade no contexto da escassez. Nesta discussão, argumenta-se que períodos de escassez podem produzir comportamentos que acabam nos puxando para a armadilha da escassez. E, com essas armadilhas, o que de outro modo seriam períodos de abundância pontuados por momentos de escassez podem logo se tornar uma escassez perpétua.

Por acaso, isso não significa que a única maneira de evitar as armadilhas seja ter uma riqueza suficiente para resistir a todos os sustos. Não significa que a única maneira de resolver o problema do ambulante seja dar-lhe ainda *mais* dinheiro. Em vez disso, essa discussão destaca a necessidade de instrumentos para amortecer os sustos. Se o ambulante tivesse um empréstimo de baixo custo ou uma poupança líquida no banco — para ser utilizada apenas em emergências — isso lhe daria a folga necessária nesses momentos críticos. De modo semelhante, um seguro contra alguns desses choques também resolveria o problema. É claro que muitos percebem os benefícios desses amortecedores. Mas os benefícios parecem ser bem maiores do que havíamos previsto. Eles se tornam amortecedores não apenas para administrar o risco. São também proteções contra uma escorregadela de volta à armadilha da escassez.

ABUNDÂNCIA E ESCASSEZ

Podemos atribuir aos sustos a volta do ambulante à armadilha da escassez, mas também podemos examinar a falta de um amortecedor. Se sabe que enfrenta um ambiente volátil, por que nas épocas melhores ele não separa um dinheiro como precaução? É claro que os ambulantes da Índia não são os únicos culpados por esse erro. Pobres do mundo inteiro têm pouquíssimas poupanças *líquidas*. Conforme mencionamos antes, estudos relatam que metade de todos os norte-americanos diz não ter condições de conseguir US$2 mil em trinta dias para enfrentar uma emergência. E os dados mostram que os pobres, sujeitos a mais sustos, tendem a ter poupanças líquidas ainda menores.

Olhando dessa maneira, os problemas do ambulante começaram bem antes do susto. As sementes da armadilha da escassez foram plantadas durante um período de abundância pelo menos relativa. E a mesma dinâmica parece acontecer com o tempo. Você trabalha freneticamente para terminar um projeto; está atrasado, a vida é um sofrimento e você jura jamais fazer isso de novo. Quando o prazo termina, você finalmente respira. O próximo prazo está a semanas de distância. Graças a Deus agora pode relaxar. Algumas semanas depois, você se pergunta onde o tempo foi parar. Está de novo trabalhando freneticamente contra o relógio. Assim como a escassez do ambulante, a sua escassez tem origem nos erros cometidos durante os períodos de relativa abundância.

Nesses períodos, desperdiçamos tempo ou dinheiro. Relaxamos demais. No estudo do capítulo 2, os agricultores estavam pobres antes da colheita, mas não precisavam estar. Se tivessem administrado melhor o dinheiro, não teriam necessidades no fim do ciclo. Só estavam pobres pouco antes porque haviam administrado mal suas finanças quando ainda estavam bem. Isso é diferente do problema de fazer empréstimo quando se está pobre. Isso é desperdiçar quando o dinheiro é abundante. O resultado é um ciclo evitável pontuado por períodos de abundância recorrentes seguidos de períodos de escassez ameaçados.

Até agora falamos de em problemas causados pela mentalidade da escassez. Entramos no túnel e negligenciamos. Nossa largura de banda é taxada, não enxergamos muito longe e somos mais impulsivos. Tudo isso pode sugerir, inadvertidamente, que em períodos de abundância somos perfeitamente calculistas e enxergamos longe. É claro que não. Décadas de pesquisas mostram que mesmo — ou melhor, *principalmente* — nas melhores épocas tendemos à procrastinação, a um foco exagerado no presente e a surtos de impreciso otimismo. Adiamos trabalhos que precisam ser feitos. Desperdiçamos dinheiro que deveria ser economizado. Utilizamos mal nossa abundância, poupando e realizando muito pouco, o suficiente para afastar a escassez que poderia surgir. É claro que tanto ricos quanto pobres fazem isso. Mas os ricos, como têm folga, saem-se bem, enquanto pobres e ocupados, que continuam com muito pouca folga, estão a um susto de distância da queda em uma armadilha da escassez.

Ficar afastado da armadilha da escassez exige mais do que abundância. Exige abundância suficiente para que, mesmo depois de gastar demais ou procrastinar, ainda tenhamos folga suficiente para administrar a maioria dos sustos. Abundância suficiente para que, mesmo depois de uma extensa procrastinação, ainda sobre tempo para administrarmos um fim de prazo inesperado. Permanecer fora da armadilha da escassez exige folga suficiente para lidar com os sustos que o mundo traz e com os problemas que impomos a nós mesmos.

Juntando tudo isso, vemos que as armadilhas da escassez surgem por vários motivos interligados, que se estendem a partir da mentalidade de escassez central. Entrar no túnel nos leva a fazer empréstimos e usar os mesmos recursos físicos com menos eficiência, o que nos põe um passo atrás. Como entramos no túnel, negligenciamos e depois nos vemos com a necessidade de fazer malabarismos. A armadilha da escassez se torna um caso complicado, uma miscelânea de compromissos atrasados e soluções custosas de curto prazo, que precisam ser constantemente revisitadas e revisadas. Não temos largura de banda para planejar uma maneira de sair dessa armadilha. E, quando fazemos um plano, falta-nos a largura de banda necessária para resistir às tentações e persistir. Além do mais, a falta de folga significa que não temos capacidade alguma de absorver os sustos. E tudo isso é formado por nossa incapacidade de usar os preciosos momentos de abundância para criar amortecedores futuros.

UM TIPO DIFERENTE DE ARMADILHA DA ESCASSEZ

Imagine que alguém se mudou para uma cidade nova. Na antiga cidade, tem muitos amigos, mas nessa nova não conhece ninguém. Alguns dias depois, a existência solitária começa a pesar sobre essa pessoa. Ela conversa com seus amigos distantes por telefone, mas não é a mesma coisa. Janta em frente à televisão, sentindo-se acanhada para sair e comer sozinha. Como conhecer gente nova? Ela resolve experimentar um site de encontros na internet e, depois de algumas trocas de e-mails, marca um encontro. Mas, à medida que o dia se aproxima, fica cada vez mais nervosa, mais do que jamais esteve antes de um encontro. O encontro começa mal. A pessoa tenta fazer piadas, mas fala de maneira forçada, e a noite é um fracasso. Está tão preocupada com o que vai dizer em seguida que acha difícil prestar atenção no que o outro diz. E percebe que está se esforçando demais. O encontro é um desastre.

Você poderia dizer que essa pessoa está na armadilha da escassez social. Sua solidão está tornando difícil que faça novos amigos e criando comportamentos que a perpetuam. Mas essa armadilha da escassez é diferente daquela que consideramos até agora. Não há empréstimo, não há dificuldade de economizar para os sustos. Em vez disso, os problemas — estragar o fim da piada ou deixar de ouvir — provêm de se esforçar demais para agradar, de se concentrar demais na escassez.

Estudos têm mostrado que os solitários focam demais. Em um deles, os pesquisadores pediram a pessoas que se consideravam solitárias para falar para um gravador. Elas não tinham uma tarefa específica. Deveriam simplesmente descrever a si mesmas e ser interessantes. Tudo o que sabiam era que outra pessoa as ouviria depois e as avaliaria. Como era de se esperar, quando os avaliadores ouviram o que os solitários tinham a dizer, não ficaram impressionados. Eles avaliariam os solitários como significativamente menos interessantes do que os não solitários. Isso dificilmente é uma surpresa. Você poderia dizer: "Deve ser por isso que eles são solitários."

Outra versão da experiência mostra que falta algo importante nessa interpretação. Nessa outra versão, os participantes solitários falaram para um gravador com uma diferença importante. Não esperavam que alguém os ouvisse e julgasse. Estavam só falando, sendo eles mesmos. Nessas gravações, avaliadores independentes consideraram os solitários tão interessantes quanto os não solitários. O problema dos primeiros não era que eles fossem chatos ou desinteressantes, era que eles tinham um desempenho ruim quando pensavam que isso tinha importância. Também não era falta de conhecimento. Lembre-se do estudo mencionado na introdução: os solitários decifravam melhor as emoções dos outros; este era o dividendo de foco deles.

Mas, quando os riscos são grandes, eles não usam bem essas habilidades. Você poderia dizer que os solitários engasgam. Pense nas situações em que você se sentiu com a língua presa ou particularmente inepto. Se você é como nós, provavelmente ainda se lembra de algumas situações sociais que estragou exatamente porque queria que dessem particularmente certo.

É claro que engasgar não é algo exclusivo dos solitários. Em lugar nenhum esses engasgos são mais transparentes do que nos esportes. No basquete, o lance livre é um dos arremessos mais fáceis. É marcado não muito longe da cesta, e você faz a tentativa em seu próprio ritmo, sem ninguém tentando lhe impedir. O nome em si sugere como é fácil um lance livre. O recorde mundial já pertenceu a um homem de 72 anos que acertou 2.750 lances livres seguidos. Acertar a bola na cesta 90% das vezes em princípio não deveria ser difícil para qualquer pessoa com prática suficiente. Mas alguns jogadores consideram o feito muito difícil. Na temporada de 2002-2003, o jogador de basquete profissional Bruce Bowen simbolizou o problema. Naquele ano, ele acertou apenas 40% de seus lances livres. O problema de Bowen não era falta de habilidade, já que ele conseguia acertar arremessos muito mais difíceis. Na mesma temporada, ele liderou a liga em arremessos de três pontos, acertando 44%. O arremesso de três pontos é feito de uma distância muito maior, e muitas vezes de um ângulo estranho. Deve ser feito depressa, e é comum ter outro jogador na sua frente ou correndo na sua direção. Mas naquela temporada Bowen fez esses arremessos melhor do que os lances livres.

Qualquer fã de esportes conhece diversas histórias de um jogador que engasgou. O jogador de basquete que não conseguiu acertar um simples lance livre que daria a vitória no jogo. O golfista cujo *putt* simplesmente dá errado no momento mais significativo. A importância do jogo é irrelevante, sempre há uma trepidação nesses momentos. O drama é grande exatamente porque tememos, ou talvez até prenunciemos, o engasgo.

Hoje em dia, os pesquisadores compreendem melhor a psicologia do engasgo. Nos esportes, muitas ações podem ser conscientes ou automáticas. Você pode pensar no movimento de seu braço quando está fazendo um lance livre. Pode focar no movimento completo de uma tacada de golfe. Ou pode fazê-lo automaticamente, com a mente desligada. Para atletas profissionais, essas atividades são tão rotineiras que eles as fazem incrivelmente bem e de forma quase automática. Na verdade, eles são *melhores* quando as fazem de forma automática. (Da próxima vez que descer correndo uma escada, pense no movimento de seus pés. Mas, por favor, não nos responsabilize se quase tropeçar. Embora você seja um usuário de escadas profissional, pensar na tarefa o tornará muito menos eficiente nela.) Para um iniciante, lembrar-se de puxar o cotovelo para dentro em um lance livre (ou de fazer a terminação em uma tacada de tênis) melhora o desempenho. A atenção consciente ajuda. Para um profissional, essas ações são automáticas. Nesse nível de habilidade, o foco extra impede que a coordenação do músculo aconteça da maneira mais rápida e natural. Atletas engasgam *porque* focam.

O engasgo é a ponta de um fenômeno muito mais amplo. Psicólogos verificaram, em uma grande variedade de tarefas, que o desempenho e a atenção, ou estado de alerta, estão ligados por uma curva em U invertido. Muito pouca atenção, e o desempenho é fraco. Atenção demais, e um estado de alerta excessivo pioram o desempenho de novo.

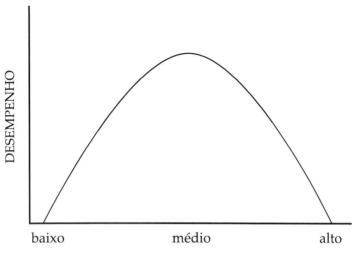

Nas tarefas em que estamos muito à esquerda do pico, mais atenção é bom. Em outras tarefas — um lance livre, se você é um profissional — podemos nos ver do outro lado da curva, dando atenção demais. Os lances livres são difíceis para alguns bons jogadores porque eles focam demais. Bruce Bowen não tinha tempo para pensar nos arremessos de três pontos. Mas os lances livres lhe davam tempo demais para pensar. Para piorar as coisas, quanto mais você tenta não pensar em algo, mais pensa. Psicólogos chamam isso de processo irônico. Quando solicitadas a não pensar em um urso branco, as pessoas não conseguem pensar em muitas outras coisas.

Voltando aos solitários, agora entendemos por que eles se saem tão mal. Eles engasgam exatamente porque a escassez os faz focar. Também há uma curva em formato de U invertido para a conversa. Uma pessoa distraída e desfocada em uma conversa é desinteressante. Uma pessoa focada demais parece pegajosa ou carente. Os solitários se saem mal exatamente por não conseguirem pensar em outra coisa além de administrar sua solidão. Eles se saem mal porque estão depois do pico do U invertido. Em vez de ouvir o interlocutor e ter uma conversa informal, estão atentamente focados em "Será que ele gosta de mim?" ou "Será que essa história vai ser mais divertida?". Assim como jogadores se saem melhor nos lances livres quando focam menos, o solitário pode se sair melhor ao se concentrar menos em sua necessidade social. Mas a escassez impede isso. Ela atrai a mente do solitário justamente para o lugar que ele precisa evitar.

Pessoas que estão de dieta enfrentam um problema semelhante. Um dos maiores desafios da dieta é o autocontrole. A maneira mais fácil de resistir a um impulso é, antes de qualquer coisa, nunca ter o impulso. Se uma guloseima específica não passa pela sua cabeça, é mais fácil evitá-la. Se passa pela sua cabeça, quanto mais rápido você conseguir esquecê-la mais fácil será resistir. Pensar naquela sobremesa deliciosa só torna as coisas mais difíceis. A dieta cria uma escassez de calorias, e essa escassez, por sua vez, põe a sobremesa firmemente no topo da mente. Estudos revelam que a comida acaba ficando no topo da mente daqueles que fazem dieta, e não apenas porque eles estão famintos, mas por causa da escassez que enfrentam. Em um estudo, a preocupação com a comida se tornou ainda maior entre pessoas de dieta que haviam acabado de comer uma barra de chocolate. Fisiologicamente, elas tinham mais calorias; psicologicamente, haviam exacerbado as escolhas que precisavam fazer. As dietas se provam difíceis precisamente porque nos focam naquilo que tentamos evitar.

Nesses dois casos, a característica-chave da escassez, prender a atenção, transforma-se em um obstáculo. As pessoas de dieta e os solitários lutam com sua escassez precisamente porque ela os faz focar em cada detalhe.

RAIO DE ESPERANÇA

Os pobres continuam pobres, os solitários continuam solitários, os ocupados continuam ocupados, e a dieta fracassa. A escassez cria uma mentalidade que a perpetua. Se tudo isso parece desanimador, considere o ponto de vista alternativo: os pobres são pobres porque lhes faltam habilidades. Os solitários são solitários porque não são carismáticos; as pessoas de dieta não têm força de vontade; e os ocupados são ocupados porque lhes falta a capacidade de organizar suas vidas. Nessa visão alternativa, a escassez é a consequência de profundos problemas pessoais, muito difíceis de mudar.

A mentalidade da escassez, por sua vez, é um resultado contextual, mais sujeito a remédios. Em vez de ser uma característica pessoal, a mentalidade da escassez é o resultado de condições ambientais criadas pela própria escassez, que, com frequência, podem ser administradas. Quanto mais entendemos a dinâmica de como a escassez atua sobre a mente humana, mais provavelmente podemos encontrar maneiras de evitar, ou pelo menos aliviar, a armadilha da escassez.

7. Pobreza

Antes de criticar uma pessoa, você deveria caminhar uma milha com os sapatos dela. Assim, quando criticá-la, você estará a uma milha de distância, e com os sapatos dela.

Jack Handey, roteirista do *Saturday Night Live*

A pobreza é, com certeza, o exemplo de escassez mais disseminado e importante. Sua amplitude e intensidade no mundo moderno são impressionantes. O Fundo das Nações Unidas para Infância (Unicef) estima que 22 mil crianças morrem por dia devido à pobreza. Quase 1 bilhão de pessoas são tão analfabetas que não conseguem assinar o próprio nome. Metade das crianças do mundo vive abaixo da linha de pobreza. Aproximadamente 1,6 bilhão de pessoas vive sem eletricidade. Mesmo em um país como os Estados Unidos, a pobreza é grave. Quase 50% de todas as crianças norte-americanas utilizarão o auxílio-alimentação em algum momento. Cerca de 15% dos lares norte-americanos tiveram problemas para encontrar comida para a família durante o ano.

Até agora discutimos as variedades de escassez como se fossem intercambiáveis. Saltamos da dieta para a pobreza profunda e para a pressão do tempo com pouca preocupação com as diferenças. Afinal de contas, esta é a nossa tese. Se a escassez evoca uma psicologia única, independente de sua fonte, então estamos livres para tratar as variedades de escassez da mesma maneira. Se existe uma psicologia da escassez comum a todos os seus tipos, será que tudo o que observamos sobre os pobres poderia valer também para os ocupados e as pessoas que fazem dieta?

Só porque as diferentes formas de escassez têm ingredientes comuns, isso não significa que terão resultados semelhantes. Em química, os mesmos elementos básicos podem produzir compostos diferentes, dependendo das proporções. O carbono e o oxigênio podem formar o dióxido de carbono, ingrediente essencial para o ciclo da vida, ou podem formar o monóxido de carbono, um poluente mortal. Ingredientes iguais, resultados muito diferentes. Nossa análise sobre a escassez segue uma lógica semelhante. Existem os ingredientes comuns: entrar no túnel, fazer empréstimo, a falta de folga, a taxa da largura de banda. Mas eles atuam de maneiras diferentes, dependendo do contexto. No caso da escassez de dinheiro, fazer um empréstimo é uma característica óbvia. No caso da solidão, porém, não está claro o que o empréstimo sequer significa. Para o solitário, este ingrediente específico está simplesmente faltando, assim como aquele átomo de oxigênio adicional. Os ingredientes da pobreza criam circunstâncias particularmente hostis à mentalidade da escassez.

Um profissional próspero e muito ocupado está nessa situação porque assumiu muitos projetos. Ele estaria menos ocupado se tivesse assumido menos projetos. A rigor, poderia optar por ter menos escassez. A extensão de sua escassez é, até certo ponto, arbitrária.

O arbítrio proporciona uma importante válvula de segurança que pode limitar o estresse e os danos da escassez. O turista que tenta freneticamente conhecer a Itália em uma semana pode ficar apenas muito exaltado com sua escassez de tempo. Em algum momento, ele pode dizer simplesmente, "Esqueça isso, verei o Coliseu em outra visita", ou, "Ficarei mais um dia em Roma e passearei menos pelo Sul". Essa válvula de segurança limita os danos e a profundidade da armadilha da escassez. Para quem tem algum arbítrio, essa armadilha intimida, mas só até certo ponto. A pessoa com excesso de compromissos pode descumprir alguns prazos. Quem está de dieta pode interrompê-la por um tempo. Os ocupados podem tirar férias.

Não se pode tirar férias da pobreza. Decidir simplesmente não ser pobre, mesmo que por pouco tempo, nunca é uma opção. No mundo da pobreza, não existe um equivalente à pessoa de dieta que decide viver acima do peso ou à pessoa ocupada que desiste de algumas de suas ambições. Seria uma tolice sugerir que os pobres rurais da Índia deveriam lidar com a escassez de dinheiro simplesmente moderando seus desejos. É muito mais difícil descartar os desejos básicos, de roupas, de livrar-se das doenças e até de brinquedos modestos para alegrar os filhos. Os pobres não estão sozinhos em sua escassez compulsória. Quem está de dieta porque enfrenta um sério problema de saúde, o profundamente solitário e os ocupados porque precisam ter dois empregos para pagar o aluguel têm pouca escolha.

A falta de arbítrio tende a resultar em uma forma particularmente extrema de escassez.

Essa discussão deixa claro o que queremos dizer com pobreza. Queremos dizer casos de escassez econômica em que mudar o que você quer, ou acredita precisar, simplesmente não é viável. Algumas dessas necessidades difíceis de mudar são biológicas, como a fome para um agricultor de subsistência; outras são construídas socialmente. O que acreditamos precisar depende do que os outros têm e do que nos acostumamos a ter. Água encanada, por exemplo, dificilmente faria alguém do mundo desenvolvido se sentir incrivelmente sortudo hoje em dia, mas era algo quase inconcebível até o último quarto do século XIX, e ainda é um sonho em muitos lugares. Para o agricultor de subsistência, é um luxo; para alguém que mora em Nova Jersey, uma necessidade. Dirigir um carro era um símbolo de status nos anos 1950, e continua sendo em muitas partes do mundo. Em outras partes, é uma necessidade. Uma questão profunda e complicada é: como comparar essas necessidades? Será que o norte-americano pobre que não pode pagar por um sistema de água encanada adequado realmente sente algo muito parecido com o agricultor pobre que não pode comprar uma camisa ou com o europeu pobre que não pode comprar um carro? Existem pouquíssimas evidências para sabermos até que ponto essas duas formas de pobreza — absoluta *versus* relativa — são comparáveis psicologicamente. Para nossos propósitos, todas são exemplos de pobreza.

A pobreza é extrema de outra maneira. Considere os pais de um recém-nascido cujo tempo de repente se torna escasso. Eles também não têm a opção de "querer menos"; o bebê precisa ser levado ao médico, alimentado, ter a roupa trocada, ser afagado, tomar banho e ser embalado (sem parar) para dormir. São muitas atividades não arbitrárias para equilibrar. Mas se você é um pai ou uma mãe com dinheiro, sua escassez de tempo pode ser aliviada de outra maneira. Você pode contratar uma babá ou uma empregada, pedir comida fora em vez de cozinhar, dispor de um contador, contratar um jardineiro. Tudo isso lhe dará tempo livre. Do mesmo modo, se você está de dieta e com dinheiro sobrando, pode comprar uma comida saborosa, mas saudável. O dinheiro, por ser substituível, pode ser usado para compensar outras formas de escassez.

O inverso, tentar aliviar a escassez de dinheiro, é muito mais difícil. É claro que você pode tentar trabalhar mais algumas horas, mas na maioria dos casos não tem muito a oferecer, e isso trará uma riqueza extralimitada e o deixará ainda mais ocupado e mais exausto. Menos dinheiro significa menos tempo. Menos dinheiro significa que é mais difícil socializar. Menos dinheiro significa comida de qualidade inferior e menos saudável. Pobreza traz escassez em cada aspecto que sustenta quase todos os outros aspectos da vida.

Temos usado a psicologia da escassez para criar uma ponte de empatia. Temos usado a experiência com uma forma de escassez (de tempo, digamos) para conectá-la a outra forma (de dinheiro). Por sabermos como é precisar muito de um pouco mais de tempo, podemos começar a imaginar como é precisar desesperadamente de um pouco mais de dinheiro ou mesmo de mais amigos. Usamos essa ponte para relacionar um gerente ocupado reclamando do tempo insuficiente antes do fim de um prazo com uma pessoa com pouco dinheiro reclamando de fundos insuficientes para pagar o aluguel.

Mas essa ponte de empatia não vai muito longe. Afinal de contas, o gerente pode dizer, "Esqueça isso. Vou me esforçar menos e alterar meu equilíbrio entre vida e trabalho", enquanto a pessoa estressada por falta de dinheiro não pode simplesmente dizer: "Esqueça isso. Afinal de contas, não preciso de um apartamento." Portanto, embora tanto o tempo quanto o dinheiro possam taxar a largura de banda, a *magnitude* dessas taxas, a gravidade delas, pode ser muito diferente.

O ELEFANTE NA SALA

A maioria das conversas sobre pobreza tem um elefante na sala.

Veja o caso do diabetes, que afeta 285 milhões de pessoas no mundo. Trata-se de uma doença séria com consequências que incluem coma, cegueira, amputação de membros e morte. Por sorte, hoje é uma doença administrável. Medicamentos tomados com regularidade — às vezes em forma de comprimido, às vezes uma injeção — podem impedir que o diabetes cause muitos danos. Mas a doença continua sendo um grande problema. Parte dele é a farmacologia: os remédios não a curam completamente. Mas uma parte maior do problema é a psicologia. Para qualquer remédio funcionar, as pessoas precisam tomá-lo. Mas os diabéticos tomam seus medicamentos apenas de 50% a 75% das vezes, o que reduz muito a eficácia destes.

Pense no quanto isso é impressionante. Décadas de pesquisas médicas tornam uma doença debilitante e mortal administrável. Mas fracassamos na última etapa, no passo mais simples: tomar um comprimido ou uma injeção. Essa última etapa afeta grande parte da medicina. Vinte anos atrás, ficaríamos eufóricos se tivéssemos os medicamentos antirretrovirais para o tratamento de HIV dos quais dispomos hoje em dia. Mas milhões de pessoas morrem por não tomarem os remédios com regularidade. Com a tuberculose, o problema é tão grande que o protocolo de distribuição padrão em países em desenvolvimento — o tratamento observado diretamente (DOTS, na sigla em inglês) — destina-se apenas a cuidar deste problema: alguém vem todos os dias para ver você tomando o comprimido. Em alguns países, não podemos arcar com o fornecimento da medicação para tuberculose. Não porque os comprimidos sejam caros, são antibióticos baratos, mas porque o custo do DOTS é alto demais. Uma conquista médica notável após a outra tropeça na não adesão, essa excentricidade do comportamento humano.

A não adesão afeta muita gente, mas se concentra particularmente em um grupo: os pobres. Embora pessoas de todos os níveis de renda possam deixar de tomar seus remédios, os pobres fazem isso com mais frequência. Doença após doença — Aids, diabetes, tuberculose —, o mesmo padrão se repete. Não importa a localização, o tipo de medicamento ou os efeitos colaterais, algo permanece o mesmo: os pobres tomam seus remédios com menos regularidade.

Passando para um contexto bastante diferente, considere o caso da produção agrícola. A quantidade de produtos que podem ser cultivados em um pedaço de terra afeta toda a sociedade. Determina o preço dos alimentos, o comércio mundial, impactos ambientais e até a população factível do planeta. Talvez seja importante sobretudo para o agricultor: toda a sua renda depende dessa produção. Assim como acontece com os remédios, a tecnologia tem dado saltos incríveis ao melhorar a produção e a sustentabilidade: sementes, técnicas agrícolas e métodos de agricultura orgânica melhores. Mas, assim como os médicos, os cientistas agrícolas que trabalham com essas questões se irritam constantemente com uma coisa: o comportamento do agricultor.

Há milhares de anos, os agricultores sabem que a retirada de ervas daninhas melhora incrivelmente a safra. Elas sugam os nutrientes e a água das plantações. Extraí-las exige pouca habilidade ou maquinaria, apenas um trabalho maçante. Mas os agricultores dos lugares mais pobres do mundo não as retiram. Há estimativas de que a perda causada por não arrancar as ervas daninhas em algumas partes da África seja de mais de 28% da safra total. Na Ásia, estima-se que o custo do crescimento descontrolado das ervas daninhas seja superior a 50% da produção total de arroz. É possível que essa estimativa seja grande demais. Mas mesmo um aumento de 10% na safra seria um retorno fantástico para alguns dias de trabalho maçante. Além disso, como a retirada de ervas daninhas aumenta a produção sem precisar de dinheiro ou terras, um aumento de 10% na safra significa um aumento de 20% a 30% nos ganhos, uma quantia substancial. Entretanto, muitos agricultores perdem esse dinheiro por deixarem de arrancar as ervas daninhas regular ou suficientemente. E, mesmo nessas áreas, os maiores agressores são, de novo, os agricultores mais pobres.

Para considerarmos outro exemplo, vejamos os cuidados parentais. Pesquisadores têm dedicado bastante tempo a estudar como as pessoas criam seus filhos. Será que os pais elevam a voz sem necessidade? Será que demonstram seu amor e seu apoio em momentos de necessidade? Será que são coerentes ao aplicar regras ou fazem exigências aleatórias e arbitrárias? Será que elogiam quando o filho se sai bem? Até que ponto se envolvem com o filho em vez de deixá-lo plantado em frente à televisão? Será que ajudam no dever de casa?

Dessas pesquisas feitas ao longo de décadas surge um tema amplo: os pobres são pais piores. São mais duros com os filhos, menos coerentes, mais desconectados e, portanto, parecem ser menos afetuosos. Eles apresentam uma tendência maior a descontar a raiva nos filhos, um dia os repreendem por algo e, no dia seguinte, pelo oposto; eles não se envolvem com os filhos de maneira firme; deixam a criança assistindo à televisão em vez de ler para ela. Hoje em dia sabemos mais sobre o que produz um ambiente bom em casa, e os pais pobres têm menos tendência a proporcioná-lo.

Os pobres ficam aquém de muitas maneiras. Nos Estados Unidos, eles são mais obesos. Na maior parte do mundo em desenvolvimento, têm menos tendência a enviar seus filhos para a escola. Os pobres não economizam o bastante. Apresentam menor tendência a vacinar seus filhos. As pessoas mais pobres de uma vila são as que menos tendem a lavar as mãos ou a tratar a água antes de bebê-la. Quando grávidas, as mulheres pobres têm menos tendência a ter uma alimentação apropriada ou a procurar assistência pré-natal. Poderíamos continuar citando mais exemplos. Mais e mais.

Esses fatos se prolongam como argumento enfadonho de intenção insidiosa (para massacrar T. S. Eliot).* A pergunta decisiva neste caso é antiga, quase desgastada. Por que os pobres falham tanto e de tantas maneiras?

Esse é o elefante na sala.

---

*Trecho do poema "A canção de amor de J. Alfred Prufrock", de T.S. Eliot – em tradução de João Almeida Flor. (*N. do T.*)

CONFRONTANDO O ELEFANTE

Quando confrontamos os fatos perturbadores, é natural primeiro questionar sua interpretação. Talvez os pobres não estejam "falhando" ao deixar de tomar seus medicamentos; talvez os comprimidos simplesmente sejam caros demais. Por que eles não extraem as ervas daninhas? Porque estão muito ocupados. Por que não cuidam melhor de seus filhos? Porque cresceram em circunstâncias parecidas e não aprenderam outra forma de cuidar deles. É claro que todas essas questões de acesso, custo e habilidade exercem algum papel. Mas, uma vez após a outra, quando você examina os dados, esses fatores por si só não conseguem explicar as falhas. Por exemplo, os pobres nos Estados Unidos que fazem uso do Medicaid* não pagam nada por seus medicamentos, mas deixam de tomá-los regularmente. Os pobres em áreas rurais relatam que têm um bom intervalo de tempo entre as colheitas, mas não retiram as ervas daninhas. Essas falhas não podem ser consideradas apenas circunstanciais: no cerne existe um problema de comportamento.

Outra reação instintiva é questionar os próprios fatos. Se os pobres falham ou não, isso depende do observador. Talvez eles não estejam falhando. Talvez os dados sejam tendenciosos. Existe uma psicologia farta e convincente para sustentar essas afirmações. Em um estudo, por exemplo, os participantes assistiram ao vídeo de uma menina, Hannah, fazendo um teste. Seu desempenho é ambíguo: ela acerta algumas questões difíceis e erra outras fáceis. Um grupo de participantes vê Hannah com um histórico que sugere que

---

*Serviço de assistência médica gratuita do governo norte-americano. (*N. do T.*)

ela vem de uma família pobre; outro vê um histórico sugerindo uma família de classe média alta. Os dois grupos a observam fazendo o teste e depois avaliam seu desempenho e suas habilidades. Aqueles que observaram uma Hannah "pobre" viram mais erros, julgaram que seu desempenho foi pior e supuseram que ela estava em um nível de ensino inferior ao nível suposto por aqueles que observaram uma Hannah "rica".

Parece fácil sermos tendenciosos na interpretação de dados sobre os pobres. Considerando que mantemos estereótipos muito negativos, definidos essencialmente por um fracasso (eles são pobres!), é natural atribuir um fracasso pessoal a eles. Será que é surpreendente que pesquisadores "vejam" os destituídos falhando? Infelizmente, quando você olha mais de perto, não é fácil tirar o elefante da sala. Em sua maioria, esses dados são correlações genuínas, e não percepções tendenciosas.

Também não dá para considerar os dados como resultado de uma tendência política dos pesquisadores. Os dados muitas vezes são coletados por pesquisadores que não têm um programa e, quando este existe, com frequência é contrário ao que eles verificam. Outras vezes, as descobertas são acidentais, e não algo que eles estavam procurando. Pesquisadores de agricultura e saúde coletam grandes séries de dados em que a renda é apenas uma variável; eles relatam isso em meio a muitas outras correlações. Não saíram atrás de descobertas sobre os pobres, nem as alardeiam. Além disso, quando finalmente focam na pobreza, os pesquisadores costumam se aproximar da pessoa que estudam com um olhar favorável aos pobres. Acadêmicos que trabalham com famílias, obesidade, ou quaisquer outros domínios que foquem na pobreza, tendem a ter uma afinidade natural pelas pessoas estudadas e relatam um desconforto com o que verificam. Talvez a pura amplitude e profundidade dessas evidências sejam mais convincentes. Estas não provêm de um estudo isolado ou de uma única pesquisa polêmica. Muitos esforços têm reunido uma boa quantidade de dados. E, juntos, eles constituem um elefante bem grande.

Se não podemos descartar o elefante, como daremos sentido a ele? Uma maneira é supor que a causalidade vai do fracasso à pobreza; que os pobres são assim precisamente porque são menos capazes. Se seus ganhos dependem de fazer boas escolhas, é natural que aqueles que fracassam acabem pobres. Existem complicações óbvias nessa visão. Acasos no nascimento, como o continente onde você nasceu, têm grande efeito sobre sua chance de ser pobre. Ainda assim, uma visão prevalecente explica a forte correlação entre pobreza e fracasso dizendo que o fracasso causa pobreza.

Nossos dados sugerem que a causalidade vai, de maneira no mínimo igualmente forte, na outra direção: que a pobreza, a mentalidade da escassez, causa o fracasso.

A CRIAÇÃO DOS FILHOS

Um estudo sobre cuidados parentais teve como foco controladores de tráfego aéreo. O que torna os controladores de tráfego aéreo interessantes é que seu trabalho muda diariamente e pode ser intenso. Em alguns dias, há muitos aviões no ar, as condições do tempo são ruins e ocorrem congestionamentos e atrasos. Nesses dias, a carga cognitiva

— ficar longas horas no túnel para que todos os aviões aterrissem com segurança — é muito grande. Outros dias são mais relaxados, com menos aviões no ar ou na mente. O que os pesquisadores verificaram foi que o número de aviões no ar em um determinado dia prognosticava a qualidade dos cuidados com os filhos naquela noite. Mais aviões tendiam a resultar em pais piores. Ou, se você não se importa com um enquadramento mais vulgar, pense da seguinte maneira: o mesmo controlador de tráfego aéreo agia como "classe média" depois de um dia de trabalho fácil e agia como "pobre" depois de um dia de trabalho difícil.

É claro que você já sabe disso por experiência própria. Você chega em casa depois de um dia de trabalho longo e frustrante. Tudo o que quer é um pouco de paz e tranquilidade, mas seus filhos estão assistindo entusiasmados a desenhos animados. O volume da televisão não está tão alto, mas é o bastante para irritar seus nervos. Você implora às crianças para desligar aquilo, feliz por conseguir não ser brusco. Eles respondem que aquela é a hora de ver televisão, que você tinha prometido explicitamente que eles poderiam assistir àquela hora se tivessem terminado seus deveres de casa, o que eles fizeram. Você hesita por um segundo, mas o barulho é excessivo. "Desliguem essa droga!", você grita. Mais tarde, sente-se mal. Não é assim que gostaria de agir com seus filhos maravilhosos, mas não conseguiu se conter.

E tem bons motivos para estar perturbado. Embora as pesquisas sobre criação de filhos sejam obscuras, algumas ações surgem de maneira muito clara, e são bastante intuitivas. A coerência está quase no topo da lista. Para as crianças, aprender coisas — disciplina, regras de conduta, sensação de conforto — é difícil e gera ansiedade se os pais são incoerentes em suas afirmações e atitudes. Mas é mais fácil falar do que fazer. É difícil ser um bom pai ou uma boa mãe, mesmo quando você sabe como tem que agir. Coerência exige atenção, esforço e determinação constantes.

Criar bem os filhos exige largura de banda. Exige decisões complexas e sacrifício. Crianças precisam ser motivadas a fazer coisas das quais não gostam, compromissos devem ser mantidos; atividades, planejadas; professores, atendidos; e o retorno destes, processado; e uma orientação ou uma ajuda extra deve ser proporcionada, e depois monitorada. Isso é difícil para qualquer um, quaisquer que sejam seus recursos. É ainda mais difícil quando a largura de banda está reduzida. Neste momento, você não tem a cabeça livre necessária para exercitar a paciência, para fazer as coisas que sabe serem certas. Um espaço aéreo abarrotado durante o dia deixa a mente abarrotada naquela noite. Um dia difícil para um controlador de tráfego aéreo no trabalho tende a resultar em um pai pior em casa.

Os pobres têm seus próprios aviões no ar. Estão fazendo malabarismo com o aluguel, as contas atrasadas, e contando os dias para receber o próximo salário. A largura de banda deles é usada para administrar a escassez. Assim como os controladores de tráfego aéreo, eles podem estar com a cabeça zumbindo. Um observador externo que estivesse na sala de estar deles sem saber sobre todos aqueles aviões no ar concluiria que faltam habilidades a esses pais.

Um estudo recente mostrou algumas evidências disso. Conforme vimos, pais pobres recebem auxílio-alimentação uma vez por mês, mas ao fim de cada mês estão passando privações. O fim do mês é quando a largura de banda deles é mais taxada, o momento em que cuidar dos filhos tende a ser mais difícil. A economista Lisa Gennetian e colaboradores mostraram que esses também são os momentos em que os filhos de pais que recebem auxílio-alimentação mais tendem a se comportar mal e a acabar sendo repreendidos na escola.

Ser um bom pai exige muitas coisas. Mas requer, sobretudo, a cabeça livre. Esse é um luxo que os pobres não têm.

POBRE DE MAIS DE UMA MANEIRA

Os pobres não têm apenas pouco dinheiro. Eles têm pouca largura de banda. É exatamente isso o que vimos nos estudos do shopping center e da colheita. A mesma pessoa, quando estava experimentando a pobreza — ou predisposta a pensar em seus problemas monetários — saía-se significativamente pior em vários testes. Mostrava menos inteligência flexível e menos controle executivo. Com a escassez na mente, ela simplesmente tinha menos espaço para todas as outras coisas.

Isso é importante porque muitos de nossos comportamentos — não apenas os cuidados parentais — dependem da largura de banda. Por exemplo, uma largura de banda sobretaxada significa uma propensão maior a esquecer. Não tanto as coisas que você sabe (o que os psicólogos chamam de memória declarativa), como a marca de seu primeiro carro, mas coisas que se enquadram no que os psicólogos chamam de memória prospectiva, a memória para coisas que você havia planejado se lembrar, como telefonar para o médico ou pagar uma conta na data de vencimento. Essas tarefas precisam ser mantidas vivas em nossa cabeça, e são negligenciadas quando a largura de banda é reduzida. Será alguma surpresa, então, que os pobres deixem de tomar seus medicamentos?

Algumas pessoas talvez achem difícil acreditar nisso: como você pode esquecer algo tão importante? Mas a memória não funciona assim. Você não se lembra em função de um valor de longo prazo. Certamente ninguém se esquece de tomar um analgésico: a dor é um lembrete constante. Mas doenças como o diabetes são "silenciosas"; suas consequências não são sentidas imediatamente. Não há nada que possa lembrar uma pessoa com uma largura de banda sobrecarregada de tomar esses medicamentos.

Outra consequência é a produtividade reduzida no trabalho. Quase todas as tarefas — de processar pedidos em uma lanchonete drive-thru a arrumar prateleiras de uma mercearia — exigem memória funcional, a capacidade de guardar várias informações ativas na mente até que as utilizemos. Ao taxar a memória funcional, a pobreza nos leva a um desempenho inferior. Ela nos torna menos produtivos, porque nosso processador mental está ocupado com outras preocupações. Isso cria uma situação trágica, em que os pobres — aqueles que mais precisam dos salários por seu trabalho — são também aqueles que têm sua produtividade mais pesadamente taxada.

Uma largura de banda sobretaxada significa uma capacidade reduzida de processar novas informações. O quanto você absorverá de uma aula se sua mente está constantemente se afastando? Agora pense em um universitário de baixa renda cuja mente fica retornando ao pagamento do aluguel. O quanto ele absorverá? Nossos dados sugerem que grande parte da correlação entre renda e desempenho em sala de aula pode ser explicada pela taxa da largura de banda. E o aprendizado é prejudicado não apenas na sala de aula. Muitos programas de saúde pública dependem de os pobres absorverem novas informações. Campanhas tentam educar o público sobre a importância de se alimentar de maneira mais saudável, fumar menos, obter assistência pré-natal, proteger-se do HIV e por aí em diante. Em países pobres, técnicos procuram agricultores para instruí-los sobre os últimos cultivos ou as últimas pragas. Não deveria ser surpresa que esses esforços sejam menos bem-sucedidos entre os pobres, deixando muitas vezes de levá-los a fumar menos, alimentar-se de maneira mais saudável ou adotar as práticas agrícolas mais recentes. Absorver novas informações exige memória funcional.

A taxa da largura de banda significa também que você tem menos recursos mentais para exercer autocontrole. Depois de um dia de trabalho longo e difícil, você tende a usar o fio dental? Ou dirá, "Deixa pra lá, faço isso amanhã"? Para piorar as coisas, temos visto como a luta constante contra a pobreza (e a escassez, em geral) reduz ainda mais o autocontrole. Quando você pode comprar muito pouco, precisa resistir a muito mais coisas, e seu autocontrole acaba se esgotando. Agora imagine que você é um agricultor preocupado, pensando em como cobrirá as despesas esta semana. Você vai dormir preocupado com o que fará para pagar o dentista de seu filho que está reclamando de dor de dente. Pode ser que você precise desistir daquela noite com os amigos que estava planejando com entusiasmo. E precisa retirar as ervas daninhas logo. Você acorda cansado e ainda ansioso. Assim como deixar de usar o fio dental, é muito fácil imaginar que você poderia decidir, "Vou tirar as ervas daninhas amanhã".

Vemos isso nos dados sobre tabagismo: fumantes com estresse financeiro apresentam menor tendência a tentar largar o cigarro. Os pobres também acabam ficando mais gordos; comer bem é um esforço substancial de autocontrole. Um estudo verificou que, quando mulheres de baixa renda foram transferidas para bairros de renda mais alta, os índices de obesidade extrema e diabetes caíram consideravelmente; outros fatores podem ter exercido alguma influência, mas a redução do estresse quase com certeza faz parte da história. Ser um bom pai ou uma boa mãe exige autocontrole. Ir ao trabalho mesmo quando você está doente exige autocontrole. Não falar de maneira ríspida com seu chefe ou com um cliente exige autocontrole. Participar com regularidade de programas de treinamento exige autocontrole. Quando você mora em uma vila rural, assegurar que seus filhos não deixem de ir à escola todos os dias exige autocontrole. Muitos "fracassos" que cercam a pobreza podem ser entendidos por meio da taxa da largura de banda.

Por fim, pense no seguinte. Você tem uma grande apresentação amanhã, para a qual se preparou bastante. Você sabe o valor do descanso, portanto, se assegura de terminar o trabalho às 17 horas. Você vai para casa, tem um bom jantar com a família e dorme cedo. Mas os pensamentos sobre a apresentação estão zumbindo em sua cabeça. Portanto, apesar de precisar dormir, você não dorme bem. Pesquisas sobre o sono mostram que você não está sozinho. Em um estudo, 38 pessoas que dormiam bem foram instruídas a dormir o mais depressa possível. Algumas foram informadas de que depois do cochilo falariam em público. A maioria das pessoas não gosta de falar em público. De fato, esse grupo teve muito mais dificuldade de dormir, e, quando o fez, não teve um bom sono. Outros dados sobre insones mostram que eles têm uma tendência maior a se preocupar. Simplificando, é difícil dormir bem quando você tem coisas na cabeça.

Esta talvez seja a maneira mais perniciosa e, a longo prazo, prejudicial com que a escassez pode taxar a largura de banda: os pensamentos da escassez arruínam o sono. Estudos sobre os solitários mostram que eles dormem pior e por menos horas. Esses efeitos são bem fortes nos pobres: eles têm uma qualidade de sono inferior. E não dormir o suficiente pode ser desastroso. O Exército dos Estados Unidos mostrou que a falta de sono pode levar soldados a disparar contra suas próprias tropas. O navio petroleiro Exxon Valdez sofreu um acidente no Alasca, em 1989, em parte, devido à privação de sono da tripulação e à carência de sono. Esses efeitos se acumulam. Estudos mostram que dormir de quatro a seis horas por noite durante duas semanas leva a uma queda no desempenho comparável a ficar duas noites seguidas sem dormir. O sono insuficiente compromete ainda mais a largura de banda.

Uma das coisas que mais falta aos pobres é largura de banda. A própria luta para pagar as despesas os deixa com menos desse recurso vital. Esse déficit não é da variedade fisiológica padrão. Tem a ver com uma falta de nutrição ou um estresse que desde a primeira infância vem retardando o desenvolvimento do cérebro. A taxa da largura de banda também não é a comprometida permanentemente pela pobreza. É a carga cognitiva de ter de cobrir as despesas no momento presente: quando a renda aumenta, a capacidade cognitiva também aumenta. A largura de banda dos agricultores era recuperada logo que os pagamentos pela safra eram recebidos. A pobreza, em seu cerne, taxa a largura de banda e reduz a capacidade.

A largura de banda está por trás de quase todos os aspectos de nosso comportamento. Nós a usamos para calcular as chances de vencer no pôquer, avaliar as expressões faciais das pessoas, controlar nossas emoções, resistir a nossos impulsos, ler um livro ou pensar de maneira criativa. Quase toda função cognitiva avançada depende da largura de banda. Mas é fácil ignorar uma taxa sobre a largura de banda. Talvez a melhor analogia seja: pense em falar com uma pessoa que está fazendo outra coisa — digamos, navegando na internet — enquanto está conversando com você. Se você não soubesse o que ela estava fazendo, como ela lhe pareceria? Doida? Confusa? Desinteressada? Distante? Uma taxa da largura de banda pode criar a mesma percepção.

Portanto, se você quer entender os pobres, imagine a si mesmo com a cabeça em outro lugar. Você não dormiu bem na noite passada. Tem dificuldade para pensar com clareza. O autocontrole parece um desafio. Você está distraído e é facilmente perturbado. E isso acontece todos os dias. Além de todos os desafios materiais trazidos pela pobreza, há também um desafio mental.

Sob essa ótica, o elefante na sala já não parece tão intrigante. As falhas dos pobres são, antes de mais nada, parte integrante do infortúnio de ser pobre. Nessas condições, todos nós teríamos (e temos!) falhado.

A TAXA DA LARGURA DE BANDA É A CULPADA?

Começamos com uma pequena amostra de observações, todas apontando para o elefante na sala. Em uma grande variedade de circunstâncias, a pobreza parece ter uma correlação com o fracasso. Demos uma explicação para essas descobertas: a taxa da largura de banda. Você pode estar se perguntando, por exemplo, se a taxa da largura de banda é grande o bastante para explicar tudo, da falta de adesão a esquecer de retirar as ervas daninhas. Nós achamos que sim. No estudo do shopping center, no capítulo 2, em que o grupo de baixa renda sequer poderia ser qualificado como realmente pobre, a taxa da largura de banda era considerável: de 13 a 14 pontos de QI, com um efeito também grande sobre o controle executivo. No estudo da colheita na Índia, encontramos um efeito de nove a dez pontos sobre o QI e outro ainda maior sobre o controle executivo. Conforme indicamos, estes são efeitos muito grandes sobre a função cognitiva. Em termos de classificação de QI padrão, eles podem levá-lo da inteligência "normal" para "superior", ou de "normal" para "burro", ou mesmo "deficiente limítrofe". Não apenas a taxa da largura de banda é grande como o fato de a encontrarmos em dois contextos muito diferentes é uma forte confirmação. Os pobres da Índia rural são bem diferentes dos consumidores de baixa renda do shopping de Nova Jersey, mas eles exibem taxas de largura de banda bastante semelhantes. Portanto, é razoável esperar que essa taxa exerça um papel tão grande na vida dos pobres de todos os lugares.

A taxa da largura de banda é uma explicação atraente porque responde por diversos fenômenos. As explicações sobre o fracasso dos pobres em geral são parciais. Talvez os agricultores não retirem as ervas daninhas por motivos culturais; talvez os diabéticos não tomem os remédios devido aos efeitos colaterais; talvez simplesmente falte conhecimento aos pais pobres. Essas explicações estão espalhadas porque as circunstâncias dos pobres são muito diferentes. O que as pessoas não sabem em Trenton podem saber em Nairóbi. E o que é uma norma em Nairóbi pode não ser nas

Filipinas rurais. Em contrapartida, um mecanismo único e fundamental, a largura de banda, pode dar sentido a essa série de fatos empíricos diversos em diferentes comportamentos, tempos e lugares. As circunstâncias específicas também importam para a compreensão da vida dos pobres, mas a largura de banda tem importância fundamental e se aplica a todos eles.

Entender o papel da largura de banda também nos ajuda a entender as circunstâncias específicas dos pobres. Doenças, barulho e subnutrição já não são apenas fontes de sofrimento, mas também formas adicionais de taxação da largura de banda. Considere a ideia de que faltam aos pobres certas habilidades básicas. Em vez de ver isso como um fato estabelecido, podemos considerar que a taxa da largura de banda pode ser um motivo para esse déficit de habilidades. Qualquer forma de aquisição de conhecimento, seja aprender habilidades sociais ou desenvolver bons hábitos de consumo, exige largura de banda. Se falta largura de banda aos pobres, eles estão em desvantagem na aquisição de habilidades úteis.

Tudo isso propõe uma nova ótica por meio da qual podemos entender a pobreza. Precisamos olhar os dados já coletados — sobre adesão a remédios, extração de ervas daninhas, cuidados parentais e outros comportamentos — com uma lente cognitiva, informados por considerações sobre a escassez. Em vez de comportamentos isolados, cada um deles exigindo sua própria explicação, esses comportamentos devem ser vistos como consequências previsíveis de uma largura de banda sobretaxada. Essa perspectiva também sugere um novo foco para coletar dados. Quando estudamos a pobreza, tendemos a focar nas condições materiais, mas também devemos olhar as condições psicológicas, a largura de banda. Assim, enigmas existentes podem ser tornar menos enigmáticos. Para entender os pobres, precisamos reconhecer que eles focam, entram no túnel e cometem erros; que lhes falta não apenas dinheiro, mas também largura de banda.

Parte 3

Um design para a escassez

8. Melhorando a vida dos pobres

Durante a Segunda Guerra Mundial, as forças armadas norte-americanas estavam preocupadas com a recorrência de acidentes operacionais: depois de aterrissar, os pilotos retraíam as rodas, em vez dos flapes. E, como você pode imaginar, retrair as rodas de um avião que está no chão não é uma boa ideia. Para resolver o problema, trouxeram um especialista. O tenente Alphonse Chapanis era formado em psicologia, perfeitamente preparado para entrar na cabeça desses pilotos. Por que eles eram tão descuidados? Estavam muito cansados? Estavam relaxando rápido demais, achando que podiam "se soltar" depois de uma missão estressante? Seria um problema de treinamento?

Logo surgiu uma pista: o problema estava limitado aos pilotos de bombardeiros, aqueles que voavam em B-17s e B-25s. Os pilotos de transporte não cometiam esse erro. Essa pista ajudou Chapanis a se libertar das próprias preconcepções. Ele decidiu não olhar dentro da cabeça dos pilotos, mas sim dentro das cabines. Nesses bombardeiros, os controles da roda e dos flapes ficavam lado a lado e eram quase idênticos. Já os aviões de transporte tinham controles bem diferentes. O que diferenciava os pilotos de bombardeiros dos pilotos de transporte eram as cabines. O tipo de cabine tornava muito fácil cometer o erro.

Essa experiência transformou o modo como as cabines eram projetadas. Chapanis e outros perceberam que muitos erros de pilotos eram na verdade erros da cabine. Até então, o foco estivera no treinamento de quem pilotava e em assegurar que estes se mantivessem alertas, na produção de "pilotos excelentes" que cometessem poucos erros. Mas as conclusões de Chapanis mudaram isso. É claro que os pilotos precisavam ser treinados; é claro que você precisa escolher os melhores. Mas, independente de quanto você os treina bem ou os escolhe, eles cometerão erros, ainda mais quando postos em contextos que os confundam.

Os erros são inevitáveis, mas não os acidentes. Um bom design de cabine não deve facilitar erros e, o que é mais importante, deve prevenir que os erros se tornem tragédias. Chapanis resolveu o problema dos bombardeiros pondo uma pequena roda de borracha na extremidade da alavanca do mecanismo de aterrissagem, para que os pilotos pudessem saber em qual estavam tocando. Uma boa cabine oferece retorno caso alguém *possa* cometer um erro. Um alarme de baixa altitude ao lado do altímetro ajuda a assegurar que a intenção de um piloto voando baixo seja mesmo voar baixo. Os aviões são muito mais seguros hoje em dia, e não apenas porque fabricamos asas ou motores melhores, mas porque passamos a lidar melhor com os erros humanos.

COMPORTAMENTO DOS POBRES

No começo, Chapanis estava bloqueado pelo comportamento dos pilotos. Muitos analistas também ficam bloqueados pelo comportamento dos pobres. Programas de treinamento para pessoas de baixa renda nos Estados Unidos, por exemplo, sofrem com absenteísmo, desistências e também porque o público-alvo não se matricula. Programas de microfinanciamento no mundo em desenvolvimento lamentam o fato de seus clientes não investirem o bastante em atividades de grande retorno: em vez disso, os empréstimos são usados para saldar outras dívidas, para "apagar incêndios" (como mensalidades escolares vencidas), ou simplesmente para comprar bens de consumo duráveis. E programas de vacinação sofrem quando as pessoas deixam de se apresentar para serem vacinadas. Como resultado, doenças debilitantes, mas evitáveis, ainda assolam grande parte do mundo em desenvolvimento.

Vimos isso em nosso próprio trabalho. Certa vez, atuamos como consultores de um programa de bem-estar social nos Estados Unidos que procurava ajudar homens e mulheres que recebiam assistência pública a encontrar trabalho. Um dos maiores desafios eram os próprios clientes. Apesar de serem sempre orientados a comparecer aos locais de trabalho com roupas profissionais, muitas vezes eles não se apresentavam com a roupa certa. Muitos tinham currículos precários, mal-formulados e com erros de digitação. Embora às vezes isso se devesse à falta de conhecimento ou de habilidade, muitas vezes se devia a uma incapacidade de dar continuidade, de agir conforme o planejado. Mesmo depois de receberem instruções, poucos aproveitavam os computadores disponibilizados para formular os currículos ou as sugestões para procurar roupas mais apropriadas. Quando as entrevistas finalmente eram marcadas, os clientes chegavam sem currículos e sem cuidados com a aparência. Em muitos casos, simplesmente não apareciam.

Mas é raro os criadores desses programas sociais adotarem a perspectiva de Chapanis. Em vez de olhar dentro da cabine, eles supõem que o problema está na pessoa. Supõem que o problema é falta de compreensão ou de motivação. Então, prosseguem com suas tentativas de educar ou aperfeiçoar os incentivos. Em países desenvolvidos, isso leva à discussão sobre uma "cultura da assistência social". A solução tem sido impor limite ao número de anos em que uma pessoa pode receber alguns auxílios governamentais durante a vida. Isso é orientado por algo simples: motivar os desempregados a procurar trabalho. Isso também levou a duras punições a programas assistenciais, e de vez em quando motiva autoridades públicas a deixar de fazer transferências simples — por exemplo, cobrando água limpa de pessoas, em vez de lhes dar de graça. De vez em quando, isso também tem levado a programas com fortes incentivos, como programas de transferência de dinheiro sob condições em que a quantidade de ajuda que alguém recebe depende de "bons" comportamentos variados.

Mas por que não olhar o design da cabine em vez de olhar o trabalho do piloto? Por que não olhar a estrutura dos programas em vez do fracasso dos clientes? Se aceitamos que os pilotos podem falhar e que as cabines precisam ser estruturadas de maneira inteligente para impedir aquelas falhas, por que não podemos fazer o mesmo com os pobres? Por que não criar programas estruturados para serem mais tolerantes a falhas?

Poderíamos fazer a mesma pergunta sobre programas de combate à pobreza. Considere os programas de treinamento, em que o absenteísmo é comum e os índices de desistência são elevados. O que acontece quando, sobrecarregado e esgotado, um cliente deixa de ir à aula? O que acontece quando a cabeça dele não está na sala de aula? A aula seguinte se torna muito mais difícil. Perca mais uma ou duas aulas e a desistência se torna um resultado natural, talvez até a melhor opção, uma vez que ele de fato já não entende grande parte do que é discutido em sala. Um currículo rígido, com cada aula se desenvolvendo a partir da anterior, não é um ambiente indulgente para estudantes cujas larguras de banda estão sobrecarregadas. Se perder uma aula aqui e ali, nosso estudante inicia uma descida degringolada da qual provavelmente não vai se recuperar. A elaboração dos programas presume que, se as pessoas estiverem motivadas o bastante, não cometerão erros. Aqueles que não se importam em chegar à aula na hora, diz o argumento implícito, não devem se preocupar: eles não "merecem" o treinamento.

Mas a psicologia da escassez indica que erros como esse são muito comuns, talvez até inevitáveis, não importa o quanto a pessoa esteja motivada. Imagine que você chega em casa depois de um dia de trabalho, preocupado em saber como conseguirá dinheiro para pagar o aluguel do mês, cobrir todas as contas e pagar a festa de aniversário de sua filha. Você não tem dormido bem. Semanas atrás, matriculou-se em um programa de treinamento em informática que um dia poderia ajudá-lo a conseguir um emprego melhor. Mas esta noite os benefícios desse treinamento são abstratos e distantes. Você está exausto e oprimido por coisas mais imediatas, e sabe que, mesmo se for à aula, não absorverá coisa alguma. Agora avance algumas semanas. A essa altura, você já perdeu outra aula. E, quando comparece, entende menos do que antes. Por fim, você decide que é coisa demais para este momento: vai abandonar o programa e se matricular de novo em outro momento, quando sua vida financeira estiver mais estável. O programa que tentou cumprir não foi concebido para tolerar faltas. Serviu para magnificar seus erros, o que era previsível, e basicamente o empurrou porta afora.

Mas não precisava ser assim. Em vez de insistir em não cometer erro algum ou em uma mudança de comportamento, você pode criar um novo design para a cabine. O programa pode ser alterado, por exemplo, de modo a haver módulos planejados para ter início em momentos diferentes e prosseguir em paralelo. Você perdeu uma aula e ficou para trás? Vá para a aula paralela, que está uma semana ou duas "atrás" da sua. Perca um módulo e poderá voltar aos trilhos na próxima rodada. É claro que você vai demorar um pouco mais para concluir, mas pelo menos chegará lá. Os atuais programas de treinamento são elaborados sem levar os erros em conta, como se não esperassem ou não permitissem que os participantes falhassem. Mas os pobres — mesmo, ou talvez principalmente, quando estão desempregados — estão passando por muitas coisas. E grande parte deles não se encaixa muito bem em uma vida de estudante. Faltar a uma aula de um programa de treinamento quando se está lidando com a escassez não é o mesmo que matar aula na escola de ensino fundamental. Aulas lineares que não permitem faltas podem funcionar bem para quem é estudante em tempo integral; mas não fazem sentido para o pobre malabarista.

É importante enfatizar que a tolerância a faltas não é um substituto da responsabilidade pessoal. Pelo contrário: a tolerância a faltas é uma maneira de assegurar que, quando as assumem, os pobres possam melhorar, como muitos o fazem. A tolerância a faltas permite que as oportunidades recebidas pelas pessoas correspondam ao esforço que elas fazem e às circunstâncias que enfrentam. Não remove a necessidade de trabalhar duro; em vez disso, permite que o trabalho duro tenha retornos melhores para quem está disposto ao desafio, assim como as alavancas aprimoradas na cabine permitem ao piloto dedicado desempenhar seu papel com sucesso. É uma maneira de assegurar que pequenos deslizes — uma consequência inevitável da taxa da largura de banda — não comprometam um trabalho duro.

INCENTIVOS INEFICIENTES

Lembra-se dos limites para o pagamento de auxílio-desemprego ao longo da vida, que discutimos anteriormente? Baseavam-se na crença de que a atitude de entrar e sair da assistência social era decorrente de uma falta de motivação por parte dos pobres. As pessoas entravam e saíam do sistema, dizia-se, porque este facilitava demais não trabalhar. Para consertar isso, nos Estados Unidos foi imposto um limite durante a vida para o programa de assistência social básico (agora rebatizado de Assistência Temporária para Famílias Necessitadas). A pessoa só pode ficar no programa durante um total de cinco anos.

Um limite ao longo da vida pode não ser uma tolice. Os limites criam escassez, diz a lógica, o que pode levar a uma melhor administração do "uso" de recursos. Isso é praticamente fundamentado na psicologia da escassez. Mas está furado. Vimos que os prazos funcionam quando estão pressionando, no topo da mente. Um limite de longo prazo, como um fim distante, só passa a pressionar quando se aproxima, perto do fim. Para aqueles que estão fazendo malabarismo e dentro do túnel, o limite, a anos de distância, ficará fora do túnel até estar bem próximo. Até se tornar uma ameaça premente, o limite será negligenciado e raramente passará pela cabeça da pessoa. E então será tarde demais. É quase certo que esta não era a intenção daqueles que elaboraram o plano — anos negligenciando o prazo, seguidos do pânico no último minuto e, por fim, deixar de receber mais ajuda. De certo modo, este é o pior de todos os arranjos possíveis: penaliza mas não motiva.

Os limites podem se tornar mais eficientes depois de entendermos o que é estar no túnel. Para um limite afetar o comportamento, ele precisa entrar no túnel. Uma maneira de fazer isso seria enviar um forte lembrete sobre os meses que restam. Chamando a atenção para o limite, podemos tentar forçar esse problema distante a entrar no túnel. Outra maneira é mudar a estrutura do limite. Vimos que prazos intermediários frequentes têm impacto maior do que um único prazo distante. Portanto, uma solução melhor seria criar limites menores, porém mais frequentes. (Talvez, em vez de muitos anos ao longo da vida, muitos meses em um determinado período de anos.) E tornar as consequências por ultrapassar o limite menores, mas imediatas, fáceis de detectar e de sobreviver a elas — talvez uma redução do pagamento, em vez de cortar totalmente o auxílio.

Existe uma lição geral aqui sobre como estruturar (e como não estruturar) os incentivos. É improvável que aqueles que caiam fora do túnel funcionem. Imagine que você está tentando incentivar a vacinação de crianças cujos pais estão com dificuldades para pagar as despesas *do* mês. O que é mais atraente para eles: um pagamento daqui a um mês ou dois ou um pagamento agora? Em um estudo na região rural de Rajasthan, na Índia, um simples quilo de lentilhas provou ser particularmente eficiente para fazer as pessoas se apresentarem para vacinação. Recompensas e penalidades em um futuro distante são menos eficientes para quem está no túnel. Um forte subsídio a um programa de poupança pago em alguns anos é bom, mas torna essa poupança um assunto "importante, mas não urgente", que cai fora do túnel e pode ser negligenciado indefinidamente. No caso de um incentivo ao trabalho, as pessoas precisam vê-lo. E, em sua maioria, os incentivos, a não ser que sejam bem-elaborados, correm o risco de cair fora do túnel, o que os torna invisíveis e ineficientes.

A LARGURA DE BANDA TEM UM PREÇO

As transferências condicionais de renda são uma maneira cada vez mais popular de transferir dinheiro para os pobres: a quantia que uma pessoa recebe depende dos bons comportamentos que ela demonstra. Estudos mostram que esses programas funcionam; os clientes respondem a incentivos de dinheiro. Mas este é apenas um lado da moeda. O outro é que muitos clientes potenciais não respondem. Aqui, de novo, os incentivos costumam estar fora do túnel; os pagamentos são feitos no futuro, e os comportamentos desejados não são o que cai dentro do túnel agora. Mas isso levanta outra questão: mesmo que focássemos nesses incentivos, será que deveríamos fazer isso? Cada incentivo a mais taxa a largura de banda. Para capitalizar sobre o pagamento de um bônus para um check-up médico de uma criança, o pai ou a mãe precisa firmar o compromisso, lembrar de mantê-lo, encontrar tempo para ir e voltar e obrigar a criança a ir (nenhuma criança gosta de médico!). Cada um desses passos exige alguma largura de banda. E este é apenas um comportamento. Programas de transferência condicional de renda tentam incentivar dezenas, se não centenas, desses bons comportamentos. Entender esses incentivos e fazer as escolhas necessárias — decidir os que valem a pena para você e os que não valem, e quando — exigem largura de banda.

Nunca perguntamos: é assim que queremos que as pessoas pobres usem sua largura de banda? Nunca consideramos esse custo ao decidir quais comportamentos vale mais a pena promover. Quando elaboramos programas para os pobres, reconhecemos que eles têm pouco dinheiro, portanto temos o cuidado de considerar isso. Mas não pensamos na largura de banda como escassa também. Em nenhuma situação isso é mais claro do que em nosso impulso para educar. Nossa primeira resposta a muitos problemas é ensinar às pessoas as habilidades que lhes faltam. Diante de problemas de cuidados parentais, damos programas sobre habilidades parentais. Diante de erros financeiros, empréstimos em excesso e com taxas altas demais, propiciamos aulas de educação financeira. Diante de funcionários sem habilidades sociais, oferecemos aulas de "soft skills"*. Tratamos a educação como se esta fosse a solução menos invasiva, uma mercadoria não adulterada. Mas com uma largura de banda limitada, isso simplesmente não é verdade. Embora a educação sem dúvida seja algo bom, nós a tratamos como

---

*Termo sociológico que se refere à inteligência emocional. (N. do T.)

se ela viesse sem qualquer etiqueta de preço para os pobres. Mas na verdade a largura de banda tem um custo alto: ou a pessoa não foca, e nosso esforço é em vão, ou ela foca, mas então há uma taxa da largura de banda a ser paga. Quando a pessoa foca de verdade no treinamento ou nos incentivos, em que ela *não* está focando? Será que aquela aula adicional vale mesmo o pouco tempo valioso que ela conseguiria passar lendo ou na companhia dos filhos? Existem custos ocultos quando se taxa a largura de banda.

E mesmo quando decidimos que educar é a coisa certa, pode haver maneiras de fazer isso e ainda economizar na largura de banda, conforme ilustrado em um estudo da economista Antoinette Schoar e colaboradores. Eles trabalharam com uma instituição de microfinanciamentos na República Dominicana chamada Adopem, cujos clientes dirigiam pequenas empresas — lojas de variedades, salões de beleza, serviços de alimentação — geralmente sem funcionários. A Adopem achava que seus clientes estavam cometendo erros em seus livros de contabilidade e que geralmente não entendiam de finanças tão bem quanto deveriam. A solução parecia simples: aulas de alfabetização financeira. Portanto, Schoar procurou um módulo de treinamento padrão para alfabetização financeira, aquele tipicamente oferecido a microempresários no mundo inteiro. Sua reação ao ver o material: "Nossa, que tédio!" (E ela é professora de finanças no MIT.) O curso durava várias semanas e focava em técnicas de contabilidade tradicionais, ensinando a manter registros diários sobre dinheiro e despesas, administração de estoques, contas a receber e a pagar e cálculos de lucros e investimentos.

Em um mundo de largura de banda ilimitada, valeria a pena saber tudo isso. Mas no mundo real, Schoar achou que podia fazer mais por seus clientes. Ela reuniu um grupo com os melhores empresários locais para examinar como eles administravam suas finanças. Eles também não estavam por dentro da contabilidade complexa, mas faziam o que os empresários menos bem-sucedidos deixavam de fazer: seguiam as boas práticas gerais. Por exemplo, vários deles punham o dinheiro de seus negócios em um registro e pagavam a si próprios um salário fixo. Isso os impedia de misturar o dinheiro de casa com o dinheiro dos negócios, o que dificultaria determinar o quanto estavam gastando em casa em relação a quanto os negócios estavam faturando. (Algumas mulheres guardavam um maço de dinheiro no bojo esquerdo do sutiã e outro no bojo direito.) Isso não era bem manter um livro de registros contábeis com duas entradas, mas era simples e eficiente. Economizava na largura de banda e preservava a maioria dos benefícios.

Schoar reuniu as principais boas práticas gerais e elaborou uma aula de "educação financeira" diferente, baseada nessas práticas. Sua aula foi mais curta e muito mais fácil de entender. Utilizou muito menos a largura de banda, e isso apareceu nos dados. O comparecimento foi muito maior e, ao fim da aula sobre boas práticas, os clientes estavam empolgados e pedindo mais; muitos até disseram que *pagariam por outra aula*. Em geral, é preciso induzir as pessoas a voltar a uma aula de educação financeira.

A largura de banda reduzida também tornou a aula mais fácil de ser absorvida e mais eficiente. Em pesquisas posteriores, os estudantes tinham mais tendência a implementar as boas práticas do que os complexos conceitos de contabilidade. E isso apareceu no resultado financeiro. Os faturamentos, as vendas nos negócios, aumentaram para os diplomados em boas práticas, sobretudo em semanas ruins, quando as práticas aprimoradas podem ser mais importantes: eles tiveram faturamentos 25% maiores nesses períodos. Em contrapartida, o treinamento tradicional em alfabetização financeira não teve impacto algum. A lição é clara: economizar na largura de banda pode produzir retornos mais elevados.

Quer seja nas escolhas que as pessoas são levadas a fazer, no modo como a educação é estruturada, nos incentivos criados ou na maneira como lidamos com o fracasso, compreender a psicologia da escassez pode alterar dramaticamente o modo como os programas sociais são elaborados. É claro que nada disso oferece uma munição mágica para eliminar a pobreza. Os problemas são profundos. No entanto, uma consciência sobre a psicologia da escassez e seus desafios comportamentais podem, de algum modo, levar a uma melhoria nos retornos modestos das intervenções contra a pobreza.

A LARGURA DE BANDA PODE SER CONSTRUÍDA

Você é uma mãe solteira ocupada, com dois empregos. Além do malabarismo financeiro sobre o qual já falamos, precisa também equilibrar a creche de seus filhos, que é cara. Você conhece um programa que oferece um grande subsídio, mas que aceita apenas um de seus filhos e fecha cedo demais para que possa ajudá-la no segundo emprego. Então você usa uma miscelânea de soluções. Consegue que o filho mais novo fique com a bisavó. Precisa também conseguir transporte para uma criança ir da escola para a casa da bisavó e para a outra ir da creche para lá. E, como trabalha no setor de serviços, suas necessidades de assistência às crianças dependem das horas que a supervisora de sua equipe lhe dá. Ela é gentil e tenta ajudar, mas há uma volatilidade inevitável.

Agora imagine que nós lhe oferecemos um programa de creche com um grande subsídio. O que exatamente você vai ganhar com isso? Decerto estaremos poupando seu tempo de levar e trazer as crianças. Podemos também poupar seu dinheiro, seja explicitamente (o programa é mais barato que o anterior) ou implicitamente (se consideramos o tempo da bisavó das crianças). Mas nós lhe daríamos outra coisa, ainda mais preciosa. Algo que você poderia gastar em muitas coisas. Nós lhe daríamos de volta toda aquela largura de banda mental que você usa para se queixar, se preocupar e fazer malabarismo com essas conciliações. Estaríamos tirando uma carga cognitiva. Como vimos, isso lhe ajudaria, de maneira mais ampla, no controle executivo, no autocontrole e até mesmo nos cuidados maternais. Aumentaria sua capacidade cognitiva geral, sua capacidade de focar, a qualidade de seu trabalho, ou o que mais você escolhesse para dedicar sua mente. Dessa perspectiva, ajudar na assistência infantil é muito mais do que isso. É uma maneira de construir capital humano do tipo mais profundo: cria largura de banda.

Em geral, quando avaliam esse programa de assistência infantil, os especialistas olham resultados estreitos: A mãe pôde trabalhar mais horas? Atrasou-se menos? Esta, porém, pode ser uma perspectiva estreita demais. O que o programa produz é liberdade para a cabeça, largura de banda maior, e não algo fácil de mensurar. Se o programa é bem-sucedido, seus benefícios devem aparecer em muitos contextos. Considerando que as demais condições são normais, uma pessoa deve ser capaz de olhar diretamente e ver o impacto mental do programa. A memória funcional melhora? O controle de impulsos e o autocontrole melhoram? Parte de nosso pessimismo em relação a programas existentes pode advir da incapacidade de avaliar e, portanto, de medir esse impacto. Se olhamos de maneira estreita demais para esse programa de assistência infantil, deixamos de ver muitos de seus benefícios mais amplos. Se olhamos em conjunto, uma intervenção bem-sucedida pode produzir muito mais do que um retorno modesto. Mas se não olhamos onde as necessidades mais profundas estão e onde os benefícios são obtidos, estamos fadados a subestimar seu impacto.

Existem, além da assistência infantil, muitos exemplos no mundo de como a largura de banda pode ser construída. O primeiro deles vem das finanças. Lembre-se de que grande parte do malabarismo entre os pobres provém de apagar incêndios diários. Se pudermos ajudar essas pessoas, criaremos uma nova largura de banda. O que é inerente a esses incêndios é que eles são graves, existe uma necessidade imediata de dinheiro. Essa necessidade não é de grandes investimentos; é de pequenas quantias — para comprar um uniforme escolar, por exemplo. Explicando de maneira diferente, o que os pobres mais querem o agiota pode oferecer com facilidade: uma pequena quantia de dinheiro, providenciada depressa — e devolvida depressa — para ajudá-los em uma necessidade urgente. Em vez disso, o tipo de ajuda financeira oferecido aos pobres costuma ser construído sobre o princípio oposto: quantias de dinheiro, de modestas a grandes, fornecidas de maneira prudente e lenta. Esses empréstimos podem ser úteis para investimentos. Mas se as pessoas estão ocupadas apagando incêndios, não terão largura de banda para investimentos.

Seria alguma surpresa, então, que, apesar da presença de instituições de microfinanciamentos respeitáveis, as pessoas ainda prefiram recorrer a agiotas? Na Índia, testamos um pequeno empréstimo de curto prazo oferecido pela KGFS, uma instituição financeira de serviço completo que serve aos pobres rurais. E ficamos impressionados com a grande demanda de empréstimos de valor médio inferior a US$10. O produto não ajuda a construir riquezas; não transforma as pessoas em empreendedores. Superficialmente, este não parece ser o tipo de quantia capaz de transformar uma vida. Mas pode fazer exatamente isso. A armadilha da escassez começa com o combate ao incêndio e a entrada no túnel, fazendo coisas com custos tremendos espreitando fora do túnel. Mude isso e podemos mudar a própria lógica da pobreza.

Também podemos voltar à fonte. Os fluxos de renda muitas vezes são irregulares e inconstantes no mundo em desenvolvimento, porque faltam aos trabalhadores empregos formais, estáveis. Mesmo em países desenvolvidos, muitos indivíduos de baixa renda enfrentam volatilidade em rendimentos e ganhos. Conforme vimos, a volatilidade no rendimento é uma importante fonte da futura necessidade de fazer malabarismo. Por que não tentar mitigar isso? Um foco maior na criação de empregos confiáveis e rendas estáveis para os pobres no mundo poderia ser psicologicamente transformador.

Mas podemos ir mais longe. Tendemos a focar em grandes choques, como emergências médicas ou seguros contra chuvas. Essas coisas com certeza são importantes. Mas quando alguém está fazendo malabarismo, pequenos choques podem ter efeitos igualmente grandes. Para um fazendeiro pobre, uma vaca doente pode reduzir sua renda diária o suficiente para fazê-lo cair na armadilha da escassez. Devemos, portanto, procurar oferecer aos pobres seguros contra esses choques aparentemente "pequenos". Nos Estados Unidos, algo tão simples quanto horas de trabalho incoerentes (esta semana você trabalha cinquenta horas, mas na semana que vem, apenas trinta) pode causar malabarismo e perpetuar a escassez. Uma solução seria criar o equivalente a um seguro-desemprego contra essas flutuações nas horas de trabalho, que, para os pobres, podem ser ainda mais perniciosas do que a perda de um emprego.

Vimos que a maioria dos sustos decorrentes do malabarismo, e que induzem a entrar no túnel, é, em geral, bastante previsível. Por um lado, a necessidade repentina de dinheiro para comprar fertilizante é um susto. Por outro lado, é algo inteiramente previsível. Acontece todo ano, mas quando você está ocupado fazendo malabarismo, não vê o problema se aproximando. Isso indica o grande valor potencial de encontrar maneiras de amortecer esses sustos. Uma das maneiras é criar produtos financeiros que ajudem os pobres a construir uma folga de poupança. Poderíamos fazer isso utilizando algumas das técnicas de administração de escassez que já discutimos. Podemos, por exemplo, usar o túnel em nosso benefício. Oferecer empréstimos com taxas altas para lidar com incêndios que estão acontecendo. Esses empréstimos serão atraentes no túnel, e podemos usar as taxas altas para criar uma conta-poupança.

Melhor ainda, criar produtos que previnam o combate a incêndios. Vimos que as armadilhas da escassez e o malabarismo costumam ser decorrentes de uma administração frouxa em tempos de relativa abundância. Então por que não ajudar? Criar um produto financeiro que pegue o pagamento de um agricultor pela colheita e o harmonize, gerando uma renda mensal. Este é apenas um exemplo. Em termos mais gerais, gastamos recursos enormes no planejamento financeiro da aposentadoria. Ajudar os pobres a escapar de uma vida de contínuos malabarismos e combates a incêndios poderia ser igualmente transformador.

Tudo isso reflete uma perspectiva mais profunda e, de certa forma, diferente da pobreza. O foco está não apenas nos recursos ou rendimentos escassos dos pobres, mas naquele outro recurso menos palpável, porém igualmente crítico: a largura de banda. Considerações sobre a largura de banda sugerem que algo tão simples quanto dar dinheiro *no momento certo* pode gerar grandes benefícios. Dar US$100 a alguém, quando feito de maneira correta, pode servir para comprar paz de espírito. E a paz de espírito permite à pessoa fazer muito mais coisas bem e evitar erros custosos. Um programa de transferência de dinheiro no Malauí mostrou uma redução de 40% na angústia psicológica de participantes de baixa renda. Entender como proporcionar transferências no momento certo e medir esses impactos mais amplos são outras maneiras de se aproximar de políticas sensíveis à largura de banda.

Tudo isso é uma reconceituação radical da política para a pobreza. Força-nos a reconhecer as muitas maneiras pelas quais comportamentos diferentes estão ligados. Entendemos que os pagamentos de aluguel, comida e escola fazem parte do orçamento de uma casa. Mas em vez de olhar para a educação, a saúde, as finanças e a assistência infantil como problemas separados, precisamos reconhecer que tudo isso faz parte da capacidade da largura de banda de uma pessoa. E, assim como uma taxa financeira pode causar um estrago no orçamento de alguém, uma taxa da largura de banda pode criar um fracasso em qualquer um dos vários campos dos quais uma pessoa precisa cuidar. Da mesma forma, consertar alguns desses gargalos pode ter grandes consequências. A assistência infantil propicia mais do que assistência infantil, e o produto financeiro certo faz muito mais do que apenas criar poupanças para alguma necessidade futura. Cada uma dessas coisas pode liberar largura de banda, estimular o QI, fortalecer o autocontrole, aumentar a clareza de raciocínio e até melhorar o sono. Improvável? Os dados sugerem que não.

UM PROBLEMA PERSISTENTE

O combate à pobreza tem sido uma luta morro acima. Programas e mais programas têm sido malsucedidos ou, na melhor das hipóteses, tido um sucesso modesto. As redes de segurança social tendem a ser pegajosas. Nos Estados Unidos, quando uma pessoa cai na rede de segurança social, está fadada a cair muitas outras vezes. E os programas de treinamento parecem ser apenas moderadamente eficientes. Pesquisadores que tentam estimar o impacto desses programas verificam alguns benefícios: eles valem o investimento, mas não são capazes de alterar o curso da pobreza. Mudar de bairro também só ajuda um pouco. Uma experiência nos Estados Unidos mudou milhares de famílias de bairros de baixa renda para bairros de renda mais elevada e verificou impactos modestos, sobretudo no estresse e na qualidade de vida, mas os padrões subjacentes da pobreza não mudaram.

Em escola internacional, os resultados são parecidos. Os microfinanciamentos — pequenos empréstimos para ajudar a abrir pequenos negócios — têm sido elogiados como altamente transformadores. Embora o impacto de um microfinanciamento seja provavelmente positivo, vários estudos sugerem agora que é improvável que ele mude a lógica fundamental da pobreza. Programas de alimentação mostram algum impacto sobre o aprendizado de crianças. A educação tem um retorno robusto, mas bem limitado. Há anos, organizações sem fim lucrativo tentam fornecer uma variedade de pacotes holísticos para tratar de várias necessidades dos pobres. Com certeza estão fazendo um bom trabalho. Mas também observam apenas retornos modestos.

Isso não tem a intenção de ser uma crítica a programas atuais. A pobreza é um problema difícil. Mesmo retornos modestos podem contribuir para que os investimentos sociais valham a pena. Isso é, porém, uma sugestão de como poderíamos fazer melhor. Quando nos deparamos com programas que têm um sucesso limitado, podemos ficar tentados a deduzir que eles proporcionam algo que as pessoas não querem ou não consideram importante. Mas talvez o problema não seja o que esses programas estão tentando proporcionar, e sim o que é de fato proporcionado. Assim como as cabines dos bombardeiros da Segunda Guerra Mundial, esses programas poderiam obter mais sucesso se tivessem um design melhor. E um design melhor terá de incorporar insights fundamentais sobre foco e largura de banda que surgem da psicologia da escassez.

9. Administrando a escassez em organizações

O St. John's Regional Health Center, um hospital de cuidados agudos no Missouri, tinha um problema com as salas de operação. Cerca de 30 mil procedimentos cirúrgicos eram realizados anualmente em 32 salas de operação, e programar os horários das salas estava sendo difícil; estavam sempre totalmente ocupadas. Em 2002, elas estavam sendo utilizadas em 100% de sua capacidade. Então, quando surgiam casos de emergência — e estes costumavam representar 20% do total — o hospital era obrigado a reprogramar cirurgias marcadas com bastante antecedência. "Como resultado, os funcionários do hospital faziam operações às vezes às 2 horas da manhã, médicos com frequência esperavam muito tempo para realizar procedimentos de duas horas e era comum membros da equipe trabalharem horas extras", de acordo com um estudo que resumiu os eventos notáveis ocorridos em seguida.

Este era um caso clássico de escassez: mais cirurgias do que salas de operação. O St. John's estava preso em uma armadilha da escassez. O hospital estava constantemente atrasado e, portanto, tinha de remanejar cirurgias, debatia-se com regulamentos para sono e trabalho e se tornava menos eficiente. Reorganizar-se em circunstâncias como essas pode ser custoso. E, pelo menos no curto prazo, esses esforços podem exacerbar a escassez, porque uma parte do orçamento já insuficiente é "desperdiçada" na reorganização. O hospital era como uma pessoa assoberbada que acha que as tarefas demoram demais, em parte porque está ocupada e não consegue imaginar assumir a tarefa adicional, e que consome mais tempo, de dar um passo atrás e se reorganizar.

Mas o St. John's precisava descobrir o que fazer. A administração do hospital chamou um consultor do Institute for Healthcare Improvement que estudou o problema analiticamente, com o luxo de não ter de entrar no túnel das pressões diárias do hospital. Ele apresentou uma solução um tanto surpreendente: deixar uma sala desocupada. O Dr. Kenneth Larson, um cirurgião-geral e de traumas do St. John's, respondeu como você poderia esperar: "Já estamos ocupados demais e querem tirar uma coisa de nós. Isso é loucura", ele se lembrou de ter pensado.

Mas havia uma lógica profunda nessa recomendação, uma lógica instrutiva para a administração da escassez. Superficialmente, o que faltava ao St. John's eram salas de operação. Nenhum remanejamento resolveria esse problema. Mas se você olhasse mais fundo, a falta era de um tipo ligeiramente diferente. As cirurgias eram de dois tipos: planejadas e não planejadas. Naquele momento, as cirurgias planejadas ocupavam todas as salas. As cirurgias não planejadas, quando surgiam (e elas surgiam!) exigiam uma reorganização dos horários. Ter de transferir uma cirurgia planejada para acomodar outra de emergência tinha um custo. Em parte esse custo era financeiro — horas extras — e em parte podia ser médico — mais erros. Mas outra parte era um custo na eficiência. Ter pessoas trabalhando inesperadamente até tarde é menos eficiente. Elas são menos competentes em suas tarefas e as cirurgias demoram mais.

Sem o remanejamento imposto pelas emergências, com todo mundo trabalhando as horas programadas e dedicando-se menos tempo, havia salas de operação suficientes para lidar com todos os casos. A escassez nas salas não era realmente uma falta de espaço para cirurgias; era uma incapacidade de acomodar as emergências. Existe aqui uma analogia próxima dos pobres endividados, cujo dinheiro poderia muitas vezes ser suficiente para viver um pouco melhor se fosse gasto de maneira mais harmônica e sem sustos. Mas grande parte desse dinheiro é usada para pagar dívidas. Não é só o orçamento apertado. É que boa parte do dinheiro é usada para financiar a necessidade de se recuperar. No caso do St. John's, não é que o hospital fosse "pobre" demais em salas de operação. É que, quando as emergências chegavam, o espaço apertado tinha de acomodá-las e depois alcançar o passo de novo.

"Todo mundo supunha que, como o fluxo de cirurgias não programadas não podia ser previsto, reservar uma sala de operações apenas como 'suplemento' seria uma utilização bastante ineficiente do espaço", disse Christy Dempsey, vice-presidente do Emergency Trauma Center, que liderou a iniciativa. O termo cirurgia "não planejada" ou "inesperada" se revela um pouco enganador: indica que essas cirurgias de emergência são imprevisíveis. É claro que, embora não se saiba antecipadamente sobre cada cirurgia, o fato de que elas ocorrerão é bastante previsível, mais ou menos como os sustos que atingem os pobres ou os ocupados. Existe sempre um fluxo constante de casos "inesperados". Por que não reservar uma sala de operações para ser usada apenas para os casos não programados? Assim, todas as outras salas de operações poderiam ficar bem cheias e continuar livres de surpresas, e todas as cirurgias não planejadas iriam para uma sala especialmente designada.

Isso funcionou. Depois que uma sala de operação foi destinada exclusivamente a cirurgias de emergência, o hospital conseguiu acomodar 5,1% a mais de casos cirúrgicos. O número de cirurgias realizadas depois das 15 horas teve uma queda de 45% e a receita aumentou. Foi necessário apenas um mês de teste para que o hospital fizesse a mudança em caráter permanente. Nos dois anos seguintes, o hospital teve um aumento de 7% a 11% no volume de cirurgias por ano.

Na verdade, depois que o hospital começou a valorizar os benefícios da mudança, outros insights se seguiram. Os cirurgiões tendiam a marcar as cirurgias para o início da semana, de modo a assegurar que as visitas pós-operatórias não caíssem no fim de semana, prática que levava a uma distribuição desigual de cirurgias eletivas. Esse desequilíbrio se tornou claro quando não havia cirurgias de emergência para escondê-lo. Logo, o St. John's começou a marcar cirurgias eletivas de maneira uniforme ao longo de toda a semana, e houve uma melhoria ainda maior.

FOLGA SUBESTIMADA

O caso do St. John's ilustra algo fundamental para a armadilha da escassez. A falta de salas que o hospital vivenciava era realmente uma falta de folga. Muitos sistemas precisam de uma folga para funcionar bem. Os antigos gravadores com fita de bobina precisavam de um pedaço a mais de fita no mecanismo para assegurar que ela não rasgasse. Seu moedor de café não funcionará se você enchê-lo demais. As rodovias operam melhor abaixo de 70% de sua capacidade; os engarrafamentos são causados por falta de folga. Em princípio, se uma estrada está 85% cheia e todo mundo segue na mesma velocidade, todos os carros podem se encaixar facilmente com espaço entre eles. Mas se um motorista aumenta um pouquinho a velocidade e, depois, é obrigado a frear, aqueles que estão atrás dele precisarão frear também. Agora eles reduziram demais a velocidade e, pelo que se vê, é mais fácil reduzir a velocidade de um carro do que aumentá-la de novo. Esse pequeno susto, alguém se desviando um pouco da velocidade correta e depois apertando o freio, torna o trânsito substancialmente mais lento. Mais alguns sustos e o trânsito para. Com 85% de sua capacidade, a estrada tem espaço, mas não folga suficiente para absorver pequenos sustos.

E ainda assim, mesmo aqueles que deveriam saber disso costumam menosprezar a folga.

Você tinha um assistente incrível, sempre pronto para cumprir muito bem e com alegria as tarefas que você precisava realizar em um prazo curto. Mas então um consultor da gerência descobriu que seu assistente dispunha de muito tempo livre. O departamento foi reorganizado e agora você divide o assistente com outras duas pessoas. Os dados sobre a utilização do tempo no escritório mostram que isso é muito mais eficiente; agora, a agenda do assistente está cheia e apertada como a sua. Mas seus pedidos de última hora e prazo curto já não podem ser atendidos imediatamente. Isso significa que, como sua agenda está cheia, até o menor dos sustos faz você se atrasar. E, com isso, começa a fazer malabarismo e fica cada vez mais atrasado. O assistente era uma fonte de folga importante. Ele permitia a você lidar com "emergências" quando todos os seus espaços regulares estavam ocupados. O próprio fato de que o assistente era "subutilizado", como aquela sala do St. John's, era o que o tornava valioso.

Um impulso padrão quando se tem muita coisa para fazer é arrumar as coisas bem apertado — tão apertado quanto possível — para que caiba tudo. E quando você não arruma tudo apertado, há uma sensação de que talvez não esteja fazendo o suficiente. Na verdade, quando especialistas em eficiência encontram trabalhadores com tempo "subutilizado", costumam fazer com que esses trabalhadores usem seu tempo "de maneira mais eficiente". Mas o resultado é que a folga será perdida. Quando você arruma apertado, ficar preso em um engarrafamento ocasional, o que para outras pessoas é apenas um pouco irritante, desarruma completamente sua programação. Você está atrasado para a reunião número um e, sem tempo, empurra para frente a reunião número dois, o que empurra para frente a obrigação número três. Por fim, você não tem escolha a não ser adiar uma das obrigações apertadas para o dia seguinte. Exceto, é claro, que a programação do dia seguinte também esteja "eficientemente" cheia, e o custo desse adiamento acabará sendo alto. Isso lhe parece familiar? Claro que sim. Você subvalorizou a folga. A menor falha impõe uma obrigação que você já não consegue cumprir, e um empréstimo feito no orçamento do dia seguinte terá juros altos.

Deixamos de criar folga porque focamos no que precisa ser feito no momento e não pensamos o suficiente em tudo que pode surgir no futuro. O presente está iminentemente claro, enquanto as contingências futuras são menos prementes e mais difíceis de imaginar. Quando o futuro intangível fica cara a cara com o presente palpável, a folga parece ser um luxo. Afinal de contas, ela é exatamente o que você acha que não tem o suficiente para guardar. Por que deveria? Será que deveria deixar espaços abertos em sua agenda, digamos, das 15 às 16 horas, segunda e quarta-feira, caso algo inesperado aconteça, apesar de haver tantas coisas que gostaria de fazer e para as quais tem tão pouco tempo? De fato, deveria. É isso que você faz quando reserva quarenta minutos para ir de carro a um lugar que fica a meia hora de distância, ou quando separa algum dinheiro do orçamento mensal da casa para alguma necessidade futura. Quando você enfrenta a escassez, a folga é uma necessidade. E mesmo assim, com frequência deixamos de nos planejar para isso. Em grande parte, é claro, porque a escassez dificulta isso.

FOLGA *VERSUS* GORDURA

Lidar mal com a folga não é só uma questão de indivíduos; aplica-se também a organizações. Nos anos 1970 e no início da década de 1980, havia uma percepção de que muitas corporações estavam "inchadas". Algumas indústrias estavam nadando tanto em dinheiro que os executivos gastavam de maneira descuidada. Eles pagavam caro demais por aquisições de imóveis e negócios. O dinheiro era tão mal gasto que algumas companhias de petróleo valiam menos do que o petróleo que possuíam; o mercado previa que elas simplesmente desperdiçariam seus bens. A onda de aquisições alavancadas nos anos 1980 foi uma tentativa de resolver esse problema. A lógica era simples: compre essas empresas e imponha pressão pondo-as em dívida. Mova-as da abundância para a escassez. A disciplina da dívida — em nossa linguagem, o foco advindo da escassez — melhoraria o desempenho. Os executivos começariam a prestar atenção, a gastar com mais prudência e a produzir lucros maiores.

De fato, uma série de estudos empíricos mostrou que, quaisquer que tenham sido suas outras consequências, as compras alavancadas melhoraram o desempenho corporativo. Um dos motivos é que a "gordura corporativa" exacerba o problema de incentivo dos administradores. Eles gastam mal porque estão gastando o dinheiro de outra pessoa. A gordura — que, efetivamente, é o dinheiro livre — é gasta em luxos que a administração aprecia, mas desnecessários sob a perspectiva dos acionistas. Aumentando a alavancagem e reduzindo a gordura, os administradores gastam de maneira mais inteligente.

A alavancagem também teve um efeito por causa da psicologia da escassez. As empresas se tornaram "enxutas e eficientes" em parte pelo mesmo motivo pelo qual os prazos produzem uma produtividade maior e pelo qual os trabalhadores de baixa renda sabem o preço dos táxis. Ser um administrador hipervigilante, que mantém os custos baixos, exige um bocado de esforço cognitivo. Você precisa negociar de forma diligente com os fornecedores e examinar cada item para decidir se uma despesa é necessária. É mais fácil conseguir esse tipo de foco em condição de escassez e mais difícil consegui-lo em condição de abundância. Mesmo as empresas privadas, em que os administradores estão gastando seu próprio dinheiro, começam a agir como "gordas" quando estão nadando em dinheiro.

Mas, conforme vimos, a folga é tanto desperdiçadora quanto benéfica. Quando cortada, pode ser difícil diferenciar um desperdício de verdade de uma folga útil e, de fato, muitas empresas alavancadas foram deixadas à beira da falência. Diante dessa realidade, elas entraram no túnel. Se os anos 1980 foram uma lição sobre o poder de cortar a gordura, os anos 2000 foram uma lição sobre o perigo da miopia administrativa. Talvez as duas coisas estejam relacionadas. Corte gordura demais, remova folga demais e lhe restam administradores que vão hipotecar o futuro para cobrir as despesas de hoje.

MARS ORBITER

Em dezembro de 1998, a Nasa lançou a Mars Orbiter. As missões a Marte são fomentadas por séculos de fascinação com um planeta muito próximo, muito semelhante em tamanho à Terra (tem até uma duração de dia parecida) e com uma possibilidade pequena, mas atraente, de vida. Era improvável que a Orbiter fizesse grandes descobertas sozinha. Mas era uma ponta de lança. Forneceria dados valiosos para futuras missões, talvez até uma aterrissagem tripulada em Marte. Seu lançamento foi o ápice de um projeto de US$125 milhões envolvendo dezenas de milhares de horas de esforço. Como o nome sugere, a Orbiter estava programada para entrar em uma órbita estável perto de Marte, de onde coletaria dados.

Entrar em uma órbita estável em torno de um planeta é um negócio difícil. Conforme o satélite se aproxima, a gravidade o puxa. Se o satélite se aproxima devagar demais, a atração da gravidade é forte o bastante para fazê-lo colidir contra a superfície. Se o satélite viaja rápido demais, a gravidade age muito pouco: o satélite passa perto do planeta e segue em outra direção. Na velocidade certa (e no ângulo certo, é claro), a atração da gravidade é suficiente para puxar o satélite para uma órbita estável. É desnecessário dizer que determinar a velocidade apropriada exige cálculos complexos e precisos. Quando se aproximasse de Marte, a Orbiter precisaria ativar os propulsores reversos para reduzir a velocidade o suficiente para ser apanhada pela órbita de Marte. Como um sinal demora mais ou menos dez minutos para chegar da Terra, isso tudo foi pré-programado. Tudo o que o controle terrestre podia fazer era sentar e escutar (com um atraso). Por sorte, não há muitas surpresas no silêncio do espaço. Cálculos astrofísicos podem ser feitos com uma precisão de dar inveja a engenheiros terrestres.

Nove meses e meio depois do lançamento, em 23 de setembro de 1999, a Orbiter chegou a Marte e começou a executar seu procedimento de entrada. Isso a levaria para trás de Marte, impedindo qualquer contato durante vários minutos. Mas então houve um sinal de problema: nenhuma transmissão vinha da nave espacial, embora a Orbiter devesse ter ressurgido. A cada segundo de tensão, um pouco de esperança se dissipava. Por fim, a equipe terrestre desistiu. Presumiu-se que a Orbiter havia sofrido um acidente.

Em consequência de um fracasso público dessa proporção, seria preciso investigar o ocorrido. O que aconteceu? Por que um acidente? O que poderia ter sido feito para impedir isso? Quem foi o culpado? Falhas, principalmente em sistemas complexos, geralmente têm muitas causas. Neste caso, porém, o culpado era tanto digno de nota quanto óbvio. Os propulsores reversos haviam sido disparados com força demais. Particularmente intrigante, porém, era o grau em que haviam sido disparados. A Nasa calculou que a razão do disparo desejado em relação ao disparo ocorrido era um número curiosamente familiar: 4,45. Este é o número usado para conversões entre medições de força pelo sistema internacional de unidades e pelo sistema britânico. O erro vergonhoso logo se tornou aparente.

Satélites como o Orbiter são construídos pouco a pouco por várias subempreiteiras. Os propulsores, fabricados por uma empresa, estavam interpretando as informações que recebiam em libras, medida do sistema inglês para medição de força. O processador central, fabricado por uma empresa diferente, estava fornecendo dados em newtons, medida do sistema internacional de unidades. Toda vez que o processador dizia "X", os propulsores ouviam "4,45 vezes X". (Quando o processador dizia "10", isso significava 10 newtons, mas os propulsores ouviam "10 libras", o equivalente a 44,5 newtons.) Resultado: a Orbiter reduziu demais a velocidade e foi apanhada pela força da gravidade de Marte. Para um projeto dessa importância, esta foi uma mancada cômica, com consequências sérias.

Erros são inevitáveis. Os engenheiros da Nasa sabem disso. Por isso são feitos intermináveis testes e verificações. Então o que aconteceu? Nos meses que precederam o lançamento, toda a equipe do Jet Propulsion Laboratory estava correndo contra o tempo. Havia uma carência de funcionários e só se deu atenção a todos os detalhes do projeto quando era tarde demais. Todo mundo se atrasa, e tem sido observado que organizações que estão apagando incêndios tendem a alocar equipes menores para novos projetos, uma vez que grande parte dos funcionários ainda está ajudando a apagar o último fogo. No entanto, diferente de trabalhadores de outras indústrias, esses engenheiros não tiveram acesso ao plano de contingência universal do atraso: uma extensão do prazo. Órbitas celestes definem a data de lançamento: as localizações de Marte e de outros corpos determinam um período de lançamento estreito. É difícil negociar com o calendário astronômico.

O prazo apertado criou longas horas de trabalho. Mas também criou o túnel. O foco estava em cumprir a data de lançamento. As coisas que não estavam diretamente relacionadas a esse objetivo foram adiadas e, conforme se viu, não foram retomadas. O erro do 4,45 foi resultado disso. Os próprios dados dos engenheiros mostraram que havia algo errado bem antes do lançamento. Eles notaram as incoerências. Mas descobrir o motivo das incoerências era mais uma tarefa da lista de afazeres e, com tanta coisa a ser feita, nem tudo pode ser feito. O acompanhamento de aparentes incoerências foi uma vítima. Outra vítima foi uma simulação conjunta de propulsor e processador, que poderia ter revelado o problema diretamente. Os freios e contrapesos habituais foram sacrificados, e potenciais sinais de problema foram ignorados, tudo para cumprir o prazo. Mas agora você reconhecerá isso como uma consequência lógica da entrada no túnel.

Isso não é uma compreensão tardia. Um relatório da Nasa para o Jet Propulsion Laboratory *antes do acidente* destacava o problema. Atrasos no projeto inicial (talvez devido à falta de funcionários), argumentava o documento, estavam levando a atalhos e "jeitinhos". A equipe estava trabalhando muitas horas e cometendo erros. O atraso inicial estava gerando mais ineficiência. Pior: verificações cruciais, aquelas que pareciam menos prementes, estavam sendo ignoradas. O relatório, basicamente, prognosticava o padrão que levaria à trapalhada e ao acidente.

Isso é mais do que um sintoma do atraso. Depois de estabelecerem a autópsia técnica, os investigadores do acidente com a Orbiter examinaram os motivos organizacionais do fracasso. Um dos motivos, concluíram, era o paradigma de "mais rápido, melhor e mais barato" adotado pela Nasa. Esse paradigma enfatizava a economia de custos e a redução do cronograma. Equipes começaram a ficar com pouco tempo e entraram no túnel. E então negligenciaram. Neste caso, verificações cruciais foram negligenciadas porque eram importantes, mas não urgentes; não eram cruciais para a tarefa presente, para fazer o lançamento acontecer, e na hora.

A ARMADILHA DO COMBATE AO INCÊNDIO

Tanto o St. John's quanto a Nasa haviam caído na armadilha do combate ao incêndio. Como explicam os pesquisadores organizacionais Roger Bohn e Ramchandran Jaikumar, as organizações que combatem incêndios têm várias características em comum. Primeiro, têm "problemas demais e tempo de menos". Segundo, resolvem os problemas urgentes, mas adiam os não urgentes, não importa o quanto estes últimos sejam importantes. Terceiro, isso leva a um efeito cascata, de modo que a quantidade de trabalho aumenta. Explicando de maneira simples, o tempo é usado para apagar o incêndio imediato, apesar de novos incêndios surgirem constantemente porque nada está sendo feito para impedi-los. No St. John's, os cirurgiões estavam tão ocupados lidando com pacientes naquele momento que não conseguiam dar um passo atrás e olhar a confusão geral. Na Nasa, os engenheiros estavam tão ocupados tentando cumprir o prazo para cada componente, que não olharam como eles se encaixavam entre si. A armadilha do combate ao incêndio é um caso especial de armadilha da escassez.

Um minucioso estudo que durou cinco anos sobre quatro grandes indústrias nos Estados Unidos documentou muitos exemplos de combate a incêndio. Como um administrador explica: "Ao analisar a alocação de recursos em projetos tradicionais, é possível perceber que sempre começamos tarde e não envolvemos pessoas nos projetos com rapidez suficiente... depois envolvemos tantas pessoas quanto possível... a alocação de recursos chega ao auge quando lançamos o projeto." Com base em anos de estudos, os pesquisadores concluem: "Há poucas imagens mais comuns nas discussões correntes da administração de pesquisa e desenvolvimento do que a de uma equipe de engenharia sobrecarregada trabalhando muitas horas para concluir o projeto nos últimos dias antes do lançamento."

O combate a incêndios não leva apenas a erros; leva a um tipo muito previsível de erro: tarefas importantes, mas não urgentes, são negligenciadas. Como o nome sugere, você está ocupado combatendo um problema urgente (o incêndio); outros problemas, independente de sua importância, são sufocados pelos mais urgentes (cintos de segurança a caminho do incêndio). Como resultado, problemas estruturais — importantes, mas que podem esperar — nunca são resolvidos. Quando a Microsoft lançou o software Windows 2000, este saiu com 28 mil defeitos *identificados*. A equipe do projeto sabia que estava lançando um produto com muitos problemas, mas já havia ultrapassado o prazo final. Como resultado, a equipe começou a trabalhar no remendo logo em seguida, consertando os defeitos já identificados. Não é um bom lugar para estar quando relatos sobre novos defeitos começam a chegar.

As armadilhas de combate a incêndio envolvem um bocado de malabarismo. Você está tão focado no fim do prazo premente que, quando termina, percebe de repente que está devendo o projeto seguinte. A maioria de nós já se viu fazendo isso em um momento ou outro, e sabemos intuitivamente que o combate ao incêndio é uma armadilha por todos os motivos pelos quais a escassez é uma armadilha. Depois de começar a combater incêndios, é difícil sair ileso. Quando equipes estão trabalhando freneticamente em um projeto que já devia estar pronto, começam tarde o projeto seguinte, o que garante que combaterão um incêndio ali também e permanecerão para sempre atrasadas.

Entender a lógica da escassez e a folga pode reduzir a chance de entrarmos na armadilha do combate ao incêndio. Mas sabemos que entrar no túnel facilita ignorar outras considerações. Uma solução, pelo menos em organizações, é administrar explicitamente a folga e assegurar sua disponibilidade. Há uma lição sobre como os bancos tentam administrar o risco. Há muito tempo reconhecem que os gerentes, quando estão no túnel em termos de resultado financeiro, não levam em conta os riscos da maneira como deveriam. Como demonstrou a crise financeira de 2008, isso é uma subestimação. Mais recentemente, muitos bancos introduziram os "gestores de risco", que ficam separados do resto da equipe administrativa e se reportam diretamente ao CEO. Eles têm de aprovar produtos financeiros, empréstimos e outras transações, analisando-os pela ótica do risco.

Ao contrário dos gerentes que focam (entram no túnel!) nas transações mais atraentes, em obter grandes lucros e em metas de venda, o único objetivo desses executivos é monitorar o risco.

Da mesma maneira, enquanto a gordura continua a ser cortada, levando com ela a folga, as organizações podem querer alguém da casa que não esteja tão focado esticando os recursos. Alguém, afastado do túnel diário, cujo trabalho seja assegurar que a organização tenha folga suficiente, focando não no que precisa ser feito hoje, mas nos possíveis sustos que poderiam perturbar os planos apertados de amanhã. Alguém precisa assegurar que quem está focado em cumprir as metas imediatas do projeto não esteja obtendo empréstimos nos projetos futuros e, assim, esgotando alguma folga e enterrando mais a organização em um buraco de largura de banda no futuro. Não é por coincidência que o consultor contratado pelo St. John's estava claramente distante da luta por salas de operação.

ADMINISTRE O RECURSO ESCASSO CERTO

O trabalhador eficiente não será encontrado enchendo seu dia de trabalho, mas passeando pelas tarefas, envolto por uma atmosfera de tranquilidade e lazer.

HENRY DAVID THOREAU

Há outra lição a ser aprendida com a experiência da Nasa. Quando a equipe do Jet Propulsion Laboratory começou a ficar atrasada, a administração fez o que a maioria dos administradores faria: aumentaram as horas. Eles perceberam a escassez de tempo — a Orbiter precisava ser lançada logo — e empregaram mais tempo para cuidar disso. Esta é uma resposta comum à escassez de tempo. Um projeto está atrasado? Ponha mais gente para cuidar do problema e avançar. E se uma organização está apertada de funcionários — o tempo está pressionando e a contratação e o treinamento de mais gente levará tempo — simplesmente faça sua equipe trabalhar mais, pelo menos até poder trazer novos funcionários. Superficialmente, isso parece ser uma solução óbvia e a maneira mais fácil de fazer mais com uma quantidade limitada de recursos. Mas essa reação pode não ser tão sensata quanto parece. Ela reconhece uma forma de escassez — o tempo que resta para terminar o projeto — mas ignora outra, a largura de banda. Ela negligencia as consequências de uma largura de banda reduzida para o desempenho.

Considere o uso de telefone celular. Dez estados norte-americanos proíbem o uso do aparelho celular quando se está dirigindo um veículo. Isso faz sentido, e outros estados certamente farão o mesmo. Afinal de contas, com apenas uma das mãos ao volante, você tende a ser um motorista menos eficiente, menos capaz de reagir. Mas isso também faz uma importante suposição, ainda que disfarçada. O que se vê é que os motoristas que seguram o celular têm uma probabilidade significativamente maior de se acidentar, mas o mesmo acontece com aqueles que falam ao celular usando fones de ouvido. O problema não são as mãos, é a mente. Em um estudo de simulação, motoristas que usavam celulares com as mãos livres atravessaram o dobro de sinais de trânsito em comparação àqueles que não falavam ao telefone. Naturalmente consideramos dirigir uma atividade que exige recursos físicos, mas a direção segura exige mais do que duas mãos; exige também largura de banda.

De maneira semelhante, costumamos ignorar a largura de banda quando organizamos nosso tempo. Pensamos naturalmente no tempo necessário para completar nossa lista de afazeres, e não na largura de banda que isso exigirá ou receberá. Pense no modo como os engenheiros do Jet Propulsion Laboratory responderam ao problema do fim do iminente prazo celestial. Eles derramaram mais *horas* de engenheiros no problema. Mas isso não necessariamente proporcionou mais largura de banda, e pode-se argumentar que os engenheiros sobrecarregados podem ter dado *menos* largura de banda total ao trabalho, apesar de se dedicarem por mais horas.

Há quase um século, Henry Ford reconheceu a distinção entre horas e largura de banda. Sua decisão de instituir uma semana de trabalho de quarenta horas para os trabalhadores de sua fábrica foi claramente motivada tanto por lucros quanto por preocupações humanitárias. Como observa um analista:

Em 1926, ao adotar de forma memorável a semana de trabalho de quarenta horas, Henry Ford foi duramente criticado por membros da Associação Nacional de Fabricantes. Mas as experiências que ele realizava havia pelo menos 12 anos mostraram-lhe com clareza que reduzir o dia de trabalho de dez para oito horas, e a semana de trabalho de seis para cinco dias, aumentava o rendimento total do trabalhador e reduzia o custo de produção. Ford falava com entusiasmo sobre os benefícios sociais de uma semana de trabalho menor, apoiando-se com firmeza em termos de como o tempo maior para o consumo era bom para todos. Mas o cerne de seu argumento era de que uma duração menor do turno significava mais rendimento.

É difícil encontrar dados sobre as experiências originais de Ford. Mas vários estudos semelhantes têm sido feitos ao longo de quase um século, desde as experiências dele. Um dos estudos, sobre projetos de construção, verificou que "onde uma escala de trabalho de sessenta horas ou mais por semana é mantida por mais de dois meses, o efeito cumulativo da produtividade reduzida causa um atraso na data de conclusão maior do que aquele que poderia ter sido causado por uma equipe do mesmo tamanho em uma semana de quarenta horas". Em uma indústria muito diferente, um criador de softwares observou que quando sua equipe começava a trabalhar sessenta horas por semana, o trabalho realizado era muito maior nas primeiras semanas. Mas na quinta semana os funcionários estavam fazendo menos do que quando trabalhavam em semanas de quarenta horas.

Outro estudo observou o que aconteceu em um departamento de cirurgia cardiotorácica quando o número de pacientes por cirurgião aumentou. De novo, houve um aumento de produtividade no curto prazo. Os pacientes foram atendidos mais depressa. Mas isso teve um custo. Houve negligência. A rapidez no atendimento reduziu a qualidade: a probabilidade de os pacientes morrerem era maior. Na verdade, mesmo os benefícios não persistiram. Um aumento continuado da carga de trabalho acabou levando a um *aumento* do tempo necessário para lidar com cada paciente.

O impacto sobre a produtividade também pode se apresentar de outras maneiras. Vejamos o relato de um pesquisador sobre uma inovação no local de trabalho:

> *Ao fim de cada entrevista, eu perguntava aos entrevistados qual seria sua primeira atitude para incentivar uma inovação em sua organização se de repente fossem onipo-*

tentes. De longe, a resposta mais comum foi tempo. Mas os entrevistados muitas vezes qualificavam isso. Eles não queriam mais tempo do mesmo tipo, queriam um tempo mais desestruturado, que não tivesse produtividade ou procedimentos específicos ligados a ele. A diretora administrativa... explicou isso muito bem quando desejou "tempo para brincar... tempo para olhar pela janela... tempo para deixar as coisas se acomodarem... tempo para interpretar e reagir".

De certo modo, isso não deveria ser surpresa. Assim como ficamos fisicamente exaustos e precisamos descansar, também ficamos mentalmente esgotados e precisamos nos recuperar. Com uma escassez prolongada, as taxas da largura de banda tendem a se acumular. Para entender o mecanismo, considere algo simples como o sono. As pessoas com escassez de tempo que trabalham mais horas tentarão comprimir mais no que resta de cada dia; negligenciarão e remendarão as coisas. O sono é um candidato óbvio. Quando você está sem tempo, dorme um pouco menos e comprime as tarefas em menos horas de trabalho. Mas os efeitos do sono sobre a produtividade são impressionantes. Estudos têm mostrado repetidamente que, quando dormem menos, os trabalhadores tornam-se menos motivados, cometem mais erros e se desconcentram com mais frequência. Um estudo engenhoso demonstrou isso observando o início e o fim do horário de verão, quando à noite as pessoas perdem o sono por causa da mudança no tempo. O estudo verificou que as pessoas passavam 20% mais de tempo navegando a esmo na internet para cada hora de sono perdida nessas noites. E isso é apenas uma noite de sono. Pesquisas mostram que os efeitos cumulativos são muito piores. Quando as horas de trabalho se acumulam e o tempo de sono diminui, a produtividade acaba caindo.

Mas a maioria das empresas ainda administra horas, e não a largura de banda. Um grupo de pesquisadores descreve um sócio de uma grande empresa de contabilidade, de 37 anos, casado, com quatro filhos:

> *Quando o conhecemos, um ano atrás, ele trabalhava de 12 a 14 horas por dia, vivia exausto e tinha dificuldade de se envolver plenamente com sua família à noite, o que o fazia se sentir culpado e insatisfeito. Ele dormia mal, não encontrava tempo para se exercitar e era raro fazer refeições saudáveis, comendo qualquer coisa na correria ou quando estava trabalhando em sua mesa. [Sua] experiência não é incomum. A maioria de nós responde a demandas crescentes trabalhando mais horas, o que nos cobra um preço, física, mental e emocionalmente. Isso leva a níveis cada vez menores de envolvimento, a níveis cada vez maiores de distração, a índices elevados de substituição de pessoal e a despesas médicas cada vez maiores entre os empregados.*

Esses mesmos pesquisadores fizeram um programa piloto de "administração de energia". Este incluía intervalos para caminhadas e focava em fatores-chave, como o sono. No estudo piloto, eles verificaram que 106 funcionários de 12 bancos apresentavam desempenho melhor em vários indicadores. Talvez isso pareça descabido, mas até que ponto é diferente do modo como administramos nossos corpos? Para impedir lesões por esforço repetitivo, usuários frequentes de computadores fazem intervalos obrigatórios. Para evitar a síndrome da visão do computador, as pessoas são aconselhadas a afastar os olhos da tela mais ou menos a cada vinte minutos, durante vinte segundos, para descansar os olhos. Não seria absurdo que nosso sistema cognitivo fosse muito diferente de nosso sistema físico?

A maior lição é a necessidade de focar na administração e no cultivo da largura de banda, apesar das pressões no sentido contrário causadas pela escassez. Aumentar as horas de trabalho, trabalhar mais duro, abrir mão de férias e por aí em diante são reações de quem está no túnel, assim como fazer um empréstimo com juros altos. Elas ignoram as consequências de longo prazo. Psiquiatras relatam um número cada vez maior de pacientes com sintomas de estresse agudo "forçados a seus limites e além destes sem qualquer margem, qualquer espaço em suas vidas para descanso, relaxamento e reflexão". Não há nada de maravilhoso em trabalhar quarenta, cinquenta ou sessenta horas por semana. Mas há algo importante em deixar sua mente refrescar um pouco, maximizar a largura de banda efetiva em vez das horas trabalhadas.

É claro que todos esses erros, de combater o incêndio a deixar de cultivar a largura de banda, são problemas individuais, dos quais qualquer um pode se tornar vítima. Mas as organizações podem magnificar o problema. Quando um membro de uma equipe começa a se atrasar ou entra no modo combate a incêndio, isso pode contribuir para a escassez sentida por outros. Quando a largura de banda de uma pessoa é taxada, principalmente alguém de cima, uma sequência de decisões ruins pode levar a mais escassez e a taxas sobre as larguras de bandas de outras pessoas. As organizações podem criar um efeito dominó, em que cada indivíduo empurra a equipe para o combate ao incêndio e para uma largura de banda reduzida. Mas as organizações também podem ser perspicazes, criando ambientes propícios a uma administração bem-sucedida dos desafios da escassez.

BENIHANA

Assim como muitos empreendedores norte-americanos, Hiroaki ("Rocky") Aoki teve uma juventude rebelde. Quando era um adolescente impetuoso no Japão, nos anos 1950, ele vendia pornografia na escola e formou uma banda de rock chamada Rowdy Sounds. Ele também demonstrava disciplina: como lutador peso-mosca, seu trabalho duro lhe rendeu uma vaga nos Jogos Olímpicos de Verão de 1960, uma bolsa de estudos para atletas em uma universidade norte-americana e, por fim, o título de campeão peso-mosca nos Estados Unidos e um lugar no Hall da Fama da luta livre. Quando amadureceu, sua criatividade, energia e determinação se voltaram cada vez mais para os negócios. Enquanto participava de competições de luta livre, ele estudou para se formar em administração de restaurantes e, em seu tempo livre, dirigia um caminhão de sorvete no Harlem.

O empreendimento mais bem-sucedido de Aoki começou pequeno. Com US$10 mil obtidos com seu caminhão de sorvete, ele abriu um restaurante de carnes japonês com quatro mesas chamado Benihana, na rua 56 Oeste, em Nova York. Os primeiros anos foram irregulares, mas o restaurante começou a ficar conhecido pela comida e atmosfera e acabou se tornando ponto de encontro de celebridades. (Muhammad Ali e os Beatles jantaram lá). Aoki capitalizou esse sucesso expandindo o restaurante e transformando-o em uma cadeia, primeiro na cidade de Nova York, depois no resto do país e no mundo. Hoje, o Benihana está em 17 países. Quando Aoki morreu, em 2008, calculava-se que seu império valesse mais de US$100 milhões. Tão perfeito é o seu estereótipo que beira uma paródia, complementada por seu nome, ações judiciais por reconhecimento de paternidade, outras ações envolvendo a própria família, uma coleção de carros antigos, uma série de hobbies excêntricos e uma história quase mística e de sabor étnico em torno do motivo do nome de sua cadeia (uma flor vermelha — *benihana* em japonês — que seu pai avistou em meio aos escombros depois de um bombardeio norte-americano em Tóquio, na Segunda Guerra Mundial).

Qualquer pessoa que já esteve em um restaurante Benihana sabe por que é um lugar único: o chef prepara a refeição diante de você; na verdade, "preparar" não faz justiça à sua performance. O chef é um virtuose: faz malabarismo com as facas, joga comida diretamente da espátula para seu prato e cria vulcões de anéis de cebola! Só no Benihana as refeições terminam com uma salva de palmas. Procure "Benihana" (ou, melhor ainda, *hibachi chef*) no YouTube e você verá centenas de vídeos, com dezenas de milhares de acessos, mostrando esse teatro. Tudo isso contribui indiretamente para o sucesso do Benihana. Aoki fez mais do que criar um pouco de divertimento. Ele entendeu, em um nível profundo, a escassez que os restaurantes enfrentavam. E solucionou isso.

As pessoas pensam que restaurantes são comida, decoração e serviço. Afinal de contas, é essa a nossa experiência como clientes. Mas todos nós conhecemos restaurantes maravilhosos que fecharam. Pegar clientes à porta não é garantia de sucesso no negócio de restaurantes. Decisões puramente logísticas e operacionais levam à lucratividade.

O problema que os restaurantes enfrentam é que grande parte do custo é fixo. É claro que eles gastam dinheiro com comida, mas os ingredientes não custam tanto quanto as despesas gerais: salários, aluguel, eletricidade, seguros e por aí em diante. Quer você atenda a muitos clientes ou a apenas alguns, a maior parte desse custo ainda precisa ser coberta. Como resultado, o negócio é uma questão de "nata". Quando seu faturamento cresce a um nível que cobre o custo fixo, um grande percentual do restante vai diretamente para o lucro. Isso cria uma matemática interessante. Três lugares ocupados em um sábado movimentado não significam apenas um lucro 50% maior do que dois lugares ocupados. Se os dois primeiros cobrem o custo fixo e lhe dão um pequeno lucro, o terceiro é a "nata", em sua maior parte, lucro.

O que Aoki reconheceu (e outros também) é que o negócio de restaurantes é uma questão de escassez de lugares para sentar. Quantos lugares você comporta? Você tem mais lugares se consegue pôr mais mesas. Você tem mais lugares se consegue pôr mais pessoas em cada mesa. Você tem mais lugares se consegue liberar as mesas mais depressa, se conseguir pôr quatro grupos de clientes em cada mesa a cada noite, em vez de três.

O que parece um teatro no Benihana é uma solução inteligente para a escassez. A produção do chef envolve pessoas sentadas em mesas conjuntas. E mesas conjuntas para oito pessoas significam uma acomodação de clientes muito mais eficiente. Sem precisar esperar a liberação de duas mesas para dois, lado a lado, você pode se sentar em um grupo de quatro. Nas mesas conjuntas, você simplesmente as preenche conforme as pessoas chegam. Uma mesa para quatro significa apenas quatro cadeiras em uma mesa. Mas, o que é ainda melhor, as mesas são liberadas mais depressa. O chef cozinha de maneira teatral, e rapidamente, diante de você. Você está sentado, o chef está ali, o cardápio é pequeno e o tempo para fazer o pedido é limitado. Então, o chefe regula o ritmo da refeição de forma festiva. A comida é jogada em seu prato e você a come depressa, porque pode ver que o prato seguinte está prestes a ser jogado. Até a sobremesa — sorvete, que, perto do *hibachi*, derrete rápido — é criada para a velocidade. E, quando o show termina, o chefe se curva, você o aplaude e acabou. O que resta a fazer? Ficar ali sentado mascando o *hachi*? É difícil se demorar quando o chef está ali em pé, tudo já foi feito, a mesa foi esvaziada e os outros estão saindo. Tudo isso significa que o Benihana ganha muito mais por mesa a cada noite; algumas estimativas sugerem que o Benihana recebe US$0,10 a mais de lucro por dólar de faturamento do que os outros restaurantes, o que o torna muito mais lucrativo.

LOTANDO NOS NEGÓCIOS

Além das refeições bem orquestradas, o Benihana oferece uma lição importante para muitas organizações. Mesmo quando são perspicazes o bastante para identificar seus recursos realmente escassos, os negócios muitas vezes subestimam a complexidade de administrar a escassez e os benefícios de fazer isso um pouco melhor.

Sheryl Kimes, uma pesquisadora de operações da Universidade de Cornell, descobriu isso quando foi contratada pelo Chevys, uma cadeia de restaurantes mexicanos, para ver se conseguia aumentar o lucro. Ela começou falando com os funcionários para ter uma ideia melhor dos desafios, e um problema ficou claro: filas longas. De certo modo, isso é bom, o restaurante era popular. Mas também pode ser ruim. Filas longas podem deixá-lo orgulhoso, mas não trazem dinheiro. Você precisa de pessoas dentro do restaurante e comendo, e não do lado de fora e esperando. Os clientes podem ficar aborrecidos e não voltar. Você não quer que digam, "Ninguém mais vai lá, fica muito lotado", como explica Yogi Berra. Para entender o que precisa ser feito — aumentar os preços? expandir? — Kimes fez uma análise estatística completa, o que lhe deu uma ideia mais precisa do que as impressões dos funcionários: qual era o faturamento por mesa? Quais eram as mesas mais ocupadas? Qual era a rotatividade? E assim por diante.

O que ela encontrou a surpreendeu. Os olhos mostravam longas esperas; os dados mostravam pouca utilização. Mais da metade dos lugares ficavam ocupados apenas cinco horas por semana. Mas o número de horas nas filas do lado de fora era muito maior. O que estava acontecendo? Duas pistas fornecidas pelos dados ajudaram a entender o problema. Primeiro, havia uma variabilidade enorme no tempo de utilização, e a maior variação ocorria após o fim da refeição e antes da refeição seguinte começar. Mesmo em horários movimentados, havia longos intervalos entre os grupos que ocupavam uma mesa consecutivamente. Segundo, embora restaurantes como o Chevys sejam considerados lugares para amigos e colegas de trabalho, os dados contaram outra história: 70% das mesas eram ocupadas por apenas uma ou duas pessoas. O restaurante parecia não ter as mesas certas para os clientes que recebia. A fim de verificar se isso estava certo, Kimes pegou os dados sobre os grupos que chegavam para comer e os submeteu a um algoritmo para procurar uma ocupação eficiente para o Chevys, e, particularmente, para saber quais eram as mesas que precisavam ser usadas. Isso levou a uma sugestão clara: mais mesas para dois. A gerência implementou a alteração e o resultado foi uma primavera financeira: um aumento nas vendas superior a 5%, de aproximadamente US$120 mil por ano em apenas uma filial. É claro que houve o custo de comprar mesas novas, reformar o restaurante e fazer outras mudanças, mas depois de feitas todas as contas, o lucro superou o custo no primeiro ano e se tornou puro lucro nos anos seguintes. O investimento na administração da escassez teve um índice de retorno elevado.

Antes de Kimes chegar, o Chevys não conseguia administrar sua escassez porque estava subestimando os desafios dela. E esses desafios não eram triviais: análises de computador sérias foram necessárias para apenas um problema do restaurante. E os restaurantes não estão sozinhos. Negócios muitas vezes fazem sucesso e fracassam em função do modo como administram a escassez.

10. A escassez no cotidiano

Os médicos e o técnico da televisão a cabo têm algo em comum. Uma consulta marcada para as 15 horas raramente acontece no horário. Manter a programação pode ser difícil. Um deslize ocorrido mais cedo, talvez uma pequena protelação ou algo que demorou mais do que o esperado, adquire uma proporção maior quando não há folga para absorver isso. O que antes parecia um tempo apertado, mas administrável, torna-se uma cascata de atrasos. Todas as consultas ficam apressadas. Você entra no túnel para concluir uma delas. Previsivelmente, toma emprestado o tempo de consultas futuras. Forma-se uma armadilha de dívidas de tempo. Uma agenda apertada lhe deixa à beira de se atrasar para todas as reuniões. E na maioria dos dias chega-se cedo a esse limite. (O motivo pelo qual os clientes suportam isso é outra questão.)

Um colega nosso, presidente de uma fundação, sabe bem o que é uma agenda apertada. Ele tem o distinto prazer de passar a maioria dos dias em uma reunião após a outra. Ele poderia se atrasar eternamente como o médico e o técnico da televisão a cabo, a cada reunião mais atrasado do que na anterior. E como as pessoas o procuram para pedir dinheiro, elas aguentam isso! Mas ele não se atrasa. Cinco minutos antes da hora estabelecida para o término da reunião, seu assistente aparece e anuncia: "Faltam cinco minutos." E, no fim da reunião, o assistente aparece de novo. Essa intervenção um tanto óbvia, usada por muitos executivos que têm a sorte de contar com um assistente habilidoso e dedicado, impede a cascata e a armadilha da escassez.

A prática de o assistente bater à porta não é uma intervenção particularmente inovadora, mas ilustra algo profundo. Pequenas mudanças nas circunstâncias de uma pessoa podem causar um curto-circuito nas consequências da escassez. A psicologia da escassez é primitiva, e mudá-la "de dentro para fora" pode ser difícil. Mas você não precisa mudar a psicologia para obter o resultado certo. O presidente da fundação não está entrando menos no túnel. Seu truque é mudar o ambiente para agir contra a psicologia. E ele não faz isso de maneira drástica: o assistente não cria uma folga adicional. As reuniões ainda estão marcadas uma após a outra, e o presidente ainda está no túnel durante essas reuniões. Tudo o que o assistente faz é ficar no caminho, impedindo que a psicologia da escassez cause algum dano. Você pode pensar nisso como algo parecido com uma faixa de alerta na lateral de uma rodovia. Trata-se de uma mudança pequena, mas que protege os motoristas contra suas mentes distraídas e contra a fadiga; isso é muito mais fácil do que levá-los a focar ou dormir mais.

Da mesma maneira, podemos tornar nosso ambiente "à prova de escassez". Podemos introduzir o equivalente a faixas de alerta e assistentes prestativos usando nossos insights sobre por que as coisas vão mal para produzir resultados melhores. O que importa é a lógica do empreendimento — avaliar como a compreensão da escassez pode nos ajudar a pensar de maneira diferente e a administrar problemas duradouros.

O QUE ESTÁ NO TÚNEL?

Uma ferramenta simples, e muitas vezes subestimada, para administrar a escassez é influenciar o que está no túnel. Isso é algo que o assistente faz bem: ele traz forçosamente a reunião seguinte enquanto o executivo ainda está no túnel de uma reunião. Trabalhando com os economistas Dean Karlan, Margaret McConnell e Jonathan Zinman, tentamos levar a conta-poupança para o túnel de indivíduos pobres na Bolívia, no Peru e nas Filipinas. Baseamo-nos no insight de que os pobres deixam de poupar, em parte, porque estão no túnel. Poupar é uma tarefa importante, mas não urgente, do tipo que quase sempre cai fora do túnel. Sempre existem coisas mais prementes a fazer do que economizar. Então pusemos a conta-poupança de volta ao túnel por um instante, deixando-a no topo da mente. Depois de perguntarmos às pessoas para que elas estavam poupando, e quanto, enviaríamos a elas, ao fim de cada mês, um breve lembrete, uma mensagem de texto ou uma carta. Esse lembrete benigno, por si só, aumentou as poupanças em 6%, um efeito incrivelmente grande considerando o quanto o lembrete era infrequente e não intrusivo. (As mensagens, afinal de contas, são muito menos evidentes ou claras do que um assistente em pé à sua porta.) Conseguimos aumentar as poupanças não por meio de educação ou roubando a força de vontade das pessoas, mas simplesmente lembrando-as de algo importante que elas tendem a ignorar quando entram no túnel.

Entrar no túnel nos faz pensar em produtos financeiros de uma maneira diferente. Algumas decisões financeiras surgem naturalmente. Alguém tem um incentivo para assegurar que você pague seu empréstimo ou aluguel. Essa pessoa ou instituição, assim como o assistente, levará o incentivo para o seu túnel, não importa o quanto você já tenha avançado dentro dele. A poupança, por outro lado, não tem assistentes dedicados que cuidem dela e, sem a intervenção feita por meio de um comportamento, acabará quase sempre fora do túnel.

É claro que os insights sobre a entrada no túnel também podem ser usados para se aproveitar das pessoas. Você consegue determinar multas altas por atraso e então deixar de lembrar as pessoas sobre as cobranças iminentes. Muitos desses efeitos, dos lembretes ao impacto das multas por atraso, afetam os pobres de maneira desproporcional, uma vez que eles são os que mais entram no túnel e sofrem as consequências.

É claro que os lembretes não estão limitados ao dinheiro. É comum uma pessoa ocupada negligenciar a academia, que é importante, mas nunca urgente. Contratar um personal trainer reduz esse problema. Agora, as ligações do personal trainer levam os exercícios físicos de volta ao túnel. Ir à academia de ginástica se tornou algo que não pode ser negligenciado: alguém está se intrometendo em seu túnel e lhe perguntando quando você gostaria de se exercitar esta semana. O personal trainer é uma presença constante, garantindo que a atividade física esteja no topo da mente.

Também é fácil levar impulsos, em vez de lembretes, para o túnel. Os supermercados entenderam isso há muito tempo. Eles enxergaram uma maneira fácil de ganhar dinheiro: pôr barras de chocolate junto às máquinas registradoras. A barra se intromete no túnel na forma de um impulso imediato: *eu quero chocolate*. Muitos impulsos são assim; por mais importantes ou desejáveis que sejam, eles podem estar fora da mente quando estão fora de visão porque não são prementes. Mas quando estão à vista, eles se impõem, empurrando outros impulsos para fora do túnel — neste caso, seu impulso de vigiar o peso.

Considerando essa observação, por que não fazer o mesmo com a conta-poupança? Fizemos isso em outro projeto, com um produto que chamamos de "poupança de impulso". Mais ou menos como as barras de chocolate, os cartões de poupança de impulso são deixados pendurados em locais de destaque, como ao lado de caixas registradoras. Os cartões têm imagens que retratam os objetivos de poupança das pessoas — como fazer uma faculdade, comprar uma casa ou um carro — de modo a funcionarem como uma barra de chocolate, criando um impulso. Exceto pelo fato de que, ao "comprar" esses cartões, as pessoas estão na verdade economizando: os dólares que pagam por eles são transferidos para suas contas-poupanças no banco.

Os cartões não só combatem a entrada no túnel ao trazerem o objetivo latente de uma pessoa para frente, como também proporcionam uma maneira fácil de agir em relação a isso — "compre esse cartão" — antes que o objetivo enfraqueça. Em um pequeno programa piloto com o IFMR Trust (um grande fornecedor de serviços financeiros para os pobres), encontramos um número surpreendente de pessoas ávidas para poupar dessa maneira. Uma foto da família de alguém surgindo de vez em quando na tela do computador de uma pessoa ocupada (de maneira irregular, para capturar a atenção, e não para se tornar parte da tela de fundo) também pode funcionar: pôr no topo da mente algo que de outro modo poderia ser negligenciado.

Os lembretes podem ter força, mas com frequência são subestimados, talvez por serem muito óbvios. Em 2008, a Massachusetts Registry of Motor Vehicles pensou em uma maneira de reduzir custos. Todas as cartas que eles enviavam para lembrar as pessoas sobre as vistorias dos carros prestes a expirar tinham um custo alto. Então eles se livraram desses lembretes. De certa maneira, essa medida fazia muito sentido, mas, à luz de nossa análise, você pode ver por que isso poderia ser uma tolice. As vistorias expiram em momentos um tanto aleatórios, em função da última vez em que você a fez. Sem um lembrete, é difícil acertar a data. Para os mais pobres e mais apressados, esses lembretes provavelmente eram a única coisa que impedia a vistoria de expirar e o dono do carro de ser multado. Na prática, com essa simples mudança de política, o estado havia (inadvertidamente?) imposto uma taxa regressiva.

Os lembretes são aparentemente simples, mas com frequência ignorados. Os formuladores de políticas podem gastar milhões de dólares para influenciar atitudes em relação à conta-poupança, mas deixam de incorporar lembretes que impulsionem as pessoas a poupar. Podemos gastar quantias significativas em mensalidades de academia de ginástica mas nunca parar para pensar no que fazer para garantir que os exercícios físicos permaneçam no nosso túnel.

NEGLIGÊNCIA

No ano passado, negligenciamos nossas contas-poupanças. Na verdade, faz um bocado de tempo que nós dois não pensávamos nisso. O que causa esse comportamento descuidado? (Um de nós inclusive tem filhos!) Bem, na verdade, não estamos sendo terrivelmente descuidados. Nossas contas-poupanças — seja para guardar para a aposentadoria ou para a faculdade dos filhos — estão crescendo confortavelmente. Como poupamos sem poupar ativamente? Do mesmo modo que a maioria das pessoas. Nós dois entramos há muito tempo em um plano que deduz automaticamente 10% de nosso salário. Os saldos de nossas poupanças mostram que poupamos bastante, embora nosso comportamento diário sugira negligência total: gastamos nossos salários sem nem pensar na poupança. A dedução automática nos permite poupar com negligência.

Este exemplo evidencia um insight simples. Quando há negligência, com frequência é mais eficiente alterar seu resultado do que combatê-la. Apresentaremos um exemplo no campo da poupança para aposentadoria. Quando pessoas nos Estados Unidos começam em um novo emprego, precisam preencher um formulário sobre sua participação em um plano de aposentadoria. Geralmente, quando deixam de preencher o formulário, elas não estão inscritas, o que pode ser uma receita para o desastre mais tarde na vida. Mas recém-contratado, com toda a confusão e ansiedade que isso acarreta, você tende a entrar no túnel e o formulário é negligenciado. Em um estudo perspicaz, pesquisadores mudaram as consequências de negligenciar o formulário. Os novos funcionários recebiam um formulário modificado, que dizia algo mais ou menos assim: "Você está inscrito em um plano de aposentadoria com desconto de 3%. Preencha esse formulário se você prefere não se inscrever ou inscrever-se em um nível diferente." Agora, quando negligenciavam o formulário, as pessoas estavam poupando. E, melhor ainda, para aquelas que pensavam nisso e queriam poupar, tudo estava estabelecido, não havia risco algum de esquecimento. Os resultados foram impressionantes. Mesmo três anos depois, havia uma diferença dramática nos índices de inscrição. Nas empresas nas quais os novos funcionários tinham de optar por não participar do plano, mais de 80% haviam se registrado. Nas empresas nas quais os funcionários novos tinham de optar por participar, apenas 45% haviam se registrado. Mudar o padrão, o que acontece quando uma decisão é negligenciada, pode ter efeitos incrivelmente grandes.

É claro que há muitos casos de políticas enganadoras em que *outra pessoa* estabelece seus padrões. Mas em muitos casos você pode estabelecer seus próprios padrões. O pagamento automático de contas é um bom exemplo. Uma pessoa ocupada que opta pelo pagamento automático de contas já não corre o risco — quando está no túnel do trabalho — de se esquecer de pagar as contas. Ou então está livre para ignorar as contas, mas, quando o faz, elas ainda são pagas. Como resultado, alguns dos problemas mais persistentes das pessoas ocupadas que estão no túnel, pelo menos aquelas com acesso à tecnologia moderna, são tarefas que não podem ser automatizadas, como a vistoria do carro, a renovação da carteira de motorista ou impostos. Piores ainda são aquelas tarefas que não podem ser automatizadas e não têm um prazo natural ou um lembrete, como escrever um testamento ou fazer um check-up médico.

Esse raciocínio se aplica, de maneira mais ampla, a coisas repetitivas e previsíveis. Imagine uma pessoa que trabalhe em casa e esteja no túnel do fim de um prazo. Sabemos que ela negligenciará a qualidade do que come e consumirá o que estiver à mão. Na verdade, uma pessoa distraída e esgotada tenderá a preferir opções menos saudáveis, aquelas imediatamente tentadoras. Com uma despensa repleta de opções variadas, ela acabará ganhando alguns quilos. Em contrapartida, uma despensa que tenha apenas opções saudáveis poderá proteger suas medidas ao fim do prazo.

Um programa recente do Bank of America, chamado Keep the Change, ilustra uma utilização construtiva de reverter a negligência para bons propósitos. Como explica o banco:

> *Com o programa Keep the Change, você pode aumentar automaticamente sua conta-poupança. Depois que você se inscreve, arredondamos todas as suas compras no cartão de débito do Bank of America para a quantia em dólar mais próxima e transferimos a diferença de sua conta-corrente para sua conta-poupança. Cada xícara de café, tanque de gasolina e sacola de supermercado que você compra aumenta a sua poupança. O que poderia ser mais fácil?*

O Keep the Change (que tem sido criticado por outros motivos, incluindo juros baixos e taxas altas) faz uma coisa muito bem: leva as pessoas a poupar não tentando controlar seus impulsos para gastar, mas aproveitando esses impulsos. As pessoas são negligentes para poupar, então o programa as leva a poupar enquanto estão fazendo o que fazem mais naturalmente, ou seja, consumir.

VIGILÂNCIA

Para um profissional ocupado, ir à academia com alguma regularidade é muito mais difícil do que se matricular. Um dos motivos para isso é óbvio. A dor de se matricular não se compara à dor dos exercícios abdominais ou de meia hora no aparelho elíptico. Mas há outro motivo. Você só precisa se matricular uma vez na academia, enquanto a frequência regular exige vigilância, fazer a coisa certa várias vezes. Podemos pensar nas escolhas como sendo de dois tipos: de vigilância e de uma vez só. As escolhas de vigilância exigem que repitamos a escolha continuamente, como ir à academia, poupar para uma eventualidade futura, comer os alimentos certos ou passar algum tempo valioso com a família. Algumas exigem até uma hipervigilância. Você pode faltar à ginástica e deixar de fazer uma pequena parte de seu trabalho difícil, mas deixe de tomar uma dose de certos medicamentos e as coisas logo ficam muito mais sérias. Ter um pequeno deslize e usar a poupança para comprar uma jaqueta de couro também pode estragar muitos meses de trabalho duro. Já as escolhas de uma vez só precisam ser feitas uma única vez (ou pelo menos com muito menos frequência) para obter o resultado desejado: registre-se para um pagamento automático de contas e você não precisa mais se preocupar em pagar contas, compre uma lavadora/secadora e você economiza a ida à lavanderia durante anos, inscreva-se em um plano de descontos da operadora de celular e aproveite as vantagens dessa economia até segunda ordem.

Sobretudo quando você entra no túnel, é muito mais fácil fazer a coisa certa uma vez do que ter de repeti-la. Mas muitos bons comportamentos exigem vigilância: ser um bom pai ou uma boa mãe, economizar dinheiro, ou comer bem. Para piorar as coisas, muitos comportamentos ruins precisam ocorrer apenas uma vez para causar dor: fazer um empréstimo, assumir um compromisso sem refletir, fazer uma compra imprudente. Você faz um gasto excessivo ou um empréstimo apenas uma vez e afunda em um buraco por um bom tempo, um buraco que exigirá vigilância para conseguir sair dali.

Isso sugere uma receita: sempre que possível, converta comportamentos vigilantes em ações de uma vez só. Em vez de ficar atento toda vez que apanha algum petisco na despensa, seja vigilante ao fazer compras. Muitas tarefas banais têm essa estrutura. Manter a casa limpa exige vigilância, ou então (supondo que você pode pagar por isso) contrate um serviço de faxina uma vez. Pagar suas contas todo mês exige vigilância, mas basta registrar-se uma vez para pagá-las em débito automático. Lembrar-se de ter dinheiro suficiente para os pedágios quando você está dirigindo exige vigilância, mas basta registrar-se uma vez para pagar o pedágio automaticamente. De maneira mais geral, como o túnel induz à negligência, converter o que tende a ser negligenciado em soluções de uma vez só pode ser muito bom. Passar algum tempo com seus filhos é algo que invariavelmente sofre quando depende de sua vigilância, mas se você se inscreve para uma atividade semanal com eles, essa ação de uma vez só garante que vocês terão um mínimo de tempo juntos toda semana.

A direção inversa também funciona. Converta comportamentos questionáveis de uma vez só em comportamentos que exijam vigilância. Alguns formuladores de políticas propõem "períodos de resfriamento"* para comprar carros. E arranjos semelhantes podem ser sábios para empréstimos de todo tipo (dinheiro, tempo, calorias e por aí em diante). Basicamente, você está estabelecendo um sistema que exige a confirmação de sua decisão várias vezes antes de se comprometer de fato com ela. (Imagine que algum dia você receba um convite tentador e seu e-mail esteja programado para enviar a seguinte resposta: "Obrigado. É possível que eu possa fazer isso. Eu lhe informo em uma semana.")

De vez em quando, você também pode querer transformar renovações automáticas em atos de vigilância. Quando foi a última vez que você verificou se agora pode haver um seguro de carro mais vantajoso do que aquele meticulosamente escolhido anos atrás? As opções mudam, e algumas escolhas de uma vez só também podem ter sido equivocadas. Quando nos inscrevemos em uma locadora de filmes, pensamos que veremos vários filmes por mês e os devolveremos logo. Agora, estamos assustados ao pensar no quanto temos de pagar por cada filme. Em vez de renovar automaticamente, pode ser inteligente de às vezes confirmar o bom senso daquela velha escolha de uma vez só.

E os empréstimos? Devemos proibir os empréstimos rápidos, as escolhas de uma vez só com consequências potencialmente ruins? Na experiência do *Family Feud*, no capítulo 5, vimos como retirar a opção de fazer empréstimo melhorou o desempenho geral. Mas é claro que é aí que a vida fica mais complicada do que o laboratório. Alguns empréstimos são ruins, mas outros são bons. Como decidimos

---

*Ocasião em que o consumidor pode devolver a compra e receber o reembolso sem ser penalizado. (N. do T.)

qual é qual? Mesmo em nossa teoria, alguns empréstimos proporcionam uma folga necessária. Quando seu carro quebra e você precisa de dinheiro para consertá-lo, um empréstimo (mesmo que caro) pode impedir uma cascata pior, como chegar atrasado ao trabalho, arriscar-se a perder o emprego e por aí em diante. Paradoxalmente, a escassez aumenta a chance de você precisar de um conserto rápido, bem como a chance de que alguns desses consertos o prejudiquem.

Um insight sobre a psicologia da escassez é a necessidade de se preparar para entrar no túnel e se proteger da negligência: aja de modo que as escolhas ruins sejam mais difíceis de serem tomadas em um único simples momento do túnel e organize-se para que os bons comportamentos exijam pouca vigilância, mas sejam reavaliados de vez em quando.

LIGAÇÕES E TIMING DE DECISÕES

Em um mundo de túneis e negligências, muita coisa depende do timing. Alguns de nossos maiores erros acontecem quando decidimos algo para o futuro, quando as coisas muito afastadas de qualquer túnel parecem distantes e nebulosas. Jamais concordaríamos hoje ("Hoje estou ocupado demais!") com coisas com as quais nos comprometemos um mês atrás ("Claro! Tenho bastante tempo livre!"). Nossas necessidades de hoje são prementes; um mês antes, eram abstratas e não percebidas. Conforme vimos, é assim que acabamos ficando com compromissos em excesso. É assim que pessoas com dificuldade financeira acabam comprando itens que depois não conseguem pagar. A máquina de lavar tão atraente seis meses atrás, quando a compramos com um prazo de 180 dias para iniciar o pagamento, tornou-se um peso grande.

Mas depois de entendermos a psicologia, podemos usá-la com algum proveito. Não há motivo algum para que essa mesma característica, a falta de avaliação da escassez no futuro, não possa ser utilizada para ajudar. Uma disposição para se comprometer com um futuro menos escasso estava por trás do programa Save More Tomorrow, por meio do qual pessoas que se sentiam incapazes de poupar concordaram em aumentar as deduções para a poupança sempre que seus salários aumentassem. Não haveria qualquer novo sacrifício; apenas depois, naquele futuro nebuloso. Os resultados foram impressionantes. Em uma empresa, mais de 75% daqueles aos quais o plano foi oferecido optaram por adotá-lo em vez de poupar por conta própria, e apenas uma minoria optou por ficar de fora. No terceiro aumento de salário, as quotas de poupanças dos indivíduos haviam triplicado.

O que é particularmente brilhante aqui é a ligação entre algo que você esperava que acontecesse (o aumento de salário) e algo que você gostaria que acontecesse (uma poupança maior). Essa combinação liga automaticamente as duas coisas. Você pode fazer algo semelhante com um empréstimo. Imagine a seguinte experiência. Em uma tentativa de conter os empréstimos predatórios, um estado obriga os emprestadores a cobrar taxas menores — digamos, US$25 em vez de US$50 em um empréstimo de US$200. Suponha que a indústria continue lucrativa e sobreviva. Em outro estado, um programa diferente é criado: as taxas permanecem em US$50, mas apenas US$25 vão para o emprestador; os US$25 restantes vão para uma conta em nome do devedor. Quando US$200 forem acumulados nessa conta — neste caso, depois de oito empréstimos — a pessoa não precisa mais fazer empréstimo.

Quando precisar, poderá usar essa poupança em vez de fazer o empréstimo. Na prática, poupando US$25 de cada US$50 que pagariam como taxa, os devedores logo podem se tornar "emprestadores de si mesmos".

Explicando de maneira simples, a verdade sobre todas aquelas boas decisões que você planeja tomar em algum momento no futuro, quando as coisas ficarem mais fáceis, é que você provavelmente não as fará quando o futuro chegar e as coisas estiverem difíceis de novo. Portanto, antecipe-se e faça uma ligação sábia. Em um momento no qual estiver focado na importância dos exercícios físicos, matricule-se em uma academia de ginástica, contrate um personal trainer, aposte com um amigo, faça o que puder para essa motivação perdurar depois que você estiver em outro túnel qualquer. Se você estiver focado o bastante em alimentos saudáveis quando for às compras, certifique-se de encher a despensa com as coisas certas, para aqueles momentos em que sua mente já não estiver consciente sobre a comida. E quando acontecer de alguma coisa — um livro, um comercial — focar você por um momento em sua velhice, tome uma atitude. Determine uma dedução automática para sua poupança; telefone para seu advogado e marque uma reunião para escrever seu testamento. Do contrário, você planejará fazer isso em breve, mas então estará em outro túnel.

ECONOMIZE NA LARGURA DE BANDA

Como a escassez taxa a largura de banda, um cuidado crucial na administração da escassez é economizar a largura de banda. Assim como as pessoas ocupadas estão preocupadas com cada minuto do dia e assim como os pobres focam no dinheiro, todo mundo que está em escassez é profundamente influenciado pelo modo como a largura de banda é distribuída e gasta.

A largura de banda tem a ver com alocar nossa capacidade limitada de processar informações. Nesse sentido, as decisões que exigem mais processamento de informações têm implicações imediatas para a largura de banda. Todo gerente pressionado pelo tempo valoriza assistentes que sabem sintetizar bem as decisões, que podem extrair os componentes essenciais das escolhas e apresentá-los com clareza. Um subordinado que entrega muitos dados não processados é bem menos útil. Sínteses claras e simples são uma maneira excelente de economizar a capacidade cognitiva.

Mas costumamos esquecer de avaliar isso quando apresentamos informações. Isso foi ilustrado em um estudo sobre empréstimos a serem pagos quando o salário é recebido, realizado pelos economistas Marianne Bertrand e Adair Morse. Os pesquisadores dividiram os clientes que estavam prestes a fazer esse empréstimo em dois grupos. A um dos grupos foi apresentada uma tabela que listava a taxa de juros anual efetiva que eles pagariam (443%) comparada a outros empréstimos (16% em um cartão de crédito). Ao outro grupo foi mostrado quantos dólares eles pagariam no empréstimo se tivessem de saldá-lo em duas semanas (US$45), em um mês (US$90) e por aí em diante, em comparação a quantos dólares pagariam se a mesma quantia fosse emprestada pelo cartão de crédito (US$2,50 por duas semanas, US$5 por um mês e por aí em diante). Em outras palavras, dados semelhantes foram apresentados de maneiras ligeiramente diferentes: em um caso, a taxa de juros, uma medida abstrata de alguma coisa, cujas implicações precisas podem ser difíceis de avaliar. No outro caso, os dólares pagos, unidades conhecidas que você precisa tirar do bolso. O que Bertrand e Morse verificaram foi que menos clientes fizeram o empréstimo quando foram apresentados ao seu custo em dólares. Aqueles que procuram esses empréstimos estão acostumados a ver e pensar em dólares, e a precisar deles. As taxas de juros, por sua vez, são instrumentos financeiros estranhos, que poucos de nós usamos na vida diária e que exigem um esforço intelectual substancial para serem transformados em algo mais palpável. Quando sua largura de banda é taxada, uma soma concreta tem muito mais significado do que um termo abstrato.

Os rótulos nutricionais apresentam um problema semelhante. Eles inundam as pessoas com um monte de informações estranhas. Os consumidores obtêm não apenas informações genéricas sobre calorias, mas também sobre quais são provenientes da gordura, gorduras boas *versus* gorduras ruins, nutrientes essenciais (você está tomando seus ácidos graxos ômega-3?), a dose percentual diária de várias vitaminas e minerais, e por aí em diante. Tudo isso leva a uma séria exigência de processamento de informações. E sem uma maneira fácil de processar as informações, é difícil saber como agir. Até que ponto esse pão é ruim? É difícil dizer.

Escolhas simples podem impor taxas. Imagine que você tenha bastante trabalho a fazer. Um bom amigo está deixando do a cidade, e há uma festa de despedida à qual você deveria ir, apesar de todo o trabalho. Você decide ir, mas ficar pouco tempo. Decidirá quanto tempo quando chegar lá, dependendo do clima e do que lhe parecer certo fazer. Você chega à festa e, depois de uma hora, começa a pensar: "Será que devo ir embora?" A festa está divertida e sua saída poderia ser mal-interpretada, mas o trabalho está chamando. Uma hora é tempo suficiente? Parecerá grosseiro? Você hesita. Fica um pouco mais, mas sua mente já não está na festa. A escolha, aquilo de que está desistindo para estar na festa, dificulta estar presente de verdade. Você pensou que estava ajudando a si mesmo ao permanecer flexível, mas o que isso realmente significou foi ceder a escolhas que tomam tempo e distraem.

Pessoas ocupadas ficam desesperadas para ter tempo para dedicar à família e aos amigos. Encontrar esse tempo em uma agenda cheia é um desafio; e esses momentos acabam sendo vítimas previsíveis da negligência. E mesmo quando podemos nos dar ao luxo, não há prazer; a mente está em outro lugar, pensando no que poderia ter sido feito se você não estivesse ali. Uma das intervenções mais inteligentes que conhecemos para lidar com as escolhas da escassez é o sabá judaico. O sabá é um conceito antigo. Você não trabalha no sabá, nem manda e-mails, escreve, cozinha, ou dirige. Trata-se de um dia de tranquilidade, serenidade e rejuvenescimento do tipo que muitos de nós podemos não ter há anos. E é engenhoso por pelo menos dois motivos. Um deles é que não há opções, não há dilemas; é um dia para nada além de tempo livre, sem qualquer escolha. E o outro motivo é que acontece no mesmo período toda semana, quando a sexta-feira termina, não importa o quanto você esteja ocupado, sem necessidade de perguntas ou planos. O estudioso de judaísmo Abraham Joshua Heschel escreveu um livro sobre o sabá, que é considerado um presente de tempo dado por Deus.

A dieta de Atkins lembra o sabá judaico. A maioria das dietas incentiva escolhas. Elas estipulam certo número de calorias, certo número de gramas de carboidratos e outras restrições variadas. As pessoas de dieta são, então, solicitadas a escolher a mistura de alimentos que preferem, desde que satisfazendo as restrições gerais. Isso lhes dá uma "flexibilidade" para considerar suas preferências. Mas, assim como o festeiro que mencionamos antes, isso só condena a pessoa de dieta e com a largura de banda taxada a surtos prolongados de pensamentos sobre escolhas. Qualquer pensamento sobre escolha é perturbador e particularmente ruim para a dieta, porque focar em comida torna mais difícil resistir a ela. Um estudo designou aleatoriamente os participantes para fazer dietas que diferiam na complexidade de suas regras e concluiu: "A complexidade da regra percebida foi o fator mais forte associado a um risco maior de desistir do programa de administração do peso cognitivamente exigente."

A dieta de Atkins (em suas muitas versões) ajuda a resolver esse problema. Em vez de escolhas constantes, impõe uma provisão muito pequena de carboidratos. Isso torna algumas escolhas bem fáceis: certos alimentos têm tão pouco carboidrato que você pode comê-los sem fazer escolhas. Isso torna outras escolhas, como uma sobremesa enorme, quase impossíveis, simplesmente porque elas têm carboidratos demais. A dieta deixa algum espaço para escolhas, como uma sobremesa pequena ou algumas fatias de pão, mas muito menos do que uma dieta padrão. Mas há quem não esteja convencido de que a dieta de Atkins é particularmente boa. Entretanto, psicologicamente, ela tem uma vantagem distinta. Em vez de ter de racionar sua ingestão calórica e calcular a cada refeição o que você faria, a dieta de Atkins está mais próxima do sabá, com proibições simples e poucas escolhas.

A LARGURA DE BANDA VARIA

Outra coisa importante sobre a largura de banda é que ela não permanece constante ao longo do tempo. Relembre os plantadores de cana-de-açúcar que estudamos no capítulo 2. Pouco antes da colheita eles estavam mais pobres e logo depois estavam mais ricos. Porém, o que é mais importante, pouco antes da colheita eles tinham uma largura de banda menor, enquanto que, logo após a colheita, tinham uma largura de banda maior. De maneira semelhante, como não conseguem harmonizar seu consumo, os trabalhadores de baixa renda, assim como as pessoas que recebem auxílios governamentais, tendem a ter uma largura de banda menor perto do fim do mês e maior no início do mês. E seria sábio explorar esse timing ao implementar políticas e criar programas. Se você tivesse um programa que tentasse ensinar quase qualquer coisa quando alguma largura de banda é necessária, de práticas de saúde a contabilidade de negócios, quando isso seria mais eficiente? Pouco antes ou logo depois da colheita, se você está ensinando a agricultores? Pouco antes do Natal, quando os pobres estão juntando os trocados para comprar presentes, ou logo após? Depois que você entende a cronologia da largura de banda, pode marcar no calendário as semanas em que encontrará as pessoas ouvindo e absorvendo e as semanas em que encontrará as mentes divagando.

A importância de perceber o timing da largura de banda é que isso também permite uma associação de acontecimentos a momentos de largura de banda maior, conforme ilustrado pelo seguinte estudo. Os fertilizantes têm sido considerados responsáveis por um grande retorno econômico para os agricultores — mais de 75%, por exemplo, para plantadores de milho no Quênia. Mas muitos agricultores quenianos não os utilizam. O problema não parece ser falta de conhecimento; a maioria dos agricultores relata que planeja comprar fertilizantes, mas menos de um terço deles realmente o faz. Com frequência, eles afirmam que ficaram sem dinheiro. O que eles realmente querem dizer é que estavam sem dinheiro *quando precisaram*. Eles recebem seus pagamentos logo depois da colheita, e é preciso comprar o fertilizante muitos meses depois, em uma época em que eles estão com pouco dinheiro e com a largura de banda taxada.

Para preencher a lacuna entre o período em que há dinheiro e o período em que o fertilizante é necessário, alguns pesquisadores criaram uma intervenção simples e inteligente. Eles fizeram os agricultores adquirirem o fertilizante previamente, comprando-o durante a colheita, quando eles estavam cheios de dinheiro, para recebê-lo na época do plantio. Com essa mudança simples, o percentual de agricultores quenianos que comprou e usou o fertilizante subiu de 29% para 45%, um aumento expressivo. O fracasso foi evitado transferindo uma decisão importante de uma época em que os agricultores estavam com pouco dinheiro e, o que é mais importante, com pouca largura de banda, para uma época em que estavam ricos em dinheiro e largura de banda.

Ter consciência da variação natural da largura de banda também pode ajudar quem vive ocupado. A pessoa ocupada costuma marcar suas atividades baseando-se no tempo disponível — uma tarefa exige certo tempo, e tenho esse tipo de tempo bem aqui, quarta-feira, às 11h. Mas, além de tempo, as tarefas também utilizam largura de banda — algumas mais, outras menos. Monitorar uma teleconferência para assegurar que tudo corra conforme planejado exige muito menos largura de banda do que uma reunião tensa cara a cara com um chefe ou um cliente. Mas costumamos focar em horários disponíveis sem reconhecer isso. Claramente, nossa largura de banda varia ao longo do dia. Será que estamos distribuindo nossas tarefas de maneira inteligente, assegurando que as tarefas que exigem grande largura de banda sejam marcadas para horários que tenham grande largura de banda?

Aproveitar a largura de banda pode não apenas incluir encontrar o melhor horário para tarefas e eventos, mas também determinar a melhor ordem. Para o tempo mais longo, quando lutávamos para escrever este livro, separamos uma parte de todas as manhãs. E a protegemos ferozmente, às vezes até quando era doloroso fazer isso — por exemplo, quando você é o único que atrasa o agendamento de uma reunião de seis pessoas. Não estávamos apenas protegendo o tempo; estávamos protegendo o tempo da *largura de banda grande*. Mas isso não funcionou muito bem; nossas sessões para escrever não eram particularmente eficientes. E então percebemos o que estávamos fazendo de errado. Antes de nos sentarmos para nosso período ferozmente protegido dedicado a escrever, dávamos uma olhadinha nos e-mails, para cuidar de qualquer assunto urgente antes de nos retirarmos. Às 9 horas, nos forçávamos a largar isso, mesmo que às vezes essa medida exigisse uma ação extrema, como desligar o roteador da internet sem fio! Mas, conforme se via, não havíamos largado de todo. Uma mensagem sobre um projeto atrasado evidenciava o quanto estávamos para trás. Outra mensagem nos lembrava sobre a necessidade urgente de levantar algum dinheiro. Não estávamos sentados e escrevendo tranquilamente. Iniciávamos uma série de trens de pensamentos, e bem barulhentos. Agíamos como pessoas de dieta se expondo a donuts toda manhã antes de sentar para pensar em outras coisas.

EMPECILHOS

Muitos estudantes de baixa renda que concluem o ensino médio não vão para a faculdade. E muitos programas de financiamento generosos, movidos pela suposição de que o motivo é a falta de dinheiro, são elaborados para ajudar os indivíduos de baixa renda. Mas esses programas são bastante subutilizados: poucos candidatos aparecem. Isso é uma surpresa e, por esse motivo, um grupo de pesquisadores decidiu descobrir por quê. Eles dividiram os formandos do ensino médio qualificados para o programa (e suas famílias), que os haviam procurado pedindo ajuda para a declaração de impostos, em três grupos e lhes deram todos os formulários necessários para solicitar uma ajuda financeira à faculdade. No primeiro grupo, eles simplesmente observaram uma tendência a fazer a solicitação. No segundo, tentaram suprir a falta de informações. Talvez os formandos do ensino médio qualificados para o programa não soubessem sobre o dinheiro a que tinham direito, então os contadores lhes disseram. No terceiro grupo, os pesquisadores fizeram algo diferente. Os contadores não apenas disseram aos formandos qualificados o que eles tinham direito a receber, como também preencheram os formulários com eles. Simplesmente dizer às pessoas quais eram seus benefícios exatos não teve um efeito perceptível. Mas a ajuda para preencher os formulários teve um efeito considerável: não apenas eles tenderam a solicitar mais a ajuda financeira, como tiveram uma probabilidade 29% maior de se matricular em uma faculdade.

Ter de preencher formulários é um empecilho potencial para qualquer pessoa, uma chance de procrastinar e esquecer. Mas quando sua largura de banda é taxada, e talvez com um pouco de estigma atrelado, é um empecilho maior para as pessoas de baixa renda. Famílias sem qualquer experiência em faculdades *triplicaram* o índice de solicitação de ajuda financeira quando receberam ajuda para preencher os formulários.

Aqui há um insight mais profundo sobre como administrar a escassez. O mau planejamento, a procrastinação e o esquecimento podem transformar passos aparentemente pequenos em grandes obstáculos. Mas nós ignoramos esses empecilhos quando estruturamos nossas vidas ou criamos políticas para os outros. Dê a uma pessoa um formulário para levar para casa e talvez ela o esqueça; faça-a preenchê-lo no local, e os cadastramentos aumentam. É claro que preencher um formulário é um passo "pequeno", mas também é o mais fácil de esbarrar em um obstáculo, como ter de computar juros ou lembrar-se de renovar a vistoria. Quando nossa largura de banda é taxada, os empecilhos mais simples podem causar muitos danos.

Aqueles que recebem benefícios públicos, por exemplo, muitas vezes são solicitados a "renovar" a certificação — preencher uma série de formulários — todo ano para mostrar que ainda estão qualificados. Como você pode imaginar, é nesses períodos de renovação que as pessoas saem do programa. E essa exigência parece muitas vezes deixar de fora os *mais* necessitados: os mais taxados são também os que mais tendem a atrasar a renovação da certificação e, infelizmente, os que mais precisam do benefício.

Para entender a lógica da taxação da largura de banda, pense da seguinte maneira. Imagine se impuséssemos uma cobrança financeira elevada para o preenchimento dos formulários de solicitação de ajuda financeira. Logo perceberíamos que esta era uma tarifa tola para ser imposta; um programa destinado a pessoas sem dinheiro não deveria cobrar muito dinheiro delas. Mas é comum criarmos programas destinados a pessoas com largura de banda comprometida que cobram um bocado delas em termos de largura de banda. Para usar outra metáfora clara, é como se aproximar de um malabarista necessitado de ajuda e jogar mais uma bola no ar para ele equilibrar.

Isso, a propósito, não é um argumento para remover todos os empecilhos. Às vezes, há um motivo para os empecilhos existirem. Os formulários para ajuda financeira são complexos porque muita informação é necessária. A renovação da certificação é feita porque as circunstâncias mudam, e os programas precisam atender a pessoas qualificadas. Mas existem alternativas: por exemplo, muitos formulários poderiam ser preenchidos automaticamente com dados do imposto. O erro que cometemos ao administrar a escassez é que focamos um lado do cálculo — remover os empecilhos pode sair caro — enquanto subestimamos o outro — a taxa da largura de banda. Mas os dados indicam que essa taxa pode ser excessivamente alta. Pequenos empecilhos podem ser a diferença entre um programa bem-sucedido e um mal-sucedido, entre receber benefícios ou não, entre ser ou não ser um aluno de faculdade.

O PROBLEMA DA ABUNDÂNCIA

Ao considerarmos uma melhor administração da escassez, devemos nos lembrar que ela costuma começar com a abundância. A pressão pouco antes do fim do prazo muitas vezes decorre do tempo usado de maneira ineficiente nas semanas precedentes. Os meses anteriores à colheita são particularmente apertados financeiramente porque o dinheiro não foi bem utilizado nos meses confortáveis após a última colheita.

Lembra-se do estudo do capítulo 1, em que os participantes se saíram melhor na revisão de ensaios quando receberam prazos mais apertados? Embora a maioria das pessoas perceba que os prazos podem ajudá-las a trabalhar melhor, os prazos tendem a ser subestimados. Em outra versão dessa experiência, alguns participantes tiveram permissão para escolher seus prazos. Essa opção os favoreceu: os participantes impuseram a si mesmos, voluntariamente, prazos rígidos que os ajudaram a ganhar mais do que o grupo sem prazo estabelecido. Mas os prazos livremente escolhidos não foram tão agressivos quanto deveriam. Eles ganharam 25% menos do que o grupo que não teve escolha, cujos prazos foram impostos a eles. Vimos isso com nossos próprios alunos. Em uma de nossas aulas, deixamos os estudantes escolherem os prazos para o trabalho final. Mas muitos não fizeram isso, o que os levou a ficar assoberbados para fazer esse trabalho justo quando estavam devendo todos os demais.

Em um mundo de escassez, prazos longos são uma receita para problemas. A abundância, no início, incentiva o desperdício e, quando o prazo se aproxima, as pessoas estão dentro do túnel e negligenciando. Quebrar um prazo longo em partes cada vez mais antecipadas pode impedir esse processo. O mesmo acontece com o dinheiro. Um agricultor que recebe uma única quantia grande entra em um ciclo semelhante de abundância no início seguida de escassez no fim. E, assim como acontece com o tempo, dividir o pagamento em partes gradativas pode ajudar. E se o agricultor não recebesse o dinheiro de uma só vez, mas com uma regularidade maior? O mesmo é válido para o auxílio-alimentação. Lembre-se de que os beneficiários não conseguiam distribuir sua renda ao longo do mês. É preciso usar muita largura de banda para planejar, lembrar-se, controlar e fazer escolhas. Por que não pagar os benefícios semanalmente? Ou, se necessário, fazer uma combinação: um pagamento inicial grande para cuidar das grandes despesas mensais e depois pagamentos menores para as despesas semanais? Uma maneira de combater o ciclo de abundância seguida de escassez é equilibrá-lo, criar longos períodos de moderação, em vez de surtos de abundância seguidos de intensos períodos de escassez.

A NECESSIDADE DE FOLGA

O motivo pelo qual o ciclo de abundância seguida de escassez é tão ruim é que, conforme vimos, podemos cair em uma armadilha. Não é que deixemos de harmonizar nossas atividades quando estamos em períodos de abundância; é que deixamos de reservar uma folga para o futuro. Vimos com os ambulantes de Koyambedu, no capítulo 6, o que pode acontecer quando se tem muito pouca folga. Quando atingidos por um susto, eles voltavam para a armadilha de dívidas, o que poderia ser evitado considerando a abundância anterior. Este é o perigo de não deixar uma folga suficiente, um amortecedor suficiente para os potenciais sustos. Não se trata, simplesmente, de sermos pegos pelo susto, e sim de que ele nos põe em posição para a psicologia da escassez entrar em ação. Começamos a entrar no túnel e a fazer empréstimos, logo estamos um passo atrás, e eternamente tentando acompanhar o passo.

Mas, apesar disso, é incrível a frequência com que deixamos de fazer um estoque de amortecedores. Embora as pesquisas diretas sobre essa questão sejam limitadas, há algumas boas indicações. Os dados sugerem, por exemplo, que tendemos a subestimar a probabilidade de muitos eventos de baixa probabilidade. É por isso que fazemos seguros insuficientes para enchentes e terremotos. Quando tudo está calmo, podemos, é claro, imaginar nuvens negras, mas subestimamos a possibilidade de elas aparecerem e, assim, não nos preparamos direito. E isso é muito pior quando qualquer um dos muitos sustos possíveis pode nos atingir. Tecnicamente, estamos enfrentando uma dissociação de acontecimentos de baixa probabilidade. O que pode interferir em nossos planos não são apenas enchentes e terremotos. Você ou um membro de sua família pode adoecer, ou pode haver um arrombamento, um roubo de carro, uma guerra, a perda de um emprego, um casamento surpresa ou um nascimento inesperado. É claro que tudo isso é possível, mas muito improvável. O problema, entretanto, é que qualquer uma dessas coisas é suficiente para ser considerada um susto, para o qual deveríamos ter criado um estoque de amortecedores.

E esse estoque de amortecedores precisa ser criado *em tempos de abundância*. Se preparar para uma escassez de tempo significa reservar algum tempo extra na agenda, "sem motivo algum" além de ser capaz de prosseguir com seus muitos projetos e obrigações sem custo. Com o dinheiro, isso significa ter e cultivar uma conta para uma eventualidade futura, mesmo que você não se sinta incrivelmente bem de grana. Tudo isso não é fácil, não parece natural, porque, mesmo quando você sabe que os sustos e a escassez podem acontecer, não *parece* que é assim quando existe abundância.

A força da escassez pode ser grande. Mas entender sua lógica pode minimizar as consequências negativas. Podemos, de alguma maneira, seguir na direção de tornar nosso ambiente "à prova de escassez". Assim como investir em um alarme de incêndio ou abrir uma conta-poupança para a faculdade do novo bebê, um único momento de insight pode ter benefícios duradouros.

Conclusão

Enquanto nossa ilha de conhecimento cresce, também cresce nossa costa de ignorância.

JOHN A. WHEELER

Este livro ofereceu um convite à leitura sobre uma ciência em formação. Esperamos que esse primeiro vislumbre da ciência da escassez tenha ajudado a mudar a maneira como você pensa sobre muitas coisas, dos períodos ocasionais em que se sente sobrecarregado de trabalho a problemas persistentes, como solidão e pobreza.

Olhar aquilo que lhe é familiar sob uma nova luz pode levar a observações inesperadas, às vezes em lugares inesperados. Nós dois costumamos jogar Scramble em nossos celulares. É um recreio no trabalho, uma maneira de preencher o tempo e, sim, uma ferramenta de procrastinação. O jogo é simples e rápido, e nos tornamos muito bons nele. Mas, enquanto trabalhávamos neste livro, notamos que nossos pontos no Scramble tiveram uma queda brusca. Os dias tensos escrevendo sob um prazo levaram a pontuações incrivelmente baixas. Isso ilustrou claramente como a taxa da largura de banda pode se infiltrar. Embora tivéssemos realizado os estudos e analisado os dados, a magnitude da queda foi surpreendente. Tínhamos uma vaga sensação de que estávamos "cognitivamente cansados", mas a queda de 30% ou 40% nos pontos foi maior do que prevíamos. E o jogo era uma tarefa simples e divertida. Suspeitávamos de que nossas mentes não estavam operando com plena capacidade, mas não avaliamos o quanto estávamos sendo taxados.

Você pode tentar comparar isso com momentos de sua própria vida. Quais são as atividades que podem criar uma taxa da largura de banda grande? E onde isso teria um impacto perceptível? Você se torna um motorista pior? Você sabe evitar dirigir quando está com sono, mas já lhe ocorreu não dirigir depois de um dia de trabalho em que pensou muito? Suas piadas se tornam menos engraçadas? Você fica menos simpático? Toma decisões piores? Algum dia você já disse: "Não quero tomar essa decisão importante agora; minha largura de banda está reduzida"?

As pessoas ignoram a largura de banda. Quando você está ocupado e precisa decidir o que fazer em seguida, pode ser que leve em conta o tempo disponível e quanto tempo a tarefa exigirá, mas raramente você considera sua largura de banda. Pode ser que diga: "Só tenho meia hora. Vou cumprir essa tarefa pequena." É raro você dizer: "Tenho pouca largura de banda. Vou fazer essa tarefa mais fácil." É claro que às vezes você faz isso implicitamente, como quando troca de tarefa por não conseguir avançar, mas isso só significa que você pagou uma taxa sobre um recurso já escasso.

Programamos e administramos nosso tempo, mas não nossa largura de banda. E é incrível como notamos ou cuidamos pouco de nossa capacidade cognitiva flutuante. Compare isso com a capacidade física, em que estamos sintonizados com os potenciais efeitos da alimentação, do sono e dos exercícios. Assim como a maioria dos trabalhadores da sociedade moderna, usamos nossas mentes para ganhar a vida, mas sabemos consideravelmente pouco sobre os ritmos diários do cérebro. Se seu trabalho fosse mover caixas de um lugar para outro, teríamos uma noção melhor de como maximizar sua eficiência — quando fazer mais esforço, quando descansar. Mas para um trabalho focado em mover ideias, e não caixas, temos pouco conhecimento sobre como maximizar nossa limitada capacidade cognitiva.

E assim como nós, como indivíduos, sabemos pouco sobre nossa largura de banda flutuante, como cientistas sociais, compreendemos pouco sobre a largura de banda flutuante da sociedade. Cientistas tendem a medir o que suas teorias lhes dizem para medir. Cientistas sociais medem, portanto, as dimensões materiais da escassez: quantas pessoas estão desempregadas, o que foi produzido em um trimestre específico, quanto se ganhou, e por aí em diante.

Mas não temos quase nenhuma informação sobre o lado cognitivo da economia. Assim como nossa largura de banda individual parece flutuar, é provável que a largura de banda da sociedade também flutue. Será que poderíamos descobrir que a recessão econômica de 2008 também produziu uma profunda recessão cognitiva? Talvez a largura de banda tenha diminuído significativamente. E se, quando o desemprego estava aumentando, a qualidade das decisões estivesse caindo? Não temos os dados para responder a essas perguntas. E, embora seja tarde demais para calcular isso em relação a 2008, não é tarde demais para reunir esses dados para futuras crises e recessões. Nos últimos anos, tem havido um esforço para se medir o bem-estar social, para criar uma medida da Felicidade Nacional Bruta que acompanhe o Produto Interno Bruto. Por que não medir a Largura de Banda Nacional Bruta?

A partir disso, pode ser que aprendamos não apenas sobre nosso país em geral, mas sobre como diferentes subgrupos dele estão indo. Quando o índice de desemprego salta de 5% para 10%, isso significa que mais uma em cada vinte pessoas em idade de trabalho está com dificuldades financeiras. Uma olhadela na largura de banda pode indicar que os efeitos desse aumento são mais amplamente sentidos. É possível que, em épocas como essa, muito mais indivíduos tenham o dinheiro em suas mentes, como resultado. Pode ser que aqueles que tiveram apenas um pequeno aperto em seus orçamentos tenham perdido folga suficiente para estarem experimentando alguma escassez. E talvez os indivíduos próximos dos recém-desempregados — amigos, parentes, vizinhos — também estejam apresentando os efeitos. É possível que o impacto cognitivo esteja mais disseminado do que o impacto financeiro.

Isso não se refere apenas a recessões. Considere a produtividade, um propulsor do crescimento econômico. Ela depende basicamente da largura de banda. Os trabalhadores precisam realizar suas funções com eficiência. Os administradores precisam tomar decisões de investimento inteligentes. Os estudantes precisam aprender para que se forme capital humano. Tudo isso exige largura de banda, e é possível que uma queda nesta, hoje, reduza mais a produtividade no futuro.

Isso não se refere apenas à economia. A largura de banda é um recurso fundamental. Nós a usamos para cuidar dos filhos, estudar, nos exercitar e conduzir nossas relações interpessoais. Ela afeta o modo como pensamos e as escolhas que fazemos. Quando a economia entra em recessão financeira, podemos comprar menos coisas. Quando entramos em recessão cognitiva, todos os aspectos de nossa vida podem ser afetados, dos cuidados parentais e exercícios físicos à conta-poupança e o divórcio.

É claro que medições da largura de banda não precisam estar confinadas a países. Empresas podem fazer inventários de largura de banda: como estão indo seus funcionários? Indivíduos podem fazer seus próprios inventários. Talvez, antes de uma grande decisão, você queira confirmar que está funcionando com plena largura de banda. Já vimos vários testes relacionados à largura de banda, e pode-se extrair mais deles e novos testes podem ser desenvolvidos. Alguns teriam como foco a escassez. Qual é a melhor maneira de medir a folga? Qual é a maneira mais eficiente de determinar se as pessoas estão envolvidas em um pensamento de escolha? Mas podemos ir mais adiante, talvez medindo a capacidade cognitiva flutuante de modo mais geral.

Pode-se também usar essas medidas para avaliar melhor programas sociais e políticas públicas. Em um programa para desempregados, focamos no reemprego. Sem dúvida, isso é importante. Mas por que também não calculamos seu impacto sobre a largura de banda? Afinal de contas, se a dos desempregados for maior, os benefícios serão percebidos de forma mais ampla. Os dados mostram que os filhos de pais desempregados apresentam desempenho significativamente pior na escola. Se a largura de banda é a culpada e podemos fazer algo para aliviá-la, esses programas podem ter benefícios que vão bem além do âmbito inicial.

Um foco na largura de banda leva a mais coisas do que apenas medições melhores. Considere o problema do gerente da fast-food do capítulo 2, aquele que lamentava o tempo que tinha de passar orientando seus funcionários de desempenho fraco. O que ele poderia fazer? Deveria gastar tempo e energia os motivando? Ou recorrer a ameaças de demissão? Aumentar os incentivos? Oferecer mais treinamentos? Mais conversas? O problema do gerente não é único. Muitos empregadores de funcionários de baixo salário enfrentam problemas de produtividade e absenteísmo. E invariavelmente experimentam essas diversas intervenções.

Mas um foco na psicologia da escassez sugere que esse gerente pode querer lidar com um problema diferente. Em vez de motivar ou treinar, ameaçar ou seduzir, talvez ele possa focar no aumento da largura de banda. Trabalhadores de salários baixos têm vidas financeiras voláteis. Vimos os efeitos disso. Vimos também que os incentivos podem ser menos eficientes nessas circunstâncias. Quando você está no túnel, muitas recompensas podem cair do lado de fora. Em vez disso, por que não pensar em produtos financeiros, intervenções logísticas ou condições de trabalho que ajudem os trabalhadores a lidar com a volatilidade financeira e ajudem a aumentar a largura de banda?

Veja mais um exemplo. Muitos trabalhadores, conforme vimos no capítulo 5, recorrem a empréstimos a serem saldados no dia do pagamento do salário. Mas vale observar que um empréstimo desse tipo costuma ser, simplesmente, um empréstimo sobre um trabalho já feito. O trabalhador que o faz no meio do ciclo de pagamento já recebeu metade de seu salário. A necessidade de um empréstimo se deve em grande parte ao fato de o pagamento ser feito com atraso. Por que um empregador deveria ter trabalhadores que fazem esses empréstimos, potencialmente caindo em armadilhas da escassez, taxando a largura de banda e resultando em produtividade menor, sobretudo quando esse empregador pode pagar adiantamentos a um custo baixo? Como seria valioso para os empregadores melhorar a produtividade oferecendo os produtos financeiros certos e criando largura de banda?

O caso dos empregadores é apenas um exemplo de como o fato de pensar na largura de banda pode nos levar a fazer perguntas diferentes e resolver problemas de maneiras diferentes. Veja o simples exemplo da adesão: os pobres, mais do que outros, deixam de tomar seus remédios conforme receitados. Podemos dizer, "Esta é a dura realidade", e seguir adiante, deixando de confiar que os pobres farão o que é necessário. Ou podemos desenvolver um produto como o GlowCap. Este frasco de comprimidos entra em ação sempre que deixa de ser aberto pelo número de vezes correto para um dia. O frasco começa a brilhar e, se ainda assim não for aberto, emite um sinal que termina por enviar uma mensagem de texto para o telefone do usuário. Pouco a pouco, o remédio torna sua perturbação conhecida, impedindo a negligência decorrente de estar no túnel. Com o GlowCap, os pobres têm demonstrado uma adesão aos horários de seus medicamentos a índices incrivelmente maiores. Produtos e intervenções semelhantes podem resolver a adesão e outros problemas por meio de uma compreensão da psicologia da escassez. O GlowCap ilustra como podemos usar a tecnologia de maneira barata, discreta e eficiente para tratar de problemas criados pela largura de banda. Naturalmente, insights semelhantes tendem a se provar igualmente incríveis em outros campos.

Quando pensamos em aumentar a produtividade agrícola no mundo, talvez não devamos focar em novos cultivos nem no treinamento de agricultores. Talvez devamos pensar em como levar os agricultores a realizar essas pequenas atividades, como retirar as ervas daninhas, que eles já conhecem, mas que tantas vezes ficam fora do túnel. Qual deveria ser o GlowCap dos agricultores para lembrá-los sobre as ervas daninhas ou sobre o controle de pragas?

ABUNDÂNCIA

Ao pensarmos na escassez, nós nos deparamos com várias novas charadas. Este livro, por exemplo, não foi concluído no prazo. Por quê? Além de todos os motivos óbvios, dois outros se destacam quando refletimos sobre os últimos anos. Primeiro, parte do trabalho foi feita quando estávamos enfrentando um prazo rígido. E quando escrevemos com um prazo rígido, experimentamos a escassez. Muitas vezes nós nos beneficiamos disso, como sugere nossa teoria. Ficávamos focados e mais eficientes.

Mas, em grande parte do tempo, nós não sentimos como se tivéssemos um prazo rígido. Durante longos períodos, trabalhamos com a sensação de que tínhamos tempo de sobra. E durante esses períodos, como se poderia prever, o tempo era esbanjado. Não exatamente desperdiçado, mas a produtividade por dia — medida em palavras escritas, digamos — ficava longe de onde poderia ter ficado. Você poderia dizer que estávamos sofrendo de falta de escassez. Mas isso é tudo? Ou era algo relacionado à psicologia da abundância?

Temos tratado a abundância simplesmente como o que acontece quando a escassez está ausente, como se este fosse o estado "padrão", quando tudo está bem. Mas a reflexão nos revela que há períodos em que sentimos uma abundância real, e que esses períodos parecem diferentes, não apenas da escassez, mas também de outros momentos menos marcantes. Há momentos em que a psicologia da abundância entra em ação. E o que torna a psicologia da abundância tão intrigante é que ela parece ter em si as sementes da escassez.

Muitos de nós acabamos ficando com o tempo apertado pouco antes do fim de um prazo porque desperdiçamos o período de abundância precedente. Nossos alunos inevitavelmente escrevem seus trabalhos nos dois dias anteriores ao fim do prazo de entrega (muitas vezes, em uma noite), e isso costuma ser precedido por semanas em que o tempo era abundante. Esta não era a intenção deles durante o semestre; sua luta no último minuto é um microcosmo dos problemas de administração do tempo vividos por executivos que levam uma vida boa até acabarem tendo de combater incêndios, ou por pessoas de férias que não viram o dia passar.

A experiência da escassez próxima ao fim do prazo tende a surgir por causa do modo como o tempo foi administrado durante a abundância. Essa ligação íntima entre escassez e abundância se repete em muitos campos. O agricultor está sem dinheiro antes da colheita por causa da maneira como gastou os rendimentos da colheita anterior. O comportamento que teve durante a abundância contribui para a escassez posterior. Deixamos de poupar quando o dinheiro é abundante. Relaxamos quando o fim do prazo está longe.

Pense sobre a crise financeira de 2008. Muita gente especulou que um dos motivos foi um ponto cego cognitivo. O preço das moradias estava subindo no fim dos anos 1990 e início dos anos 2000. Nesses tempos de boom, uma queda repentina no preço das casas parecia uma possibilidade remota, difícil de imaginar e que dificilmente valia a pena considerar. Essa crença afetou muitas escolhas. Se o preço das casas estava destinado a continuar subindo (ou pelo menos a não despencar), as transações altamente alavancadas pareciam sensatas, os financiamentos com uma razão alta entre o valor do empréstimo e o valor do bem pareciam mais seguros. É claro que os preços caíram — drasticamente, em alguns casos. E todas as decisões de investimento baseadas na suposição de que não cairiam levaram a uma cascata financeira que quase derrubou o sistema financeiro global. Nesse caso, a escassez aguda da crise financeira também teve suas raízes no comportamento relaxado que caracterizou os anos de abundância precedentes.

É claro que poderíamos considerar tudo isso simplesmente como comportamentos habituais. As pessoas desperdiçam tempo. São confiantes demais. Mas os bons tempos e a abundância antes da crise financeira aumentaram essas tendências — estimularam o excesso de confiança e reforçaram a complacência.

Siga o fio condutor da escassez o suficiente e ele o levará de volta à abundância: à recessão, que é causada pelo nosso comportamento durante o boom; à sobrecarga de última hora, que pode ser atribuída à nossa falta de ação nas semanas anteriores. Embora a escassez tenha um papel central em muitos problemas importantes, a abundância arma o palco para ela.

Assim como acontece com a escassez, também poderia haver uma lógica comum para a abundância que operasse nesses diversos problemas?

Precisamos responder a esta pergunta. E, agora que o livro está pronto, temos tempo de sobra para não fazer isso.

Notas

INTRODUÇÃO

9. "Se as formigas trabalham tanto": Essa citação é atribuída a Marie Dressler. Veja, por exemplo, *Marie Dressler – Biography*. IMDb. Acessado em 6 de novembro de 2012. Disponível em: http://www.imdb.com/name/nm0237597/bio.
10. "A ilusão é o primeiro de todos os prazeres": T. Smollett e J. Morley, eds., *The Works of Voltaire: The Maid of Orleans (La Pucelle d'Orléans)*, vol. 41 (Nova York: E.R. DuMont, 1901), 90.
13. Por escassez, queremos dizer: Essa definição de escassez é inerentemente subjetiva. Uma pessoa com muita riqueza mas que tenha muitos desejos pode, em princípio, experimentar a mesma escassez de outra com menos riqueza (e menos desejos). Essa definição subjetiva de escassez é essencial para entender a psicologia. É claro que as *consequências* dependem tanto da psicologia quanto da realidade material. Estamos usando essa abordagem subjetiva apenas para entender a psicologia. Quando analisamos problemas — como a pobreza, no capítulo 7 — combinamos subjetivo e objetivo.
13. pessoas com pouquíssimos vínculos sociais: Em seu livro pioneiro, Robert Putnam mostrou, por meio de uma série de dados, uma tendência na participação de norte-americanos em instituições civis. Veja Robert D. Putnam, *Bowling Alone: The Collapse and Revival of American Community* (Nova York: Simon & Schuster, 2000). Desde então, o campo foi transformado pelo influxo de grandes quantidades de dados sobre interação social. Veja Jim Giles, "Computational Social Science: Making

the Links", *Nature* 488 (23 de agosto de 2012): 448-50. É claro que hoje em dia a importância do capital social, o inverso da escassez social, é discutida em uma grande variedade de problemas, do desenvolvimento econômico ao valor das cidades.

14. os Aliados perceberam que tinham um problema: Todd Tucker, *The Great Starvation Experiment: Ancel Keys and the Men Who Starved for Science*. (Minneapolis: University of Minnesota Press, 2008).

15. uma equipe da Universidade de Minnesota: A. Keys, J. Brožek, A. Henschel, O. Mickelson e H.L. Taylor, *The Biology of Human Starvation*, 2 vols. (Oxford: University of Minnesota Press, 1950).

16. *Os homens ficavam impacientes à espera na fila*: S.A. Russell, *Hunger: An Unnatural History* (Nova York: Basic Books, 2006).

18. Em um estudo recente, os participantes foram solicitados a ir a um laboratório na hora do almoço: R. Radel e C. Clement-Guillotin, "Evidence of Motivational Influences in Early Visual Perception: Hunger Modulates Conscious Access", *Psychological Science* 23, n° 3 (2012): 232-34. doi:10.1177/0956797611427920.

19. rápidos o bastante para permanecer além do controle consciente: B. Libet, C.A. Gleason, E.W. Wright e D.K. Pearl, "Time of Conscious Intention to Act in Relation to Onset of Cerebral Activity (Readiness-Potential): The Unconscious Initiation of a Freely Voluntary Act", *Brain* 106, n° 3 (1983): 623-42.

20. Um estudo verificou que, quando os participantes estão com sede: H. Aarts, A. Dijksterhuis e P. de Vries, "On the Psychology of Drinking: Being Thirsty and Perceptually Ready", *British Journal of Psychology* 92, no. 4 (2001): 631-42. doi:10.1348/000712601162383.

20. o tamanho de moedas norte-americanas comuns: P. Saugstad e P. Schioldborg, "Value and Size Perception", *Scandinavian Journal of Psychology* 7, n° 1 (1966): 102-14. doi:10.1111/j.1467- 9450.1966.tb01344.x.

20. As moedas "pareceram" maiores para as crianças mais pobres: Em percepção visual, mais foco não significa necessariamente maior precisão. Vários estudos verificaram que tanto a motivação quanto a atenção podem penetrar em processos visuais

iniciais e guiá-los. Evidências psicofísicas, neurofisiológicas e comportamentais sugerem que a atenção muda a força de um estímulo aumentando sua saliência e, portanto, pode aumentar sua representação perceptiva, melhorando ou prejudicando diversos aspectos do desempenho visual. Observadores relatam, por exemplo, perceber o estímulo apresentado como mais elevado do que realmente é. Marisa Carrasco, Sam Ling e Sarah Read, "Attention Alters Appearance", *Nature Neuroscience* 7 (2004), 308-13; Yaffa Yeshurun e Marisa Carrasco, "Attention Improves of Impairs Visual Performance by Enhancing Spatial Resolution", *Nature* 396 (5 de novembro de 1998), 72-75; Rémi Radel e Corentin Clément Guillotin, "Evidence of Motivational Influences in Early Visual Perception: Hunger Modulates Conscious Access", *Psychological Science* 23, n° 3 (2012), 232-34.

20. as moedas capturaram o foco das crianças pobres: Nesse estudo, as crianças pobres valorizam mais as moedas do que as ricas. É claro que muitas outras características variam entre crianças pobres e ricas. Trabalhos mais recentes induziram experimentalmente o valor, em vez de usar diferenças de valor em níveis de população. Para um artigo recente que usa essa abordagem, veja Brian A. Anderson, Patryk A. Laurent e Steven Yantis, "Value-driven Attentional Capture", *Proceedings of the National Academy of Sciences* 108, n° 25 (2011): 10367-71.

21. "expansão subjetiva do tempo": P.U. Tse, J. Intriligator, J. Rivest e P. Cavanagh, "Attention and the Subjective Expansion of Time", *Attention, Perception, and Psychophysics* 66, n° 7, (2004): 1171-89.

21. fotos de rostos foram mostradas por um segundo: W.L. Gardner, Valerie Pickett e Megan Knowles, "On the Outside Looking In: Loneliness and Social Monitoring", *Personality and Social Psychology Bulletin* 31, n° 11 (2005): 1549-60. doi:10.1177/0146167205277208.

21. a solidão poderia indicar uma inaptidão ou inexperiência social: Isso não quer dizer que os solitários têm melhores habilidades sociais em geral. É o oposto. Precisamos ser muito precisos em relação ao que queremos dizer com "habilidades

sociais". Este estudo mediu a capacidade de decodificar pistas sociais. Por outro lado, inúmeros estudos têm mostrado que os solitários apresentam uma capacidade menor de regular o comportamento em ambientes sociais. No capítulo 6, argumentaremos que esse desempenho inferior na regulagem de seus comportamentos em ambientes sociais também é uma consequência previsível da escassez. Um livro maravilhoso sobre o tema explora essas ideias com muito mais detalhes: John T. Cacioppo e William Patrick, *Loneliness: Human Nature and the Need for Social Connection* (Nova York: W.W. Norton, 2008).

21. Em um estudo, pediu-se que pessoas lessem o diário de alguém: Veja W.L. Gardner, C.L. Pickett e M.B. Brewer, "Social Exclusion and Selective Memory: How the Need to Belong Influences Memory for Social Events", *Personality and Social Psychology Bulletin* 26, nº 4 (2000): 486-96. doi:10.1177 /0146167200266007.

22. *De repente, Bradley não consegue deixar de notar ligações*: W.L. Gardner, Valerie Pickett e Megan Knowles, "On the Outside Looking In: Loneliness and Social Monitoring", *Personality and Social Psychology Bulletin*, 31, nº 11 (2005): 1549-60.

23. Paleontólogos europeus na China do século XIX: K. Vitasek, M. Ledyard e K. Manrodt, *Vested Outsourcing: Five Rules That Will Transform Outsourcing* (Nova York: Palgrave Macmillan, 2010).

24. o sentimento de escassez depende: A.F. Bennett, "Structural and Functional Determinates of Metabolic Rate", *American Zoologist* 28, nº 2 (1988): 699-708.

24. somos infelizes: A palavra *escassez* também é usada em psicologia para descrever um efeito diferente. O *princípio da escassez*, como costuma ser chamado, captura a ideia de que quando há menos de alguma coisa as pessoas querem mais dessa coisa. Marqueteiros usam muito essa ideia, por exemplo, em ofertas por tempo limitado, assegurando que as prateleiras sejam apenas parcialmente abastecidas em ofertas na internet que dizem "restam apenas três". Veja o capítulo 7 deste livro para uma boa descrição do princípio da escassez: Robert B. Cialdini, *Influence: Science and Practice*, vol. 4 (Boston, Massachusetts: Allyn and Bacon, 2001).

25. A escassez leva à insatisfação e à luta: Em economia, este é o princípio da utilidade crescente. Ter mais de um recurso proporciona mais utilidade ou bem-estar. Na maioria das análises econômicas, assim como em nosso trabalho, essas preferências, as funções da utilidade, por assim dizer, também são vistas como óbvias.

25. mentalidades criadas por situações específicas de escassez: Um estudo sobre dieta e humor é de Peter J. Rogers, "A Healthy Body, a Healthy Mind: Long-Term Impact of Diet on Mood and Cognitive Function", *Proceedings — Nutrition Society of London* 60, n° 1 (CABI Publishing, 1999, 2001). Um estudo mais recente examinou os caminhos fisiológicos: Doris Stangl e Sandrine Thruet, "Impact of Diet on Adult Hippocampal Neurogenesis", *Genes and Nutrition* 4, n° 4 (2009): 271-82. Para uma discussão sobre cultura e pobreza, veja a recente coleção de artigos em David J. Harding, Michèle Lamont e Mario Luis Small, eds., *The Annals of the American Academy of Political and Social Science* 629 (maio de 2010).

27. A estrutura da memória humana: E.R. Kandel, *In Search of Memory: The Emergence of a New Science of Mind* (Nova York: W.W. Norton, 2007).

1. FOCANDO E ENTRANDO NO TÚNEL

33. "Você já tem uma ideia para a história?": MOOD – Calvin and Hobbes – Full Story. Disponível em: http://web.mit.edu/manoli/mood/www/calvin-full.html.

33. todos os críticos deliravam: *Dirtcandy*. Disponível em: http://www.dirtcandynyc.com/.

34. "o Tofu Crocante que está no cardápio": *Dirtcandy*. Disponível em: http://www.dirtcandynyc.com/. Seria possível pensar que Amanda Cohen pôs esse prato no cardápio simplesmente para capitalizar sua fama no *Iron Chef*: as pessoas chegam querendo provar o prato do programa. Mas ela já tinha o prato no cardápio bem antes de o programa entrar no ar. Isso foi mais do que um artifício de marketing.

34. meses e anos de experiência prévia e trabalho duro: A relação entre criatividade e pressão do tempo é significativamente mais complicada do que essa história indica. Em muitos casos, a pressão do tempo pode inibir a criatividade. Uma ideia que tem funcionado para nós: quando a tarefa exige abrir o leque — gerar novas ideias — a pressão do tempo é um impedimento. Quando a tarefa exige fechar o leque — sintetizar uma grande série de ideias em uma só (como no caso de Cohen), a pressão do tempo pode ser útil. Um artigo muito bom que analisa essas ideias, com extensa pesquisa original de Teresa M. Amabile, Constance N. Hadley e Steven J. Kramer: "Creativity Under the Gun", *Harvard Business Review* (1º de agosto de 2002).

36. ganha a vida estudando-as: Embora tenha havido trabalhos posteriores, o artigo original sobre esse tópico continua sendo uma boa primeira leitura: Connie J. Gersick, "Time and Transition in Work Teams: Toward a New Model of Group Development", *Academy of Management Journal* 31, nº 1 (1988): 9-41. Nessa pesquisa original, ela acompanha todas as reuniões conjuntas de oito grupos. Embora simplifiquemos e falemos sobre uma reunião, o processo estudado por ela ocorreu em várias reuniões. Ruth Wageman, Colin M. Fisher e J. Richard Hackman, em "Leading Teams When the Time Is Right" (*Organization al Dynamics* 38, nº 3 [2009] 192-203) discutem como esses insights podem ser usados por líderes. Na transição no ponto médio, o grupo estará particularmente preparado para uma mudança que os líderes possam usar.

38. universitários foram pagos para ler e corrigir três ensaios: D. Ariely e K. Wertenbroch, "Procrastination, Deadlines, and Performance: Self-Control by Precommitment", *Psychological Science* 13, nº 3 (2002): 219-24. Um estudo anterior verificou que estudantes universitários apresentavam maior probabilidade de entregar uma planilha opcional para pagamento quando tinham apenas uma semana para concluí-la, em comparação a quando tinham três semanas; A. Tversky e E. Shafir, "Choice under Conflict: The Dynamics of Deferred Decision",

Psychological Science 3, n° 6 (1992): 358-61. Economistas teorizaram sobre o poder dos prazos usando uma estrutura diferente, o desconto hiperbólico, em nossa tendência a pesar de maneira desproporcional o presente em relação ao futuro. Veja Shane Frederick, George Loewenstein e Ted O'Donoghue, "Time Discounting: A Critical Review", *Journal of Economic Literature* (2002) para ter uma visão geral. Prazos intermediários nos tornam mais eficientes, de acordo com essa visão, ao traduzirem recompensas futuras distantes em recompensas presentes imediatas.

38. Um estudo da psicóloga Jaime Kurtz: J.L. Kurtz, "Looking to the Future to Appreciate the Present: The Benefits of Perceived Temporal Scarcity", *Psychological Science* 19, n° 12 (2008): 1238-41. doi:10.1111/j.1467-9280.2008.02231.x.

39. alguns clientes recebem pelo correio um cupom: J. J. Inman e L. McAlister, "Do Coupon Expiration Dates Affect Consumer Behavior?" *Journal of Marketing Research* (1994): 423-28; A. Krishna e Z.J. Zhang, "Short or Long-Duration Coupons: The Effect of the Expiration Date on the Profitability of Coupon Promotions", *Management Science* 45 n° 8 (1999): 1041-56.

39. vendedores trabalham mais: Um exemplo de artigo que documenta esse efeito é de Paul Oyer, "Fiscal Year Ends and Nonlinear Incentive Contracts: The Effect on Business Seasonality", *The Quarterly Journal of Economics*, 113, n° 1 (1998): 149-85. Sua interpretação é menos psicológica do que a nossa, atribuindo isso à substituição do esforço ao longo do tempo.

39. quanto o dia do pagamento se aproximava: S. Kaur, M. Kremer e S. Mullainathan, "Self-Control and the Development of Work Arrangements", *American Economic Review Papers and Proceedings* (2010).

39. "A mente de um inglês trabalha melhor": M. Hastings, *Finest Years: Churchill as Warlord, 1940–45* (Londres: HarperPress, 2009).

41. um videogame baseado em Angry Birds: Aqui, descrevemos resumidamente uma série de estudos. Detalhes sobre eles, incluindo tamanho de amostras e mais testes estatísticos

cuidadosos, podem ser encontrados em Shah, Mullainathan e Shafir, "Some Consequences of Having Too Little", *Science* 338, n° 6.107 (novembro de 2012): 682-85.

43. os ricos em mirtilos não ganharam nem de perto o dobro durante cada jogo: Também não é caso de os ricos em mirtilos terem simplesmente ficado entediados ou não terem desejado passar tanto tempo fazendo a tarefa. Se fosse esse o caso, eles poderiam ter jogado menos rodadas no total e parado antes.

44. Assim como não podemos fazer cócegas em nós mesmos com eficiência: As evidências sobre fazer cócegas em si mesmo vão desde experiências em que as pessoas fazem cócegas em si mesmas por meio do controle de um objeto independente até dados de ressonância magnética funcional. Uma análise maravilhosa está em Sarah-Jayne Blakemore, Daniel Wolpert e Chris Frith, "Why Can't You Tickle Yourself?", *Neuroreport* 11, n° 11 (2000): R11- R16. A opinião prevalecente é de que o movimento autoproduzido pode ser previsto e seus efeitos podem ser atenuados. Não conhecemos nenhum trabalho empírico cuidadoso desse tipo sobre prazos imaginados ou pressão do tempo. O problema da renegociação é discutido com frequência. Um prazo imaginado não parece pressionar porque no fundo da mente há o conhecimento de que você sempre pode negociar consigo mesmo.

44. Às 22 horas de 23 de abril de 2005: *State Fire Marshal's Office Firefighter Fatality Investigation*, n° 05-307-04, Texas Department of Insurance, Austin, Texas. Agradecemos a Jessica Gross pela ajuda na pesquisa sobre esse caso, e ao Dr. Burton Clark pela correspondência.

45. acidentes com veículos como a segunda maior causa de mortes de bombeiros: P.R. LeBlanc e R.F. Fahy, *Full Report: Firefighter Fatalities in the United States* — 2004 (Quincy, Massachusetts: National Fire Protection Association, 2005).

45. por 20% e 25% das mortes de bombeiros: Estudo retrospectivo sobre mortes de bombeiros, abril de 2002. (Preparado para a Federal Emergency Management Agency, United States Fire

Service, National Fire Data Center, pela TriData Corporation, Arlington, Virginia).
46. formara-se em um curso de segurança um ano antes: C. Lumry (21 de janeiro de 2010). *Amarillo Firefighter Fatality — COFT/ Council On Firefighter Training*. Disponível em: http://www.coft-oklahoma.org/news-updates/m.blog/21/amarillo-firefighter-fatality.
46. "Não conheço um bombeiro": C. Dickinson, *Chief's Corner* (27 de fevereiro de 2007). Disponível em: http://www.saratogacofire.com/seatbelt.htm.
47. o estreitamento do campo visual: L.J. Williams, *Human Factors* 27, nº 2 (1985): 221-27. Pesquisadores usam o termo *visão em túnel* para se referir a algo bastante concreto que estudam há anos, às vezes no nível do olho real. As pessoas são levadas a focar em um alvo diante da fóvea, o centro da retina do olho. Em seguida, itens são apresentados no nível parafoveal, em torno da fóvea, onde a acuidade visual é menor. E eles medem a capacidade de as pessoas detectarem esses itens na periferia enquanto realizam tarefas diversas no centro. E o que eles verificam é impressionante. Eles mantêm toda a informação visual intacta e alteram ligeiramente a tarefa das pessoas. Por exemplo, todos os participantes veem o mesmo A, e alguns devem decidir se é a letra A (fácil) enquanto outros devem decidir se é uma vogal (mais difícil). E o que eles verificam é que, embora a experiência visual seja idêntica, aqueles que precisam pensar mais sobre o A foveal não detectam tão bem os itens na periferia. Quando focam mais na tarefa, eles entram no túnel e perdem a visão periférica. Embora isso aconteça no nível do olho físico, *entrar no túnel* se refere também ao equivalente cognitivo dessa experiência visual. Trata-se de uma fixação que perde grande parte do que é periférico.
47. "Fotografar é emoldurar": Susan Sontag, *Regarding the Pain of Others* (Nova York: Farrar, Straus and Giroux, 2002), 46.
49. *não* é lhe mostrar as palavras "leite" e "neve": N.J. Slamecka, "The Question of Associative Growth in the Learning of

Categorized Material", *Journal of Verbal Learning and Verbal Behavior* 11, nº 3 (1972): 324-32. Em outro estudo, pessoas foram solicitadas a dizer nomes de estados dos Estados Unidos e verificou-se que "ajudá-las" dando os nomes de alguns estados apenas reduzia o número total de estados lembrados. Veja Raymond Nickerson, "Retrieval Inhibition from Part-Set Cuing: A Persisting Enigma in Memory Research", *Memory and Cognition* 12, nº 6 (novembro de 1984): 531-52.

49. do que os psicólogos chamam de *inibição*: C.M. MacLeod, "The Concept of Inhibition in Cognition", em *Inhibition in Cognition*, ed. David S. Gorfein e Colin M. Macleod (Washington: American Psychological Association, 2007), 3-23.

49. participantes foram solicitados a escrever um objetivo pessoal: J.Y. Shah, R. Friedman e A.W. Kruglanski, "Forgetting All Else: On the Antecedents and Consequences of Goal Shielding", *Journal of Personality and Social Psychology* 83, nº 6 (2002): 1261.

52. Os participantes tiveram de buscar na memória: A ilustração aqui mostra apenas alguns itens em tons de cinza. A experiência real foi diferente disso de duas maneiras. Primeiro, os participantes ficaram diante de muito mais itens. Segundo, os itens tinham cores diferentes e essas cores também precisavam ser lembradas.

53. Ganharam menos, embora tivessem direito a um total de adivinhações maior: Esses resultados são de uma experiência não publicada. Quando tiveram direito a uma e três adivinhações, os participantes ganharam 7% menos do que quando tiveram direito a uma adivinhação nos dois casos (N = 33, $p < 0,05$).

54. *Fiz um curso de leitura dinâmica*: Woody Allen — Biografia, IMDb. Disponível em: http://www.imdb.com/name/nm0000095/bio.

55. *Então você quer economizar mais US$ 10 mil*: B. Arends, "How to Save $10,000 by Next Thanksgiving", *Wall Street Journal*, 20 de novembro de 2011. Disponível em: http://www.wsj.com/articles/SB10001424052970204323904577040101565437734.html.

55. do seguro-saúde ao seguro de colheita: Uma breve discussão e uma lista de exemplos podem ser encontradas em Michael

J. McCord, Barbara Magnoni e Emily Zimmerman, "A Microinsurance Puzzle: How Do Demand Factors Link to Client Value?" *MILK Brief*, n° 7. Disponível em: http://www.microinsurancecentre.org/milk-project/milk-docs/doc_details/835-milk-brief-7-a-microinsurance-puzzle-how-do-demand-factors-link-to-client-value.html.
55. em alguns casos mais de 90%: X. Giné, R. Townsend e J. Vickery, "Patterns of Rainfall Insurance Participation in Rural India", *The World Bank Economic Review* 22, n° 3 (2008): 539-66.
55. O mesmo acontece para o seguro-saúde: A. Aizer, "Low Take-Up in Medicaid: Does Outreach Matter and for Whom?", *The American Economic Review* 93, n° 2 (2003): 238-41.
56. pior do que dirigir após ter ingerido um nível de álcool acima do permitido: D.L. Strayer, F.A. Drews e D.J. Crouch, "A Comparison of the Cell Phone Driver and the Drunk Driver", *Human Factors: The Journal of the Human Factors and Ergonomics Society* 48, n° 2 (2006): 381-91. Também, D. Redelmeier e R. Tibshirani, "Association Between Cellular-Telephone Calls and Motor Vehicle Collisions", *New England Journal of Medicine* 336, n° 7 (1997), 453-58. Note também que um recente estudo naturalista em larga escala verificou, surpreendentemente, pouco efeito do uso do celular sobre a probabilidade de acidentes. Veja Saurabh Bhargava e Vikram Pathania, "Driving Under the (Cellular) Influence" (2008), disponível em: SSRN 1129978. Esse estudo posterior, que evita alguns dos problemas típicos que atormentam estudos com base em trabalho de campo sobre o risco de dirigir, é intrigante, já que contradiz um grande número de dados, e será necessário aguardar investigações posteriores.
56. comer dirigindo pode ser um perigo tão grande quanto: Não conhecemos experiências sobre comer dirigindo. Os melhores dados que temos são do "estudo dos cem carros", em que cem carros receberam equipamentos de monitoramento e circularam por 12 a 13 meses, o que resultou em dados sobre 43 mil horas e mais de 3,2 milhões de quilômetros percorridos. Verificou-se que comer dirigindo aumentava em 57% as chances de acidente

ou quase acidente. Falar ao celular aumentava o risco em 29%. Discar o celular, porém, aumenta o risco em 279%, ilustrando uma descoberta crucial do estudo de que a distração visual ainda é extremamente letal. Veja Sheila G. Klauer *et al.*, "The Impact of Driver Inattention on Near-Crash/Crash Risk: An Analysis Using the 100-Car Naturalistic Driving Study Data", nº HS-810 594 (2006).

56. 41% dos norte-americanos: Veja Paul Taylor e C. Funk, "Americans and Their Cars: Is the Romance on the Skids?" (2006), disponível no site do Pew Research Center.

56. as pessoas consomem mais calorias quando estão distraídas: B. Boon, W. Stroebe, H. Schut e R. Ijntema, "Ironic Processes in the Eating Behaviour of Restrained Eaters", *British Journal of Health Psychology* 7, nº 1 (2002): 1-10.

57. *Em tempos difíceis, muitos pequenos negócios*: "Recession-Proof Your Business", *About.com Small Business: Canada*, extraído em 22 de outubro de 2012. Disponível em: http://sbinfocanada.about.com/od/management/a/recessionproof.htm.

59. a própria pessoa lamenta isso: A ideia de que estamos em conflito conosco — de que fazemos algo que nós mesmos não queremos fazer — tem uma história interessante. Isso costuma ser visto como uma consequência de problemas de autocontrole. Veja, por exemplo, T.C. Schelling, "Self-Command in Practice, in Policy and in a Theory of Rational Choice", *American Economic Review* 74 (1984): 1-11.

2. A TAXA DA LARGURA DE BANDA

64. o termo geral *largura de banda*: A largura de banda, ou capacidade computacional, tem sido estudada sob vários aspectos, incluindo diversas medições de inteligência, capacidade de raciocínio, capacidade de memória no curto prazo, capacidade de memória de trabalho, inteligência fluida, controle cognitivo, controle executivo, controle de atenção, monitoramento de conflito e por aí em diante. Para pesquisadores profissionais, alguns desses aspectos captam distinções relevantes que estão bem além de nosso âmbito

atual. (Alguns pesquisadores postularam, por exemplo, que a capacidade de memória de trabalho é o principal componente subjacente a muitas outras medições; veja, por exemplo, R.W. Engle, "Working Memory Capacity as Executive Attention", *Current Directions in Psychological Science* 11 (2002): 19-23.

65. as condições de uma escola em New Haven: A.L. Bronzaft, "The Effect of a Noise Abatement Program on Reading Ability", *Journal of Environmental Psychology* 1, n° 3 (1981): 215-22; A.L. Bronzaft e D.P. McCarthy, "The Effect of Elevated Train Noise on Reading Ability", *Environment and Behavior* 7, n° 4 (1975): 517-28. doi:10.1177/001391657500700406.

66. os fortes efeitos de uma distração, ainda que pequena: Um foco importante da psicologia cognitiva tem sido o papel da distração no desempenho cognitivo, particularmente enquanto esta interage com a atenção e a carga cognitiva. Mesmo distrações supostamente menores têm mostrado ter efeitos profundos, muitas vezes maiores do que a intuição sugeriria. Estudos experimentais sobre os efeitos da distração vão desde experiências sobre tempo de reação até o uso de simuladores e estudos de campo, e têm examinado tarefas tão diversas quanto percepção visual, auditiva e de dor, direção, cirurgias, desempenho no trabalho e desempenho educacional.

68. Estudos sobre comportamento e neuroimagens: Vários estudos de Lavie e colaboradores documentaram maior captura de atenção por distratores salientes durante uma carga de memória elevada. Em um estudo, por exemplo, foram combinadas duas tarefas não relacionadas, atenção visual e memória de trabalho. Previu-se que uma carga elevada na tarefa de memória de trabalho reduziria a capacidade das pessoas de evitar distratores visuais. Você olha para um monitor de computador e vê uma sequência de números, digamos, 0, 3, 1, 2, 4, que precisa memorizar. Depois, você vê nomes de famosos aparecendo na tela, sendo solicitado a classificá-los como celebridades ou políticos. Os nomes são acompanhados de rostos, que você é solicitado a ignorar. Depois, em algum

momento, aparece um número, digamos 2, e sua tarefa é relatar o número seguinte a este na sequência que você memorizou (neste caso, 4). Para tornar isso mais interessante, há duas variações. Primeiro, a manipulação da carga: sob uma carga de memória elevada, a sequência numérica a ser memorizada era diferente em cada tentativa, enquanto sob uma carga de memória pequena os números ficavam em uma ordem fixa: 0, 1, 2, 3, 4. Claramente, você precisaria decorar pouco a sequência da ordem fixa, enquanto as sequências novas teriam de ser ativamente decoradas. Além disso, os rostos a serem ignorados mudavam: na condição de distração menor, rostos e nomes eram "congruentes": o rosto de Bill Clinton aparecia com seu nome, assim como o de Mick Jagger. Mas na condição de distração elevada, eram incongruentes: o rosto de Bill Clinton aparecia com o nome de Mick Jagger, e vice-versa. Isso provou distrair bastante! E provou distrair muito mais quando a memória de trabalho está carregada. O impacto dos rostos incongruentes foi muito maior quando as pessoas estavam sob uma carga de memória elevada do que sob uma carga de memória menor. Veja N. Lavie, "Distracted and Confused?: Selective Attention under Load", *Trends in Cognitive Sciences* 9, nº 2 (2005): 75-82.
68. apertar um botão ao ver um ponto vermelho na tela: R.M. Piech, M.T. Pastorino e D.H. Zald, "All I Saw Was the Cake: Hunger Effects on Attentional Capture by Visual Food Cues", *Appetite* 54, nº 3 (2010): 579. A noção de que certos eventos mentais ou físicos podem capturar a atenção tem sido um tópico permanente no estudo da atenção devido à importância da compreensão de como processos direcionados para um objetivo e impulsionados por estímulos interagem na percepção e na cognição.
69. demos aos participantes de caça-palavras: Este provém de um trabalho não publicado, feito com Christopher Bryan; C.J. Bryan, S. Mullainathan e E. Shafir, "Tempting Food, Cognitive Load and Impaired Decision-Making", palestra a convite no Departamento de Agricultura dos Estados Unidos, Economic Research Service, Washington, abril de 2010.

71. O problema foi com DONUT: Este estudo contou com a participação de 389 pessoas. A diferença no tempo que as pessoas de dieta precisaram depois de verem palavras de comida *versus* palavras neutras foi altamente significativo (p = 0,003). Além disso, houve uma interação significativa entre a diferença nos tempos para palavras neutras *versus* palavras de comida em pessoas de dieta *versus* pessoas que não faziam dieta (p = 0.047). Os participantes receberam incentivos modestos para encontrar o máximo possível de palavras.

73. Em grande parte como um processador central: Pesquisadores de ciências cognitivas e neurociência focaram nos mecanismos e estruturas cerebrais por meio dos quais o controle executivo ou cognitivo orienta o comportamento. Veja, por exemplo, G.J. DiGirolamo, "Executive Attention: Conflict, Target Detection, and Cognitive Control", em *The Attentive Brain*, ed. Raja Parasuraman (Cambridge, Massachusetts: MIT Press, 1998), 401-23.

73. teste de Matrizes Progressivas de Raven: J. Raven *et al.*, *Manual for Raven's Progressive Matrices and Vocabulary Scales*, suplemento de pesquisa n° 3, 2ª/3ª edição (Oxford: Oxford Psychologists Press/ San Antonio, Texas: The Psychological Corporation, 1990/2000): Um compêndio de estudos normativos e de validação norte-americanos e internacionais juntamente com uma análise sobre o uso das MPR em avaliação neuropsicológica.

74. um componente comum de testes de QI: J. Raven, "The Raven's Progressive Matrices: Change and Stability over Culture and Time", *Cognitive Psychology* 41, n° 1 (2000): 1-48.

75. Aqueles que são familiarizados com testes e acostumados a fazer testes: J. Raven, Ibid. Vale notar que pesquisadores argumentaram que os ganhos com a educação podem explicar apenas uma pequena fração da pontuação de QI; veja, por exemplo, J.R. Flynn, "Massive IQ Gains in 14 Nations: What IQ Tests Really Measure", *Psychological Bulletin* 101 (1987): 171-91. Um caso contundente para influências ambientais e culturais sobre o QI está em *Intelligence and How to Get It: Why Schools and Cultures Count*, de Richard Nisbett (Nova York: W.W. Norton, 2010).

75. pessoas em um shopping em Nova Jersey: Essas experiências estão resumidas, juntamente com detalhes sobre tamanho de amostras e valor de *p*, em Anandi Mani, Sendhil Mullainathan, Eldar Shafir e Jiaying Zhao, "Poverty Impedes Cognitive Function" (documento de trabalho, 2012).
77. incapaz de dispor de US$2 mil em trinta dias: A. Lusardi, D.J. Schneider e P. Tufano, *Financially Fragile Households: Evidence and Implications* (National Bureau of Economic Research, Working Paper No. 17072, maio de 2011).
78. os efeitos foram igualmente grandes: Para aqueles interessados na magnitude, o tamanho do efeito variou entre 0,88 e 0,94 *d* de Cohen. O *d* de Cohen pode ser calculado como a diferença entre a média e o desvio-padrão combinado.
78. uma comparação com um estudo sobre o sono: L. Linde e M. Bergströme, "The Effect of One Night without Sleep on Problem-Solving and Immediate Recall", *Psychological Research* 54, nº 2 (1992): 127-136. Em geral, muitas pesquisas têm mostrado os efeitos prejudiciais da ausência de sono sobre diversos processos cognitivos, da atenção e da memória até o planejamento e a tomada de decisões. Um compêndio das mais recentes pesquisas está em Gerard A. Kerkhof e Hans Van Dongen, *Human Sleep and Cognition: Basic Research* 185 (Amsterdam: Elsevier Science, 2010).
79. aproximadamente cinco pontos do QI: "What Is a Genius IQ Score?" *About.com Psychology*, acessado em 23 de outubro de 2012. Disponível em: http://psychology.about.com/od/psychologicaltesting/f/genius-iq-score.htm.
80. Walter Mischel e colaboradores: W. Mischel, E.B. Ebbesen e A. Raskoff Zeiss, "Cognitive and Attentional Mechanisms in Delay of Gratification", *Journal of Personality and Social Psychology* 21, nº 2 (1972): 204. Em estudos posteriores, anos depois, Mischel e colaboradores verificaram uma impressionante previsibilidade de competências cognitivas e sociais em seus objetos de estudo agora crescidos, o que levou os pesquisadores a pensar no papel de determinantes de comportamento individuais *versus*

situacionais; W. Mischel, Y. Shoda e P.K. Peake, "The Nature of Adolescent Competencies Predicted by Preschool Delay of Gratification", *Journal of Personality e Social Psychology* 54, n° 4 (abril de 1988): 687-96.
80. "disputa íntima pelo autocomando": Thomas C. Schelling, *Choice and Consequence* (Boston: Harvard University Press, 1985).
81. pela personalidade, fadiga e atenção: Roy Baumeister, Kathleen Vohs, Mark Muraven e colaboradores realizaram inúmeros estudos documentando o que chamam de depleção do ego e manutenção e redução do controle executivo e do autocontrole. Para uma demonstração recente e uma análise da literatura, veja R.F. Baumeister e J. Tierney, *Willpower: Rediscovering the Greatest Human Strength* (Nova York: Penguin Press, 2011).
81. As crianças mais bem-sucedidas na resistência: Mischel, Ebbesen e Raskoff Zeiss, "Cognitive and Attentional Mechanisms".
81. "Depois que você percebe que a força de vontade": J. Lehrer, "DON'T!" *New Yorker*, 18 de maio de 2009.
81. uma tarefa de memória: B. Shiv e A. Fedorikhin, "Heart and Mind in Conflict: The Interplay of Affect and Cognition in Consumer Decision Making", *Journal of Consumer Research* 26, n° 3 (1999): 278-92. doi: 10.1086/209563.
82. um pé de galinha preparado ao estilo chinês: W. von Hippel e K. Gonsalkorale, "'That Is Bloody Revolting!': Inhibitory Control of Thoughts Better Left Unsaid", *Psychological Science* 16, n° 7 (2005): 497-500. doi: 10.1111/j.0956- 7976.2005.01563.x.
87. Conforme esperávamos: Os detalhes desse estudo também podem ser encontrados em Mani, Mullainathan, Shafir e Zhao, "Poverty Impedes Cognitive Function."
87. É difícil pelo mesmo motivo: Na tarefa padrão do Stroop, as pessoas são solicitadas a dizer as cores de séries de letras. Assim, XKYD pode estar escrito em azul e os participantes devem dizer "Azul". O desafio do Stroop é que algumas séries de letras formam o nome de uma cor. Assim, por exemplo, VERMELHO pode estar escrito em azul, o que dificulta a resposta. Um

resumo muito bom do Stroop pode ser encontrado em Colin M. MacLeod, "Half a Century of Research on the Stroop Effect: An Integrative Review", *Psychological Bulletin* 109, nº 2 (março de 1991): 163-203. Segundo uma história repetida com frequência, o teste Stroop foi usado para detectar espiões soviéticos. Ver синий escrito em azul não representa problema algum para a maioria de nós. Mas os espiões, por sua fluência em russo, tropeçariam ao dizer que era vermelha a cor em que estava escrita a palavra "azul" em russo.

88. Na tarefa do controle executivo: Detalhes em Mani, Mullainathan, Shafir e Zhao, "Poverty Impedes Cognitive Function".
89. Uma nutrição pior e uma fome simples: Veja, por exemplo, K. Alaimo, C.M. Olson e E.A. Frongillo Jr., "Food Insufficiency and American School-Aged Children's Cognitive, Academic, and Psychosocial Development", *Pediatrics* 108, nº 1 (2001): 44-53.
90. Há outras minúcias: Um problema foi o fato de os agricultores, depois da colheita, fazerem esses testes pela segunda vez. O desempenho melhor depois da colheita poderia ser decorrente apenas da experiência com o teste. Para controlar isso, evitamos a participação de cem agricultores selecionados aleatoriamente e fizemos o teste com eles pela primeira vez depois da colheita. Como eles foram selecionados aleatoriamente, nós os comparamos com os agricultores antes da colheita e verificamos um efeito semelhante, sugerindo que nossos efeitos não se devem à experiência com os testes. Também examinamos uma amostra de agricultores que já haviam feito a colheita mas que, por um atraso nos pagamentos, ainda estavam pobres. Esses agricultores pós-colheita comportaram-se de maneira semelhante aos agricultores pré-colheita, sugerindo que a mecânica da colheita não norteia nossos resultados.
90. *Naquela época, ocorreu-me*: N. Kusz, "The Fat Lady Sings", em *The Bitch in the House: 26 Women Tell the Truth About Sex, Solitude, Work, Motherhood, and Marriage* (Nova York: William Morrow, 2002).

91. porque em parte estão preocupadas com a comida: D. Borchmann, *Fasting, Restrained Eating, and Cognitive Performance — A Literature Review from 1998 to 2006*.
91. da simples falta de calorias: Um estudo verificou que dar uma barra de chocolate — portanto, calorias — a uma pessoa de dieta piorava seu desempenho cognitivo. Isso foi atribuído ao fato de que agora ela estava mais preocupada com a comida ("Do que precisarei desistir por causa dessa barra de chocolate?). N. Jones e P.J. Rogers, "Preoccupation, Food, and Failure: An Investigation of Cognitive Performance Deficits in Dieters", *International Journal of Eating Disorders* 33, n° 2 (março de 2003): 185-92.
92. *tarefa de escuta dicótica*: J.T. Cacioppo, J.M. Ernst, M.H. Burleson, M.K. McClintock, W.B. Malarkey, L.C. Hawkley, R.B. Kowalewski et al., "Lonely Traits and Concomitant Physiological Processes: The MacArthur Social Neuroscience Studies", *International Journal of Psychophysiology* 35, n° 2 (2000): 143-54.
92. é mais fácil para elas acompanhar a informação verbal apresentada ao ouvido direito: Ibid.
93. E dessa vez o desempenho dos solitários foi significativamente pior: Para uma entrevista sobre todos esses estudos, veja John T. Cacioppo e William Patrick, *Loneliness: Human Nature and the Need for Social Connection* (Nova York: W.W. Norton, 2009).
93. elas se ajustariam bem socialmente ou que seriam muito solitárias: R.F. Baumeister, J.M. Twenge e C.K. Nuss, "Effects of Social Exclusion on Cognitive Processes: Anticipated Aloneness Reduces Intelligent Thought", *Journal of Personality and Social Psychology* 83, n° 4 (2002): 817.
93. comeram mais ou menos o dobro: R.F. Baumeister, C.N. DeWall, N.J. Ciarocco e J.M. Twenge, "Social Exclusion Impairs Self-Regulation", *Journal of Personality and Social Psychology* 88, n° 4 (2005): 589.
94. um consumo substancialmente maior de alimentos gordurosos: W. Lauder, K. Mummery, M. Jones e C. Caperchione, "A Comparison of Health Behaviours in Lonely and Non-Lonely

Populations", *Psychology, Health and Medicine* 11, nº 2 (2006): 233-45. doi: 10.1080/13548500500266607.
94. desempenho pior na tarefa do coração e da flor: Os detalhes desse estudo podem ser encontrados também em Mani, Mullainathan, Shafir e Zhao, "Poverty Impedes Cognitive Function".
95. progresso considerável na compreensão do estresse: L.E. Bourne e R.A. Yaroush, "Stress and Cognition: A Cognitive Psychological Perspective", manuscrito não publicado, NASA grant NAG2-1561 (2003). Disponível em: http://humansystems.arc.nasa.gov/eas/download/non_EAS/Stress_ and_Cognition.pdf. Veja também T*he End of Stress as We Know It*, de Bruce McEwen (Nova York: Joseph Henry Press/Dana Press, 2002).
95. a bioquímica da resposta de estresse generalizada: Um resumo maravilhoso dessa área de pesquisa pode ser encontrado em Robert M. Sapolsky, *Why Zebras Don't Get Ulcers* (Nova York: Henry Holt, 1994).
96. estresse *aumenta* a memória de trabalho: S. Vijayraghavan, M. Wang, S. G. Birnbaum, G.V. Williams e A.F.T. Arnsten, "Inverted-U Dopamine D1 Receptor Actions on Prefrontal Neurons Engaged in Working Memory", *Nature Neuroscience* 10, nº 3 (2007): 376-84. doi: 10.1038/nn1846.
96. controle executivo pode melhorar durante períodos de estresse: Robert e J. Hockey, "Compensatory Control in the Regulation of Human Performance under Stress and High Workload: A Cognitive-Energetical Framework", *Biological Psychology* 45, nº 1 (1997): 73-93.

3. ARRUMAÇÕES E FOLGAS

105. *O custo de um pesado bombardeiro moderno é este*: Dwight D. Eisenhower, *The Chance for Peace* (U.S. Government Printing Office, 16 de abril de 1953).
107. uma pesquisa com passageiros: Pouco mais de cem passageiros foram entrevistados; $p < 0,05$.
107. Os pobres relataram pensamentos de escolha com quase o dobro da frequência das pessoas mais abastadas: Resultados

interessantes relatados podem ser encontrados aqui também: Stephen Spiller, "Opportunity Cost Consideration", *Journal of Consumer Research* (no prelo).

108. tanto ricos quanto pobres relataram escolhas: Em 2009, 274 pessoas em Tamil Nadu foram consultadas. A renda aqui foi usada comparando-se entrevistados urbanos e rurais, e havia uma diferença de seis vezes entre eles em termos de renda. A diferença para o liquidificador foi significativa em $p < 0,01$. A diferença para a televisão não foi economicamente nem estatisticamente significativa (58,6% *versus* 60,8%).

110. "não precisam; ganham o suficiente": K. Van Ittersum, J. Pennings e B. Wansink, "Trying Harder and Doing Worse: How Grocery Shoppers Track In- Store Spending", *Journal of Marketing* (2010). Disponível em: http://papers.ssrn.com/sol3/papers.cfm?abstract_id=1546461.

110. Um estudo holandês: G. Antonides, I. Manon de Groot e W. Fred van Raaij, "Mental Budgeting and the Management of Household Finance", *Journal of Economic Psychology* 32, n° 4 (2011): 546-55. doi: 10.1016/j.joep.2011.04.001.

110. deixar 10% de lado como "dinheiro para diversão": Poupança mais simples: "The 60% Solution", *MSNMoney*, acessado em 24 de outubro de 2012. Disponível em: http://money.msn.com/how-to-budget/a-simpler-way-to-save-the-60-percent-solution-jenkins.aspx?page=0.

111. Essa mentalidade é uma característica da abundância: Para um tratamento alternativo da folga de tempo antecipada, veja G. Zauberman e J.G. Lynch, "Resource Slack and Propensity to Discount Delayed Investments of Time *Versus* Money", *Journal of Experimental Psychology: General* 134, n° 1 (2005): 23-37.

111. Nenhuma estrutura feita pelo homem: J.M. Graham, *The Hive and the Honey Bee* (Hamilton, Illinois: Dadant & Sons, 1992).

112. uma tolerância de 10%: O leitor fascinado por tolerâncias em tábuas de compensado pode pesquisar diversos tópicos sobre o assunto em *Plywood Standards*, Voluntary Product Standard PS 1-09, National Institute of Standards and Technology, U.S.

Department of Commerce. Disponível em: http://gsi.nist.gov/global/docs/vps/PS-1-09.pdf.
112. as vespas-oleiras fazem ninhos: H.J. Brockmann, "Diversity in the Nesting Behavior of Mud-Daubers (Trypoxylon politum Say; Sphecidae)", *Florida Entomologist* 63, nº 1 (1980): 53-64.
114. Quando os ricos fazem uma pausa: Este raciocínio sobre a folga lembra o argumento de Herbert Simon de que as pessoas não maximizam: elas se satisfazem, fazendo bem o suficiente para sobreviver. Veja Herbert A. Simon, "Rational Choice and the Structure of the Environment", *Psychological Review* 63, nº 2 (1956): 129. De acordo com essa visão, faltam às pessoas recursos cognitivos para otimizar. Se usássemos sua linguagem, diríamos que a escassez promove um comportamento menos satisfatório. Embora isso capture alguns elementos da folga, o impacto da escassez é mais automático e menos controlável do que a descrição sugere. Conforme veremos, a incapacidade de controlar é fundamental na compreensão da escassez.
114. *Uma casa é apenas uma pilha de coisas*: George Carlin, *Brain Droppings* (Nova York: Hyperion, 1997), 37.
114. *rejeitados do armário*: Uma excelente discussão sobre o tema pode ser encontrada em Brian Wansink, S. Adam Brasel e Stephen Amjad, "The Mystery of the Cabinet Castaway: Why We Buy Products We Never Use", *Journal of Family and Consumer Science* 92, nº 1 (2000): 104-8. Um dos motivos de acabarmos tendo muitos rejeitados é o que os economistas podem chamar de "valor de opção". Quando compramos um item, não sabemos se o usaremos, mas valorizamos a opção de tê-lo por perto por via das dúvidas. A psicologia pode ser mais complexa do que essa simples narrativa. Poderíamos argumentar que, em condição de escassez, uma pessoa pensaria com mais cuidado, focaria, sobre a possibilidade de um uso eventual, avaliando com cuidado o valor de opção, em vez de optar pelo cenário indiferente do "por via das dúvidas".
115. mais de US$12 bilhões são gastos anualmente em depósitos: *SSA |2012 SSA Fact Sheet*. Disponível em: http://www.selfstorage.org/ssa/Content/NavigationMenu/AboutSSA/FactSheet/default.htm.

115. "todos os norte-americanos poderiam ficar em pé": Ibid.
115. *"A preguiça humana sempre foi uma grande amiga"*: J. Mooallem, "The Self-Storage Self", *New York Times*, 6 de setembro de 2009. Disponível em: http://www.nytimes.com/2009/09/06/magazine/06self-storage-t.html.
117. decisão hipotética que apresentamos a um grupo de estudantes universitários: D.A. Redelmeier e E. Shafir, "Medical Decision Making in Situations That Offer Multiple Alternatives," *JAMA — Journal of the American Medical Association* 273, n° 4 (1995): 302-5.
118. liberdade para *não* escolher: M. Friedman e R. Friedman, *Free to Choose: a Personal Statement* (Orlando, Flórida: Mariner Books, 1990).
119. estimar o tempo necessário para terminar suas monografias: R. Buehler, D. Griffin e M. Ross, "Exploring the 'Planning Fallacy': Why People Underestimate Their Task Completion Times", *Journal of Personality and Social Psychology* 67, n° 3 (1994): 366.
120. acabar tendo "problema de tempo": M. Sigman, "Response Time Distributions in Rapid Chess: A Large-Scale Decision-Making Experiment", *Frontiers in Neuroscience* 4 (2010). doi: 10.3389/fnins.2010.00060.
121. a *taxa de tentação* é regressiva: A. Banerjee and S. Mullainathan, *The Shape of Temptation: Implications for the Economic Lives of the Poor* (Working Paper No. w15973, National Bureau of Economic Research, 2010).
122. As tendências psicológicas costumam persistir apesar das mais extremas consequências: As pessoas comportam-se de maneira diferente quando os riscos são grandes, foi um antigo argumento contra a relevância de descobertas psicológicas para o fenômeno social. Nas duas últimas décadas, pesquisas mostraram que as tendências psicológicas das pessoas afetam decisões tão importantes quanto a aposentadoria ou a saúde e a mortalidade.
126. necessidade de navegar em um mundo que, em termos computacionais, é mais complexo: A noção de complexidade

computacional aqui pode ser compreendida contrastando a programação linear com a programação inteira. Na programação linear, os itens podem ser subdivididos infinitamente, a extensão lógica da granulosidade. Na programação inteira, os itens podem ser arrumados em unidades fixas, a extensão lógica do volume. Cientistas computacionais mostraram, com um sentido matemático preciso, que a programação inteira é inerentemente mais difícil do que a linear. Uma introdução detalhada a essas ideias pode ser encontrada em Alexander Schrijver, *Theory of Linear and Integer Programming* (West Sussex, Inglaterra: John Wiley & Sons, 1998).
127. Como observou Henry David Thoreau: O próprio Thoreau tirou uma lição diferente dessa observação. Ele defendia não o aumento de sua riqueza, mas a moderação de seus desejos. Em nossa linguagem, há duas maneiras de obter folgas. Ou você consegue uma mala maior ou reduz o número de coisas que quer pôr na mala.
127. "Um homem é rico na proporção": Henry David Thoreau, *Walden* (Yale University Press, 2006), 87.

4. EXPERTISE

129. Quarenta rupias (US$0,80): Neste livro, usamos simplesmente as taxas de câmbio nominais para descrever o valor de uma moeda estrangeira (rupias neste caso) em dólares. Isso é perfeitamente válido para alguns usos, como o quanto Alex deveria valorizar as rupias. Mas em alguns casos pode ser enganoso, porque as taxas de câmbio não consideram as diferenças de preço entre países. A rupia, por exemplo, vai mais longe na Índia porque muitas coisas também são mais baratas ali. Ao tentar avaliar as diferenças de renda entre países, a maioria dos economistas ajusta não pelas taxas de câmbio mas também pela *paridade do poder de compra*, uma medida das diferenças de preços. Como este livro não tem a intenção de fazer uma cuidadosa comparação de renda entre países, para facilitar a leitura usamos simplesmente taxas nominais. Mas o leitor deve ter em mente essa distinção.

131. *Imagine que você passou o dia fazendo compras*: Esta é uma versão ligeiramente atualizada (para a inflação) do famoso problema "jaqueta-calculadora" de Tversky e Kahneman; A. Tversky e D. Kahneman, "The Framing of Decisions and the Psychology of Choice", *Science* 211, n° 4481 (1981): 453-58. Veja também R. Thaler, "Mental Accounting Matters", *Journal of Behavioral Decision Making* 12 (1999): 183-206.
132. pode-se mudar o valor de uma hora: Ofer H. Azar, "Relative Thinking Theory", *The Journal of Socio-Economics* 36, n° 1 (2007): 1-14.
133. estudantes de faculdade, de MBA, de apostadores profissionais e de executivos de todos os tipos: Alguns estudos encontraram efeitos semelhantes usando incentivos. Em um estudo, as pessoas foram solicitadas a resolver questões de álgebra e recebiam US$0,06 por cada resposta certa. Alguns receberam uma gratificação por comparecimento de US$1, outros de US$3 e outros, ainda, de US$10. Os US$0,06 por resposta correta pareceram grandes para o grupo de US$1 e pequenos para o grupo de US$10. E, de fato, o grupo de US$1 trabalhou com mais afinco e respondeu a um número maior de questões quando a recompensa por seu esforço "parecia maior". Alguns pesquisadores com senso de humor foram aos North American Summer Meetings da Econometric Society em 2003 e obtiveram dados semelhantes com economistas profissionais. Constatou-se que os economistas não são mais hábeis em tomadas de decisões racionais do que o resto de nós.
133. uma versão da questão laptop/DVD: As proporções de pessoas que aconselharam optar pela economia nas condições de US$100 e US$1 mil diferiram significativamente no caso dos participantes de renda elevada (Princeton Junction), mas não para os participantes de baixa renda (Trenton); este estudo teve N = 123. C.C. Hall, *Decisions Under Poverty: A Behavioral Perspective on the Decision Making of the Poor* (tese de doutorado, Princeton University, 2008).
134. O pequeno aumento pode se dever ao sentimento: É improvável que esses resultados não se devam apenas a um efeito "teto", por

haver menos espaço para os pobres aumentarem sua disposição para ir. Embora o percentual deles seja mais elevado do que o das pessoas mais abastadas, eles ainda estão abaixo de 100% em sua disposição para se deslocar.

135. uma pessoa de olhos vendados segurou em uma das mãos: H.E. Ross, "Weber Then and Now", *Perception* 24, n° 6 (1995): 599.

136. as pessoas usam mais sabão quando a tampa é maior: G. Trotta, "Some Laundry-Detergent Caps Can Lead to Overdosing", 5 de junho de 2009. Disponível em: http://news.consumerreports.org/cro/news/2009/06/some-laundry-detergent-caps-can-lead-to-overdosing/index.html.

136. a repetir intervalos de seis, 12, 18 e 24 segundos: S. Grondin e P.R. Killeen, "Tracking Time with Song and Count: Different Weber Functions for Musicians and Nonmusicians", *Attention, Perception, and Psychophysics* 71, n° 7 (2009): 1.649-54.

137. tendem menos a serem afetados pela altura de uma garrafa: B. Wansink e K. Van Ittersum, "Bottoms Up! The Influence of Elongation on Pouring and Consumption Volume", *Journal of Consumer Research* 30, n° 3 (2003): 455-63.

137. pessoas saindo de supermercados: I.M. Rosa-Díaz, "Price Knowledge: Effects of Consumers' Attitudes Towards Prices, Demographics, and Socio-cultural Characteristics", *Journal of Product and Brand Management* 13, n° 6 (2004): 406-28. doi: 10.1108/10610420410560307.

137. trabalhadores em Boston: A diferença na proporção de respostas corretas entre entrevistados de renda elevada e baixa foi estatisticamente significativa, $p < 0{,}05$, $N = 104$.

138. fumantes ricos e pobres reagem: Jacob Goldin e Tatiana Homonoff, "Smoke Gets in Your Eyes: Cigarette Tax Salience and Regressivity", *American Economic Journal: Economic Policy* 5, n° 1, (fevereiro de 2013): 302-36.

138. eles decifram melhor que o preço total: Se tudo isso pinta um quadro de que os pobres dão mais atenção porque os riscos são maiores, isso é parte do argumento. A indicação interessante aqui, porém, é como essa atenção maior muda o processo de

decisão, como isso muda as "tendências" documentadas para uma ampla classe de pessoas.

138. 25% das marcas: J.K. Binkley e J. Bejnarowicz, "Consumer Price Awareness in Food Shopping: The Case of Quantity Surcharges", *Journal of Retailing* 79, n° 1 (2003): 27-35. doi: 10.1016/S0022-4359(03)00005-8.

138. "truque sorrateiro no produto para o consumidor": "Sold Short? Are You Getting Less Than You Think? Let Us Count the Ways", *Consumer Reports*, fevereiro de 2000, 24-26.

139. supermercados em bairros de baixa renda: Ibid.

141. "Você diria, 'Eu gosto de férias nas Bahamas'": Dan Ariely articula o desafio do pensamento de escolha aqui: http://bigthink.com/ideas/17458.

144. comprou recentemente uma trufa de conhaque por US$3: Shane Frederick, Nathan Novemsky, Jing Wang, Ravi Dhar e Stephen Nowlis, "Opportunity Cost of Neglect", *Journal of Consumer Research* 36, n° 4 (2009): 553-61.

145. A ilusão do tabuleiro de xadrez: Há uma ampla série de demonstrações da dependência do contexto de percepção. A ilusão do tabuleiro de xadrez de Ted Adelson é uma de nossas favoritas. É reproduzida com permissão. Para experimentar esta e outras ilusões desse tipo você pode acessar http://web.mit.edu/persci/people/adelson/checkershadow_illusion.html. Para uma discussão mais detalhada dos mecanismos cognitivos por trás de ilusões como essas, veja Edward H. Adelson, "Lightness Perception and Lightness Illusions", *The New Cognitive Neurosciences* (1999): 339.

146. *Imagine que você está deitado na praia em um dia quente*: Isso se baseia em Richard Thaler, "Mental Accounting and Consumer Choice", *Marketing Science* 4, n° 3 (1985): 199-214. Dados coletados com Anuj Shah em 2012. Os mais abastados mostraram uma diferença significativa entre situações, enquanto os pobres não; $p < 0{,}01$ (N = 148).

147. quando o preço da gasolina sobe: J. Hastings e J.M. Shapiro, *Mental Accounting and Consumer Choice: Evidence from Commodity*

Price Shocks (Cambridge, Massachusetts: National Bureau of Economic Research, Working Paper No. 18248, 2012).

148. Os pobres teriam uma tendência menor a mostrar esse efeito: Dados coletados com Anuj Shah em 2012 sustentam essa previsão. Apresentamos aos participantes versões dos cenários de restituição de imposto *versus* valor de ações. Os mais abastados mostraram uma propensão diferente a gastar nas duas situações, enquanto os pobres não; $p < 0,05$ (N = 141).

148. *Você compra um pequeno pacote de ingressos:* Dados coletados com Anuj Shah em 2012. Os ricos apresentaram maior probabilidade de escolher o custo histórico; e os pobres, o custo de reposição; $p < 0,05$ nos dois casos (N = 98).

149. Zero, porque o ingresso já está pago: E. Shafir e R.H. Thaler, "Invest Now, Drink Later, Spend Never: On the Mental Accounting of Delayed Consumption", *Journal of Economic Psychology* 27 (2006): 694-712.

150. Paul Ferraro e Laura Taylor: Paul J. Ferraro e Laura O. Taylor, "Do Economists Recognize an Opportunity Cost When They See One? A Dismal Performance from the Dismal Science" (2005).

150. "Tenho dificuldade de acreditar que isso é possível": Isso provém do blog Marginal Revolution. Disponível em: http://marginalrevolution.com/marginalrevolution/2005/09/opportunity_cos.html.

5. EMPRÉSTIMOS E MIOPIA

153. Não há nada na perspectiva: J.A. Riis, *How the Other Half Lives* (Boston, Massachusetts: Bedford/St. Martin's, 2010).

153. *Ex-estudante do programa de desenvolvimento infantil Head Start*: A descrição da história de Sandra Harris pelo Center for Responsible Lending pode ser encontrada em: http://www.responsiblelending.org/payday-lending/tools-resources/victims-2.html.

155. mais de 23 mil agências de empréstimos: M. Fellowes e M. Mabanta, *Banking on Wealth: America's New Retail Banking*

Infrastructure and Its Wealth-Building Potential (Washington: Brookings Institution, 2008).

155. mais do que todos os McDonald's: Estatística de lanchonetes McDonald's — países comparados — da NationMaster. Disponível em: http://www.nationmaster.com/graph/foo_mcd_res-food-mcdonalds-restaurants.

155. e Starbucks: Loxcel Starbucks Store Map FAQ. Disponível em: http://loxcel.com/sbux-faq.html.

155. US$3,5 bilhões em taxas a cada ano: Fast Facts, acessado em 24 de outubro de 2012. Disponível em: http://www.responsiblelending.org/payday-lending/tools-resources/fast-facts.html. Repetir o negócio é tão comum nessa indústria que 98% do volume de empréstimos vão para devedores que estão recorrendo novamente ao serviço.

156. 18% das famílias mais pobres: uma ótima discussão sobre essas questões pode ser encontrada em Michael Barr, *No Slack* (Washington: Brookings Institution Press, 2002).

156. quase 5% da renda anual dos pobres: K. Edin e L. Lein, *Making Ends Meet: How Single Mothers Survive Welfare and Low-Wage Work* (Nova York: Russell Sage Foundation Publications, 1997). Para um relato cativante sobre a vida econômica dos pobres norte-americanos, veja Sarah Halpern-Meekin, Kathryn Edin, Laura Tach e Jennifer Sykes, *It's Not Like I'm Poor: How Working Families Make Ends Meet in a Post-Welfare World* (Berkeley: University of California Press, no prelo).

157. agiotas que cobram taxas tão altas: Veja Abhijit Banerjee, "Contracting Constraints, Credit Markets, and Economic Development", em *Advances in Economics and Econometrics: Theory and Application*, Eighth World Congress of the Econometric Society, vol. 3, ed. Mathias Dewatripont, Lars Hansen e S. Turnovsky (Cambridge: Cambridge University, 2004), 1-46.

160. os empréstimos são particularmente atraentes: O outro motivo comum citado para os empréstimos excessivos é algum tipo de miopia. O interessante nessa narrativa é que a miopia aqui,

entrar no túnel, não é uma característica pessoal generalizada. Todo mundo entra no túnel quando enfrenta a escassez. E lembre-se de que a mesma força que gera a entrada no túnel gera também o dividendo de foco. Diferente da miopia, entrar no túnel tem consequências positivas também.

162. universitários de Princeton para jogar *Family Feud* em um ambiente controlado: Esses estudos podem ser encontrados em Anuj Shah, Sendhil Mullainathan e Eldar Shafir, "Some Consequences of Having Too Little", *Science* 338 (2013): 682-85.

166. *tendência ao presente*: Um bom panorama sobre a tendência ao presente e outros modelos de desconto de tempo pode ser encontrado em Shane Frederick e George Loewenstein, "Time Discounting and Time Preference: A Critical Review", *Journal of Economic Literature* (2002).

167. *Como o tempo de operação das máquinas*: R.E. Bohn e R. Jaikumar, *Firefighting by Knowledge Workers* (Information Storage Industry Center, Graduate School of International Relations and Pacific Studies, University of California, 2000). Disponível em: http://citeseerx.ist.psu.edu/viewdoc/download?doi=10.1.1.130.9757&rep1&type=pdf.

169. Stephen R. Covey acha que ajuda classificar as tarefas: S.R. Covey, *Os 7 hábitos das pessoas altamente eficazes* (Rio de Janeiro: BestSeller, 2005).

172. aproximadamente uma em cada quatro pontes rurais: *Bridges – Report Card for America's Infrastructure*. Disponível em: http://www.infrastructurereportcard.org/bridges.

172. Mas a escassez o torna um problema muito pior: Há muitos estudos sobre a falácia do planejamento. Boas análises são: Roger Buehler, Dale Griffin e Michael Ross, "Inside the Planning Fallacy: The Causes and Consequences of Optimistic Time Predictions", em *Heuristics and Biases: The Psychology of Intuitive Judgment*, ed. Thomas Gilovich, Dale Griffin, and Daniel Kahneman (Cambridge: Cambridge University Press, 2002), 250-70; D. Lovallo e D. Kahneman, "Delusions of Success", *Harvard Business Review* (2003): 1-8. Embora não haja qualquer

estudo explícito sobre o impacto da escassez, deduz-se que naturalmente a falácia do planejamento provaria ser mais pronunciada entre aqueles que estão especialmente dentro do túnel, e ocorre em condições de escassez.

6. A ARMADILHA DA ESCASSEZ

175. *Quando se tem tempo, dá para ir andando a qualquer lugar*: citação de Steven Wright. Em W. Way, *Oxymorons and Other Contradictions*. (Bloomington, Indiana: Author House, 2005).
176. Um ambulante típico compra um estoque de cerca de 1 mil rupias: Esses dados são extraídos de Dean Karlan e Sendhil Mullainathan, "Debt Traps" (documento de trabalho, 2012).
176. pouco mais de US$2: Neste livro, quando relatamos equivalentes do dólar, simplesmente fazemos a conversão usando as taxas de câmbio prevalecentes. Mas muitos especialistas acham que isso pode dar uma impressão equivocada, porque pessoas de diferentes países também enfrentam preços diferentes. Portanto, o ambulante, por exemplo, também terá preços menores para comida e outros itens. Como resultado, sua renda em termos de dólar nominal não reflete adequadamente seu poder de compra. Economistas sugerem usar uma paridade de poder de compra, em vez de taxas de câmbio nominais. No caso da Índia, isso resultaria em uma renda mais ou menos 2,5 vezes maior para o ambulante.
179. Uma escassez inicial é composta por comportamentos que a magnificam: Economistas, principalmente economistas de desenvolvimento, focam no que chamam de *armadilhas da pobreza*, a noção de que quem começa pobre permanece pobre. Um mecanismo comumente discutido é uma oportunidade de investimento lucrativo que exige determinada quantidade de capital. Os ricos têm capital suficiente para fazer o investimento, enquanto os pobres acharão difícil economizar dinheiro suficiente para fazer isso. Outros mecanismos discutidos incluem aspirações e miopia. Referências relevantes podem ser

encontradas em Debraj Ray, "Development Economics", *The New Palgrave Dictionary of Economics*, ed. Lawrence Blume e Steven Durlauf (2007).

180. empréstimos de joias com juros de 13% ao ano: Esse trabalho pode ser encontrado em Michael Faye e Sendhil Mullainathan, "Demand and Use of Credit in Rural India: An Experimental Analysis" (documento de trabalho, Harvard University, 2008).

183. aproximadamente dez instrumentos financeiros distintos, em média: Daryl Collins, Jonathan Morduch, Stuart Rutherford e Orlanda Ruthven, *Portfolios of the Poor: How the World's Poor Live on $2 a Day* (Princeton, Nova Jersey: Princeton University Press, 2010).

184. eles trabalham pouquíssimas horas nesses dias: Embora possa ser difícil obter dados sobre utilização do tempo em países em desenvolvimento, uma série muito boa de estudos é encontrada em Quentin Wodon e Mark Blackden, *Gender, Time Use, and Poverty in Sub-Saharan Africa* (Washington, World Bank Press, 2006).

187. Há poucas evidências de que a capacidade de ter força de vontade aumente com o uso: M. Muraven e R.F. Baumeister, "Self-Regulation and Depletion of Limited Resources: Does Self-Control Resemble a Muscle?" *Psychological Bulletin* 126, nº 2 (2000): 247-59. doi: 10.1037//0033-2909.126.2.247.

187. em uma sala com alguns petiscos bastante tentadores: K.D. Vohs e T.F. Heatherton, "Self-Regulatory Failure: A Resource-Depletion Approach", *Psychological Science* 11, nº 3 (2000): 249-54.

193. não conseguem ganhar US$2 todo dia: D. Collins *et al.*, *Portfolios of the Poor*.

193. *Consertos [de automóveis] são despesas inesperadas*: New Amsterdam Consulting, "Stability First Pilot Test: Pre-Test Interviews Narrative Report" (março de 2012).

196. US$2 mil em trinta dias: A. Lusardi, D.J. Schneider e P. Tufano, Financially Fragile House holds: Evidence and Implications (National Bureau of Economic Research, 2011). Disponível em: http://www.nber.org/papers/w17072.

199. os solitários focam demais: Uma boa descrição de muitas dessas experiências pode ser encontrada em John T. Cacioppo e William Patrick, *Loneliness: Human Nature, and the Need for Social Connection* (Nova York: W.W. Norton, 2009).
200. 2.750 lances livres seguidos: J. Friedman, "How Did Tom Amberry Set the World Free Throw Record?" *Sports Illustrated*, 17 de outubro de 1994. Disponível em: http://www.si.com/vaut/1994/10/17/132309/routine-perfection-how-did-tom-amberry-set-the-world-free-throw-record-focus-focus-focus.
200. apenas 40% de seus lances livres: Bruce Bowen, Basketball-Reference.com, acessado em 31 de outubro de 2012. Disponível em: http://www.basketball-reference.com/players/b/bowenbr01.html.
201. eles são *melhores* quando as fazem automaticamente: S.L. Beilock, A.R. McConnell *et al.*, "Stereotype Threat and Sport: Can Athletic Performance Be Threatened", *Journal of Sport and Exercise Psychology* 26, n° 4 (2004): 597-609.
201. uma curva em U invertido: R.M. Yerkes e J.D. Dodson, "The Relation of Strength of Stimulus to Rapidity of Habit-Formation", *Journal of Comparative Neurology and Psychology* 18, n° 5 (1908): 459-82.
202. processo irônico: Daniel M. Wegner, David J. Schneider, Samuel R. Carter e Teri L. White, "Paradoxical Effects of Thought Suppression", *Journal of Personality and Social Psychology* 53, n° 1 (1987): 5-13; D.M. Wegner, *White Bears and Other Unwanted Thoughts: Suppression, Obsession, and the Psychology of Mental Control* (Nova York: Viking, 1989).

7. POBREZA

205. *Antes de criticar uma pessoa*: J. Carr e L. Greeves, *Only Joking: What's So Funny About Making People Laugh?* (Nova York: Gotham Books, 2006).
205. 22 mil crianças morrem todos os dias: *Levels and Trends in Child Mortality* (Washington: The UN Inter-Agency Group for Child Mortality Estimation [IGME], 2010).
205. Quase 1 bilhão de pessoas são tão analfabetas: Disponível em: http://www.globalissues.org/article/26/poverty-facts-and-stats.

205. Metade das crianças do mundo: O Banco Mundial usa um índice de pobreza de US$2,50 por dia, que foca na pobreza "absoluta". De acordo com essa medida, nenhuma criança norte-americana seria pobre. Estes e outros fatos sobre a pobreza global podem ser encontrados em Anup Shah, "Poverty Facts and Stats", *Global Issues* 26 (2008). Para um exame incisivo e criterioso sobre a pobreza no mundo, veja Abhijit Banerjee e Esther Duflo, *Poor Economics: a Radical Rethinking of the Way to Fight Global Poverty* (Nova York: PublicAffairs, 2011).

205. Quase 50% de todas as crianças nos Estados Unidos: veja Mark R. Rank e Thomas A. Hirschl, "Estimating the Risk of Food Stamp Use and Impoverishment during Childhood", *Archives of Pediatrics and Adolescent Medicine* 163, nº 11 (2009): 994.

206. Cerca de 15% dos lares norte-americanos: Veja Alisha Coleman-Jensen et al., "Household Food Security in the United States in 2010", *USDA-ERS Economic Research Report* 125 (2011).

206. monóxido de carbono, um poluente mortal: B. Ritz e F. Yu, "The Effect of Ambient Carbon Monoxide on Low Birth Weight Among Children Born in Southern California Between 1989 and 1993", *Environmental Health Perspectives* 107, nº 1 (1999): 17.

206. Os ingredientes da pobreza criam circunstâncias particularmente hostis: Para outra perspectiva original e altamente atraente sobre alguns ingredientes por trás da pobreza e de sua persistência, veja Charles Karelis, *The Persistence of Poverty: Why the Economics of the Well-Off Can't Help the Poor* (New Haven: Yale University Press, 2009).

210. 285 milhões de pessoas no mundo: International Diabetes Federation, Atlas. Disponível em: http://www.idf.org/diabetesatlas/content/some-285-million-people-worldwide-will-live-diabetes-2010.

210. tomam seus medicamentos apenas de 50% a 75% das vezes: Essa faixa extensa de estimativas é porque os índices de adesão dependem da população em estudo. O modo como a adesão é medida — como relatos pessoais, índices de reposição de remédios, monitoramento eletrônico — também

afeta a medição. Como ponto de partida, veja Eduardo Sabaté, ed., *Adherence to Long-Term Therapies: Evidence for Action* (Genebra: World Health Organization, 2003). Esse livro também contém dados sobre adesão para uma grande variedade de doenças.

212. mais de 28% da safra total: 15 de dezembro de 2009. Pode ser difícil generalizar os benefícios da retirada de ervas daninhas para qualquer agricultor a partir desses estudos, que dependem de modelos de terrenos e dados transversais. Um teste de controle cuidadoso e aleatório sobre os benefícios da retirada de ervas daninhas por agricultores seria particularmente útil nessa área. Para as estimativas atuais na África, veja L.P. Gianessi *et al.*, "Solving Africa's Weed Problem: Increasing Crop Production and Improving the Lives of Women", *Proceedings of "Agriculture: Africa's 'engine for growth'— Plant Science and Biotechnology Hold the Key", Rothamsted Research, Harpenden, UK, October 12-14 2009* (Association of Applied Biologists, 2009).

212. superior a 50% da produção total de arroz: Veja D.E. Johnson, "Weed Management in Small Holder Rice Production in the Tropics", *Natural Resources Institute, University of Greenwich Ghatham, Kent, UK* 11 (1996). Disponível em: http://ipmworld.umn.edu/johnson.

213. São mais duros com seus filhos: J. Lexmond, L. Bazalgette e J. Margo, *The Home Front* (Londres: Demos, 2011).

213. Eles apresentam uma tendência maior a descontar sua raiva no filho: Um dos primeiros estudos é de J. Garbarino, "A Preliminary Study of Some Ecological Correlates of Child Abuse: The Impact of Socioeconomic Stress on Mothers", *Child Development* (1976): 178-85. Um estudo mais recente, com dados mais amplos, pode ser encontrado em Christina Paxson e Jane Waldfogel, "Work, Welfare, and Child Maltreatment", *Journal of Labor Economics* 20, n° 3 (julho de 2002): 435-74.

213. eles não se envolvem com seus filhos de maneira firme: J.S. Lee e N.K. Bowen, "Parent Involvement, Cultural Capital, and the Achievement Gap Among Elementary School Children", *American Educational Research Journal* 43, n° 2 (2006): 193-218.

213. deixam a criança assistindo à televisão em vez de ler para ela: A.T. Clarke e B. Kurtz-Costes, "Television Viewing, Educational Quality of the Home Environment, and School Readiness", *Journal of Educational Research* (1997): 279-85.
213. Nos Estados Unidos, eles são mais obesos: A. Drewnowski e S.E. Specter, "Poverty and Obesity: The Role of Energy Density and Energy Costs", *The American Journal of Clinical Nutrition* 79, nº 1 (2004): 6-16.
213. tendem menos a enviar seus filhos para a escola: R. Tabberer, "Childhood Poverty and School Attainment, Causal Effect and Impact on Lifetime Inequality", em *Persistent Poverty and Lifetime in Equality: The Evidence – Proceedings from a Workshop Held at HM Treasury, Chaired by Professor John Hills, Director of the ESRC Research Centre for Analysis of Social Exclusion* (1998).
213. Tendem menos a vacinar seus filhos: N. Adler, J. Stewart, S. Cohen, M. Cullen, A.D. Roux, W. Dow e D. Williams, "Reaching for a Healthier Life: Facts on Socioeconomic Status and Health in the U.S.", *The John D. and Catherine T. MacArthur Foundation Research Network on Socioeconomic Status and Health* 43 (2007).
213. aquelas que menos tendem a lavar as mãos: A correlação entre renda e lavagem de mãos ou tratamento de água tem sido observada em muitos países. No Peru, um estudo examinou o comportamento de mães ou outras pessoas que cuidavam de crianças. Verificou-se que apenas 46% dessas pessoas lavavam as mãos depois de usar o banheiro. Mesmo dentro desses dados, havia uma forte correlação com a renda: 56,5% do quarto de pessoas com maior renda lavavam suas mãos depois de usar o banheiro, enquanto apenas 34% do quarto inferior o faziam. Foram relatadas diferenças semelhantes para lavagem de mãos depois de limpar as nádegas de crianças ou antes de alimentá-las. Veja Sebastian Galiani e Alexandra Orsola-Vidal, "Scaling Up Handwashing Behavior", Global Scaling Up Handwashing Project, Water and Sanitation Program (Washington, 2010).
213. tendem menos a comer de maneira apropriada ou a procurar a assistência pré-natal: Adler *et al.*, "Reaching for a Healthier Life".

214. um vídeo de uma menina, Hannah, fazendo um teste: John M. Darley e Paget H. Gross, "A Hypothesis-Confirming Bias in Labeling Effects", *Journal of Personality and Social Psychology* 44, n° 1 (1983): 20-33.
216. controladores de tráfego aéreo: R.L. Repetti, "Short-Term and Long-Term Processes Linking Job Stressors to Father-Child Interaction", *Social Development* 3, n° 1 (2006): 1-15.
219. tendem mais a se comportar mal: L.A. Gennetian, G. Duncan, V. Knox, W. Vargas, E. Clark-Kauffman e A.S. London, "How Welfare Policies Affect Adolescents' School Outcomes: A Synthesis of Evidence from Experimental Studies", *Journal of Research on Adolescence* 14, n° 4 (2004): 399-423.
221. fumantes com estresse financeiro: M. Siahpush, H.H. Yong, R. Borland, J. L. Reid e D. Hammond, "Smokers with Financial Stress Are More Likely to Want to Quit but Less Likely to Try or Succeed: Findings from the International Tobacco Control (ITC) Four Country Survey", *Addiction* 104, n° 8 (2009): 1382-90.
222. os índices de obesidade extrema e diabetes caíram consideravelmente: Jens Ludwig *et al.* "Neighborhoods, Obesity, and Diabetes – A Randomized Social Experiment", *New England Journal of Medicine* 365, n° 16 (2011): 1509-19.
222. 38 pessoas que dormiam bem foram instruídas a dormir: R.T. Gross e T.D. Borkovec, "Effects of a Cognitive Intrusion Manipulation on the Sleep-Onset Latency of Good Sleepers", *Behavior Therapy* 13, n° 1 (1982): 112-16.
222. uma tendência maior a se preocupar: F.N. Watts, K. Coyle e M.P. East, "The Contribution of Worry to Insomnia", *British Journal of Clinical Psychology* 33 n° 2 (2011): 211-20.
223. eles dormem pior e menos horas: J.T. Cacioppo, L.C. Hawkley, G.G. Berntson, J.M. Ernst, A.C. Gibbs, R. Stickgold e J.A. Hobson, "Do Lonely Days Invade the Nights? Potential Social Modulation of Sleep Efficiency", *Psychological Science* 13, n° 4 (2002): 384-87.
223. qualidade de sono inferior: N.P. Patel, M.A. Grandner, D. Xie, C.C. Branas e N. Gooneratne, "Sleep Disparity in the Population:

Poor Sleep Quality Is Strongly Associated with Poverty and Ethnicity", *BMC Public Health* 10 (2010): 475-75.

223. pode levar soldados a disparar contra suas próprios tropas: G. Belenky, T.J. Balkin, D.P. Redmond, H.C. Sing, M.L. Thomas, D.R. Thorne e N.J. Wesensten, "Sustaining Performance During Continuous Operations: The U.S. Army's Sleep Management System", em *Managing Fatigue in Transportation. Proceedings of the 3rd Fatigue in Transportation Conference* (1998).

223. O navio petroleiro Exxon Valdez: Veja Alaska Oil Spill Commission, *Spill: The Wreck of the Exxon Valdez*, vol. 3 (Alasca, 1990). Uma discussão de fácil compreensão sobre a literatura do sono como um todo pode ser encontrada em William C. Dement e Christopher Vaughan, *The Promise of Sleep: A Pioneer in Sleep Medicine Explores the Vital Connection Between Health, Happiness, and a Good Night's Sleep* (Nova York: Dell, 1999).

223. comparável a ficar duas noites seguidas sem dormir: Veja Hans P.A. van Dongen *et al.*, "The Cumulative Cost of Additional Wakefulness: Dose-Response Effects on Neurobehavioral Functions and Sleep Physiology from Chronic Sleep Restriction and Total Sleep Deprivation" , *SLEEP* 26, no. 2 (2003): 117-29. Um bom panorama da literatura sobre privação de sono crônica pode ser encontrada em D.F. Dinges, N.L. Rogers e M.D. Baynard, "Chronic Sleep Deprivation", *Principles and Practice of Sleep Medicine* 4 (2005): 67-76.

223. quando a renda aumenta, a capacidade cognitiva também aumenta: Uma literatura crescente tem argumentado, na verdade, que as primeiras experiências na infância podem afetar o desenvolvimento do cérebro. Veja, mais recentemente, por exemplo, Clancy Blair *et al.*, "Salivary Cortisol Mediates Effects of Poverty and Parenting on Executive Functions in Early Childhood", *Childhood Development* 82, n° 6 (novembro/dezembro 2011): 1970-84. Nossos resultados sugerem que, além desses tipos de efeitos, ainda há um efeito direto muito grande da pobreza sobre a função cognitiva mesmo mais tarde na vida.

8. MELHORANDO A VIDA DOS POBRES

231. a recorrência de acidentes operacionais: A. Chapanis, "Psychology and the Instrument Panel", *Scientific American* 188 (1953): 74-82.
233. Programas de treinamento para pessoas de baixa renda nos Estados Unidos: Uma boa coleção de documentos sobre programas de treinamento nos Estados Unidos ilustra esses desafios: Burt S. Barnow e Christopher T. King, eds., *Improving the Odds: Increasing the Effectiveness of Publicly Funded Training* (Washington: Urban Institute Press, 2000).
233. os empréstimos são usados para saldar outras dívidas: Duas avaliações recentes sobre o impacto de microfinanciamentos ilustram os problemas potenciais quantitativamente: Dean Karlan e Jonathan Zinman, "Microcredit in Theory and Practice: Using Randomized Credit Scoring for Impact Evaluation", *Science* 332, n° 6035 (2011): 1.278-84; Abhijit Banerjee *et al.*, "The Miracle of Microfinance? Evidence from a Randomized Evaluation" (documento de trabalho do MIT, 2010).
237. não comprometam um trabalho duro: Parte desse argumento pode ser feita sem recorrer à psicologia da escassez. Grande parte da elaboração de políticas faz a presunção da racionalidade. Simplesmente permitir às pessoas ter limitações psicológicas naturais já pode melhorar a elaboração de políticas. Essa visão foi maravilhosamente articulada recentemente por Richard H. Thaler e Cass R. Sunstein, *Nudge: Improving Decisions about Health, Wealth, and Happiness* (New Haven, Connecticut: Yale University Press, 2008). Veja também Eldar Shafir, ed., *The Behavioral Foundations of Public Policy* (Princeton, Nova Jersey: Princeton University Press, 2012). Usamos essa lógica anteriormente para argumentar que podemos compreender melhor a pobreza entendendo que os pobres podem ter as mesmas idiossincrasias psicológicas que afetam todo mundo: Marianne Bertrand, Sendhil Mullainathan e Eldar Shafir, "A Behavioral-Economics View of Poverty", *American Economic Review* (2004): 419-23. Comprometendo a largura de banda,

a escassez magnifica e detalha esses argumentos. Políticas psicologicamente criteriosas são particularmente importantes no contexto da pobreza.

237. durante um total de cinco anos ao longo de sua vida: D. Ellwood e R. Haskins, *A Look Back at Welfare Reform*, IPRNews (Inverno de 2008). Disponível em: http://www.ipr.northwestern.edu/publications/docs/newsletter/NLW08.pdf.

239. um estudo na região rural de Rajasthan, na Índia: Banerjee, A. Vinayak, E. Duflo, R. Glennerster e D. Kothari. "Improving immunisation coverage in rural India: clustered randomised controlled evaluation of immunisation campaigns with and without incentives." BMJ: British Medical Journal 340 (2010).

239. depende dos bons comportamentos que ela demonstra: L.B. Rawlings e G.M. Rubio, "Evaluating the Impact of Conditional Cash Transfer Programs", *The World Bank Research Observer* 20, nº 1 (2005): 29-55.

241. uma instituição de microfinananciamentos na República Dominicana chamada Adopem: A. Drexler, G. Fischer e A. Schoar, *Keeping It Simple: Financial Literacy and Rules of Thumb* (Londres: Centre for Economic Policy Research, 2010).

246. a grande demanda de empréstimos de valor médio inferior a US$10: Veja *Emergency Hand Loan: A Product Design Case Study*, Financial Access Initiative, ideas42 e IFC. Discussão e documento disponíveis em http://www.financialaccess.org/publications-index/2011/emergencyhand.

248. Um programa de transferência de dinheiro no Malauí: S. Baird, J. De Hoop e B. Ozler, "Income Shocks and Adolescent Mental Health", *World Bank Policy Research Working Paper Series*, nº 5.644 (2011).

249. fadada a voltar a cair repetidamente: Os índices de retorno a programas de assistência social nos Estados Unidos têm sido amplamente estudados. Por exemplo, veja J. Cao, "Welfare Recipiency and Welfare Recidivism: An Analysis of the NLSY Data", *Institute for Research on Poverty Discussion Papers* 1081-

1096, University of Wisconsin Institute for Research on Poverty (março de 1996).

249. de bairros de baixa renda para bairros de renda mais elevada: O programa, Moving to Opportunity, teve efeitos positivos sobre o bem-estar, mas nenhum sobre autossuficiência econômica. Veja J. Ludwig, G.J. Duncan, L.A. Gennetian, L.F. Katz, R. Kessler, J.R. Kling e L. Sanbomatsu, "Neighborhood Effects on the Long-Term Well-Being of Low-Income Adults", *Science* 337 (21 de setembro de 2012): 1505-10, edição on-line.

250. é improvável que ele mude a lógica fundamental da pobreza: Uma síntese dos estudos existentes sobre o impacto de microfinanciamentos pode ser encontrada aqui: M. Duvendack, R. Palmer-Jones, J.G. Copestake, L. Hooper, Y. Loke e N. Rao, "What Is the Evidence of the Impact of Microfinance on the Well-Being of Poor People?" (Londres: EPPICentre, Social Science Research Unit, Institute of Education, University of London, 2011).

9. ADMINISTRANDO A ESCASSEZ EM ORGANIZAÇÕES

251. O St. John's Regional Health Center: A discussão sobre o St. John's provém em grande parte de S. Crute, "Case Study: Flow Management at St. John's Regional Health Center", *Quality Matters* (2005). Veja também "Improving Surgical Flow at St. John's Regional Health Center: A Leap of Faith", Institute for Healthcare Improvement. Última modificação em 13 de julho de 2011. Disponível em: http://www.ihi.org/knowledge/Pages/ImprovementStories/ImprovingSurgicalFlowatStJohnsRegionalHealthCenterSpringfieldMOALeapofFaith.aspx. Este caso e outros são bem discutidos em E. Litvak, M.C. Long, B. Prenney, K.K. Fuda, O. Levtzion-Korach e P. McGlinchey, "Improving Patient Flow and Throughput in California Hospitals Operating Room Services", Boston University Program for Management of Variability in Health Care Delivery. Documento de orientação preparado para a California Healthcare Foundation (CHCF), 2007.

254. e houve uma melhoria ainda maior: O St. John's não é um caso excepcional. Veja Mark van Houdenhoven et al., "Improving Operating Room Efficiency by Applying Bin-Packing and Portfolio Techniques to Surgical Case Scheduling", *Anesthesia and Analgesia* 105, nº 3 (2007): 707-14, para um cuidadoso exemplo analítico. Uma análise da literatura sobre melhor programação de leitos de hospital pode ser encontrada em Brecht Cardoen, Erik Demeulemeester e Jeroen Beliën, "Operating Room Planning and Scheduling: A Literature Review", *European Journal of Operational Research* 201, nº 3 (2010): 921-32.

255. Muitos sistemas precisam de uma folga: John Gribbin, *Deep Simplicity: Bringing Order to Chaos and Complexity* (Nova York: Random House, 2005).

256. usem seu tempo "de maneira mais eficiente": Tom DeMarco tem uma discussão fascinante sobre a importância da folga para as organizações: "É possível tornar uma organização mais eficiente sem torná-la melhor. É isso o que acontece quando você expulsa a folga. Também é possível tornar uma organização menos eficiente e melhorá-la consideravelmente. Para isso, você precisa reintroduzir uma folga suficiente para permitir à organização respirar, reinventar-se e fazer as mudanças necessárias." Veja Tom DeMarco, *Slack: Getting Past Burnout, Busywork, and the Myth of Total Efficiency* (Nova York: Broadway, 2002).

257. uma percepção de que muitas corporações estavam "inchadas": Uma excelente discussão sobre aquisições alavancadas está em Steven N. Kaplan e Per Stromberg, "Leveraged Buyouts and Private Equity", *Journal of Economic Perspectives* 23, nº 1 (inverno de 2009): 121-46.

258. as compras alavancadas melhoraram o desempenho corporativo: F.R. Lichtenberg e D. Siegel, "The Effects of Leveraged Buyouts on Productivity and Related Aspects of Firm Behavior", *Journal of Financial Economics* 27, nº 1 (1990): 165-94.

259. deixadas à beira da falência: A possibilidade de aquisições alavancadas deixarem empresas em perigo quando ocorrem crises econômicas tem sido amplamente discutida. Veja, por

exemplo, Krishna G. Palepu, "Consequences of Leveraged Buyouts", *Journal of Financial Economics* 27, n° 1 (1990): 247-62.

259. a Nasa lançou a Mars Orbiter: Veja Arthur G. Stephenson *et al.*, "Mars Climate Orbiter Mishap Investigation Board Phase I Report, 44 pp.", Nasa, Washington (1999). Uma discussão de fácil leitura é: James Oberg, "Why the Mars Probe Went Off Course", *IEEE Spectrum* 36, n° 12 (1999): 34-39.

263. as organizações que combatem incêndios têm várias características em comum: Devemos nossa compreensão sobre o combate a incêndios e vários exemplos a Roger E. Bohn e Ramchandran Jaikumar, *Firefighting by Knowledge Workers* (Information Storage Industry Center, Graduate School of International Relations and Pacific Studies, University of California, 2000).

264. "Ao analisar a alocação de recursos em projetos tradicionais": N.P. Repenning, "Reducing Cycle Time at Ford Electronics, Part II: Improving Product Development", estudo de caso disponível com o autor (1996).

264. 28 mil defeitos *identificados*: Este número é citado em Bohn e Jaikumar, *Firefighting by Knowledge Workers*. Na verdade, faz parte de uma controvérsia maior sobre a Microsoft ter ou não lançado seu software com 61 mil defeitos identificados. Veja a incrível discussão em *Gripes about Windows 2000*. Disponível em: http://www.computergripes.com/Windows2000.html#28000bugs.

265 permanecerão eternamente atrasadas: Um estudo recente ilustrou como juízes também podem tentar fazer muitas coisas ao mesmo tempo e acabar fazendo malabarismo em muitos casos. Veja Decio Coviello, Andrea Ichino e Nicola Persico, "Don't Spread Yourself Too Thin: The Impact of Task Juggling on Workers' Speed of Job Completion" (National Bureau of Economic Research Working Paper No 16502, 2010).

266. *O trabalhador realmente eficiente*: Citação de Henry David Thoreau. Veja H.D. Thoreau, *A Week on the Concord and Merrimac Rivers* (Princeton, Nova Jersey: Princeton University Press, 2004).

267. Dez estados norte-americanos proíbem usar telefones celulares à mão quando se está dirigindo: *State Cell Phone Use and Texting While Driving Laws* (novembro de 2012). Disponível em: http://www.ghsa.org/html/stateinfo/laws/cellphone_laws.html.
267. os motoristas que seguram um telefone celular: Cell Phone Accident Statistics and Texting While Driving Facts, edgarsnyder.com. Acessado em 2 de novembro de 2012. Disponível em: http://www.edgarsnyder.com/car-accident/cause-of-accident/cell-phone/cell-phone-statistics.html.
267. com aqueles que falam ao celular usando fones de ouvido: J. Wilson, M. Fang, S. Wiggins e P. Cooper, "Collision and Violation Involvement of Drivers Who Use Cellular Telephones", *Traffic Injury Prevention* 4, nº 1 (2003): 45-52.
267. atravessaram o dobro de sinais de trânsito: D.L. Strayer, F.A. Drews e D.J. Crouch, "A Comparison of the Cell Phone Driver and the Drunk Driver", *Human Factors: The Journal of the Human Factors and Ergonomics Society* 48, nº 2 (2006): 381-91. Estudos posteriores usaram simuladores de direção de alta fidelidade para comparar o desempenho de motoristas ao telefone (sem uso das mãos) com o desempenho de motoristas intoxicados e concluíram que o risco maior de distração ao telefone é comprável ao risco por dirigir com um nível de álcool no sangue superior ao limite legal.
268. *ao adotar de forma memorável a semana de trabalho de quarenta horas, Henry Ford*: Uma boa discussão está em E. Robinson, "Why Crunch Mode Doesn't Work: 6 Lessons", *IGDA* (2005), acessado em 17 de fevereiro de 2009. Outro artigo de fácil leitura é Sara Robinson, "Bring Back the 40-Hour Work Week", *Slate*, 14 de março de 2012. Ambos deixam claro que estão defendendo semanas de trabalho menores, e apresentam seus casos extremamente bem.
269. "onde uma escala de trabalho de sessenta horas ou mais por semana": Robinson, "Why Crunch Mode Doesn't Work."
269. um criador de softwares observa: Veja "Scrum & Overtime?", postado no blog Agile Game Development, 9 de junho de 2008.

SENDHIL MULLAINATHAN E ELDAR SHAFIR | 363

269. o número de pacientes por cirurgião: Diwas S. Kc e Christian Terwiesch, "Impact of Workload on Service Time and Patient Safety: An Econometric Analysis of Hospital Operations", *Management Science* 55, n° 9 (2009): 1486-98.
269. *Ao fim de cada entrevista*: Seonaidh McDonald, "Innovation, Organisational Learning and Models of Slack", *Proceedings of the 5th Organization al Learning and Knowledge Conference* (Lancaster University, 2003).
270. quando os trabalhadores dormem menos: D.T. Wagner, C.M. Barnes, V.K. Lim e D.L. Ferris, "Lost Sleep and Cyberloafing: Evidence from the Laboratory and a Daylight Saving Time Quasi-Experiment", *Journal of Applied Psychology* 97, n° 5 (2012): 1068.
270. 20% a mais de tempo navegando a esmo na internet: Ibid.
271. *Quando o conhecemos, um ano atrás*: "Manage Your Energy, Not Your Time", *Harvard Business Review*, acessado em 3 de novembro de 2012. Disponível em: http://hbr.org/2007/10/manage-your-energy-not-your-time/ar/1.
271. um programa piloto de "administração de energia": Ibid.
272. a afastar os olhos da tela a cada vinte minutos mais ou menos: Esta é a chamada regra 20-20-20. Veja, por exemplo, http://www.mayoclinic.org/diseases-conditions/eyestrain/basic/lifestyle-home-remedies/con-20032649.
272. "forçados a seus limites e além destes sem qualquer margem": J. De Graaf, D. Wann e T.H. Naylor, *Affluenza: The All-Consuming Epidemic* (São Francisco, Califórnia: Berrett-Koehler, 2005).
273. Hiroaki ("Rocky") Aoki: Veja http://www.rockyhaoki.com/biography.html para uma breve biografia.
276. dez centavos a mais de lucro por dólar de faturamento: Esta discussão se baseia no maravilhoso estudo do caso da HBS sobre o modelo de negócios do Benihana: W. Earl Sasser e J. Klug, Benihana of Tokyo (Boston: Harvard Business School, 1972). Veja também Ernst Ricardo e Glen M. Schmidt, "Benihana: A New Look at an Old Classic", *Operations Management Review* 1 (2005): 5-28.

276. Sheryl Kimes: S.E. Kimes, "Restaurant Revenue Management Implementation at Chevys Arrowhead", *Cornell Hotel and Restaurant Administration Quarterly* 45, nº 1 (2004): 52-67.
277. "Ninguém mais vai lá, é cheio demais": Y. Berra, *The Yogi Book* (Nova York: Workman Publishing, 1997).

10. A ESCASSEZ NO COTIDIANO

281. na Bolívia, no Peru e nas Filipinas: D. Karlan, M. McConnell, S. Mullainathan e J. Zinman, *Getting to the Top of Mind: How Reminders Increase Saving* (National Bureau of Economic Research, documento de trabalho nº w16205, 2010).
283. "poupança de impulso": "Impulse Savings", estudo de caso de ideas42.
284. a Massachusetts Registry of Motor Vehicles: *Snopes.com: Massachusetts License Renewal* (4 de novembro de 2008). Disponível em: http://www.snopes.com/politics/traffic/massrenewal.asp.
285. pesquisadores mudaram as consequências de negligenciar o formulário: J.J. Choi, D. Laibson, B.C. Madrian e A. Metrick, "For Better or for Worse: Default Effects and 401(k) Savings Behavior", em *Perspectives on the Economics of Aging*, ed. D.A. Wise (Chicago: University of Chicago Press, 2004), 81-126.
287. Keep the Change: Disponível em: http://www.bankofamerica.com/deposits/manage/keep-the-change.go.
287. não tentando controlar seus impulsos para gastar: Programa Keep the Change, do Bank of America: "Keep Your Savings Elsewhere", *BloggingStocks*, acessado em 1º de novembro de 2012. Disponível em: http://www.bloggingstocks.com/2007/04/23/bank-of-americas-keep-the-change-program-keep-your-savings-e/.
290. "períodos de resfriamento": L.E. Willis, "Against Financial Literacy Education", (2008). Disponível em: http://works.bepress.com/lauren_willis/1/.
292. Save More Tomorrow: R.H. Thaler e S. Benartzi, "Save More Tomorrow™: Using Behavioral Economics to Increase Employee Saving", *Journal of Political Economy* 112, nº S1 (2004): S164-87.

294. em um estudo sobre empréstimos a serem pagos no dia do recebimento do salário: M. Bertrand e A. Morse, "Information Disclosure, Cognitive Biases, and Payday Borrowing", *The Journal of Finance* 66, n° 6 (2011): 1865-93.
296. um presente de tempo dado por Deus: R. Levine, *A Geography of Time: The Temporal Misadventures of a Social Psychologist, or How Every Culture Keeps Time Just a Little Bit Differently* (Nova York: Basic Books, 1997).
297. "A complexidade da regra percebida": J. Mata, P.M. Todd e S. Lippke, "When Weight Management Lasts. Lower Perceived Rule Complexity Increases Adherence", *Appetite* 54, n° 1 (2010): 37-43. doi: 10.1016/j.appet.2009.09.004.
299. plantadores de milho no Quênia: E. Duflo, M. Kremer e J. Robinson, *Nudging Farmers to Use Fertilizer: Theory and Experimental Evidence from Kenya* (N° w15131, National Bureau of Economic Research, 2009).
299. pesquisadores criaram uma intervenção simples e inteligente: Ibid.
299. ricos em dinheiro e largura de banda: Os pesquisadores interpretam isso no contexto de um modelo de desconto hiperbólico, como uma solução para nosso desafio genérico de atrasar a gratificação. Nossos dados sobre o aumento da largura de banda na época da colheita sugerem que mais coisas podem estar acontecendo ali, além do próprio ato de tomar as decisões na época em que os agricultores têm a maior largura de banda, também podem melhorar a qualidade das decisões.
301. estudantes de baixa renda que concluem o ensino médio: K. Haycock, "Promise Abandoned: How Policy Choices and Institutional Practices Restrict College Opportunities" (Washington: Education Trust, 2006).
301. Eles dividiram os formandos do ensino médio: E.P. Bettinger, B.T. Long, P. Oreopoulos e L. Sanbonmatsu, *The Role of Simplification and Information in College Decisions: Results from the H&R Block FAFSA Experiment*. National Bureau of Economic Research, (2009). Disponível em: http://www.nber.org/papers/w15361.

304. tiveram permissão para escolher seus prazos: D. Ariely e K. Wertenbroch, "Procrastination, Deadlines, and Performance: Self-Control by Precommitment". *Psychological Science* 13, nº 3 (2002): 219-24.
306. subestimar a probabilidade de muitos eventos de probabilidade baixa: C.F. Camerer e H. Kunreuther, "Decision Processes for Low Probability Events: Policy Implications", *Journal of Policy Analysis and Management* 8, nº 4 (1989): 565-92.

CONCLUSÃO

309. *Enquanto nossa ilha de conhecimento cresce*: John A. Wheeler, conforme citado em J. Horgan, "The New Challenges", *Scientific American* 267, nº 6 (1992): 10.
315. melhorar a produtividade oferecendo os produtos financeiros certos e criando largura de banda: Esta ideia está sendo explorada por uma instituição sem fins lucrativos (que ajudamos a fundar) chamada ideas42, que utiliza insights de comportamento para criar produtos e políticas. O leitor interessado é convidado a acessar www.ideas42.com.
315. GlowCap: *Vitality - About GlowCap*. Disponível em: http://www.vitality.net/glowcaps.html.

Agradecimentos

Este livro não sofreu de escassez de ajuda e bons conselhos. Colaboradores maravilhosos ajudaram a dar forma às nossas ideias e realizaram estudos cruciais: Chris Bryan, Lisa Gennetian, Anandi Mani e Jiaying Zhao. Anuj Shah assumiu o projeto com uma força excepcional, e foi maravilhosamente perspicaz e prestativo o tempo todo. Também tivemos assistentes de pesquisa extraordinários: Annie Liang e Shannon White foram incansáveis e criativos na busca por estudos e exemplos relevantes. Jessica Gross encontrou algum material inicial e Lily Jampol e Ani Momjian ajudaram a realizar alguns estudos. Todos fizeram perguntas incisivas e entusiasmadas, assim como Izzy Gainsburg e David Mackenzie, que se juntaram um pouco mais tarde, porém deram uma ajuda e atenção inestimáveis. Os colegas maravilhosos da ideas42 nos incentivaram e inspiraram. Katinka Matson nos ajudou a ver que havia um livro que merecia ser escrito na mistura de muitas ideias.

Os rascunhos que surgiram se beneficiaram da sabedoria de bons amigos, colegas e entes queridos. Agradecemos especialmente a Bindu Ananth, Samura Atallah, Amber Batata, Emily Breza, Andy Conway, Katherine Edin, Alissa Fishbane, Lawrence Katz, Michael Lewis, Lori Lieberman, Jens Ludwig, Anastasia Mann, Frank Schilbach, Antoinette Schoar, Heather Schofield, Josh Schwartzstein, Sharoni

Shafir, Andrei Shleifer, Richard Thaler, Laura Trucco, Nick Turk-Browne e Eric Wanner. A pesquisa para este livro foi generosamente apoiada pela Kellogg Foundation, pela National Science Foundation, pelo Canadian Institute for Advanced Research, pelo John Simon Guggenheim Memorial Foundation e pelo National Institute on Aging, bem como pelas instituições que nos abrigam, Harvard e Princeton. Estudantes das aulas que lecionávamos quando o livro estava tomando forma, duas em Princeton e duas em Harvard, compuseram uma excelente plateia inicial, atenta, receptiva e crítica. Várias outras plateias toleraram nossas palestras não-muito-prontas-para-o-horário-nobre e nos deram ótimo retorno. No meio disso tudo, Paul Golob foi o editor ideal, paciente e sábio.

Nos últimos anos, consumimos mais do que nossa cota justa de apoio emocional. Por conta disso, somos particularmente gratos a Amber Batata, Sailu Challapalli, Alissa Fishbane, Srikanth Kadiyala, Anastasia Mann, Jim, Jackie e Ali Mann, Miri e Sharoni Shafir e Sophie e Mia Mann-Shafir. E pedimos desculpas pelos telefonemas não atendidos, pelas férias perdidas e pela largura de banda perdida, e por sumirmos. Culparemos a essassez por tudo isso.

Colaboração é um negócio notoriamente difícil. Por mais que você esteja em sincronia, haverá ocasionais desavenças e frustrações. E, ainda assim, ao fim dessa longa estrada, nós dois sabemos que não poderíamos ter encontrado um parceiro mais perfeito e um amigo melhor para a jornada. Só podemos esperar que tudo isso fique evidente no livro.

Qualquer deficiência não deve ser atribuída a todas as pessoas maravilhosas que nos ajudaram; ambos concordamos que são falhas do outro.

Índice remissivo

abelhas, 111-113
abundância, 124-125, 140-143, 149, 195-197, 303-305, 316-318
  folga e, 109-115
  problema de, 304-305
acidentes, 54-232
  de veículo, 45, 50, 55, 58, 268
  no nascimento, 216
Adelson, Ted, 145
administrando a escassez nas organizações, 251-278
Adopem, 241
África, 212, 225, 248, 298, 299
agricultura, 55, 178, 180, 221, 223, 225, 297-299
  colheita, 85-90, 183, 196-197, 248, 297, 298, 304-305, 317-318
  comportamento, 212
  ervas daninhas, 212
  orgânica, 212
  rendimentos, 212
  seguro, 55-58
  subsistência, 208
agricultura orgânica, 212
água, 20
água encanada, 211

AIDS, 211, 221
Alasca, 223
álcool, 120-121, 146-147
Alemanha, 15
"All I Saw Was the Cake", 69-70
Allen, Woody, 54
Alzheimer, 27
Angry Blueberries, 40-43, 51, 93-94, 165
antibióticos, 151
Aoki, Hiroaki ("Rocky"), 273-276
aparelhos, compra de, 131-135, 140-141
aparelhos de DVD, 131-135
aposentadoria, 148, 248, 285-286
arbítrio falta de, 206-207
armadilhas, da escassez, 175-204
  definição de, 177-178
  diferentes tipos de, 198-204
  malabarismo, 180-184, 186
  na Índia, 175-176, 180, 183, 185-186, 188, 246, 305-306
  saindo das, 184-188
  social, 198-204
  sustos e, 191-195
arroz, 90
Ásia, 152

assistência temporária para famílias necessitadas, 237-238
assistência social, 205, 220, 234-238
    limites, 238
atenção, 73, 81, 97-98, 158, 200
    captura de, 14-22, 35, 42-43, 61-69, 90-91
    desempenho e, 201-203
    processo de baixo para cima, 66-67
    processo de cima para baixo, 66-67
aulas de *soft skills*, 240-241
Austrália, 82
autocontrole, 80-85, 94, 97-98, 221-222, 224, 225, 243-244
auxílio-alimentação, 205, 218, 305

bagunça, 169
banco, 264-265, 287
Banerjee, Abhijit, 120-121
Bangladesh, 183
Bank of America, 287
barro, 111-113
barulho, 65-66, 225-226
basquete, 200-203
batimentos cardíacos, 96-97
Benihana, restaurante, 273-276
bisavó, 243
Bjorkegren, Dan, 121-122
bobagens, 62-63, 122
Bohn, Roger, 263
Bolívia, 281-282
Boston, 137

Bowen, Bruce, 200-202
Bryan, Chris, 69-70

cabine, 114-116, 120-121
caça-palavras, 68-69
câncer, 23
capacidade cognitiva, 73-79, 85-91, 98, 243
carboidratos, 297-298
Carlin, George, 114
Carolina do Norte, 153
carros, 56, 110, 207
    acidentes, 45, 50, 51, 54, 58-59, 266
    comendo no, 55-59
    compras para, 130-133
    compras por impulso, 283, 290-291
    registro, 283-284
    seguro, 76, 290-291
    tráfego, 255, 266
    uso do celular e, 266
cartão de crédito, 76, 107-108, 115
casa, 110
    bagunça na, 169
casamento, 212
celular, 267-268
Center for Responsible Lending, 153
cera, 111-112
cérebro, 145
    desenvolvimento, 223
    lateralização, 96-98
    percepção, 134-151
    ver também mente

cerveja, 146-148
Chapanis, Alphonse, 232-238
Chennai, India, 175-176
Chevys, restaurante, 276-279
China, 23, 82
Churchill, Winston, 39
ciência cognitiva, 28-29, 66
cigarros, 120-121, 222
　impostos, 138
cintos de segurança, 43, 50-51
coerência, 219
Cohen, Amanda, 33-34
colheita, 83-95, 183, 195-196, 247, 297-298, 301-302, 317
combate a incêndios, 44-46, 49, 246-247, 263-265, 268
　armadilha, 263-265
comida, 14, 15-20, 24, 27, 69, 83, 99, 105, 139-140, 143-144
　arrumação da bagagem, 118-120
　bobagens, 62-63, 117
　comer, enquanto dirige, 55-59
　dieta, 68-70, 90-91, 118-119, 204-206, 209, 210, 296-297
　despensa, 114, 286-287
　escassez, 15-19, 33-34, 91-93, 204, 205, 225-226
　fast-food, 62-63, 140, 313
　impulsividade e, 82, 283
　marcas, 294-295
　petiscos, 187
　preços, 211
　restaurante, 273-278
comportamento dos pobres, 232-237
compras, 131
compras alavancadas, 257-259
compras por impulso, 283, 287
computadores, 71, 98, 131, 187, 234, 235, 272
　comprar, 131-133
　software, 135
conhecimentos financeiros básicos, 241, 242
Consumer Reports, 138
contas, 171, 181, 288-289
　débito automático, 286-289
　pagamento atrasado de, 154, 159-160, 219, 282, 286
controle de impulsos, 81-86, 95, 98, 221-222, 224, 243-244
controle de tráfego aéreo, 50-51, 218
controle do impulso, 81-86, 95, 98, 221-22, 224, 243-244
controle executivo, 72, 81-86, 88, 95, 97-98, 243
coquetéis, 105-106
correção a meio curso, 37-38
cortisol, 96
cotidiano, escassez no, 279-307
Covey, Stephen, 169
creche, 243-244, 248-249
criatividade, 34
cuidado com crianças, 243-244, 248-249
cultura, 24-27
currículo, 234

decisões, vinculando e o tempo para, 291, 293
decrescentes utilidades marginais, 113

Dempsey, Christy, 254
desconto hiperbólico, 291
desempenho e empolgação, 200-201
desemprego, 14, 193, 234, 236, 245, 311-113
   seguro, 245
despensa, 114, 286-287
desperdício, 115-117
desvio padrão, 80-81
dia do pagamento, empréstimos de, 151-159, 164, 172, 291-294, 315
diabetes, 210-211, 220-222, 225-226
Dickinson, Charlie, 43
dieta de Atkins, 289-295
dinheiro, 11-14, 99, 105, 134, 146, 194, 242, 293-294
   armadilhas da escassez, 175-204
   ciência comportamental e, 133-151
   colheita e, 86-91
   empréstimo e miopia, 151-276
   empréstimos de dia do pagamento, 151-159, 164, 172, 291-294, 315
   ensino de conhecimentos financeiros básicos, 241-242
   erros, 118-125
   escassez, 11-14, 17, 20-28, 75-78, 129-174, 205-227, 231, 250, 281, 301-303
   expertise e, 129-151
   financiamento universitário e, 301-303
   folga no, 110-121, 148-150, 192-195
   pensamento de troca e, 106-108, 142-144
   percepção e, 134-151
   poupança, *ver* poupança
   recessão de 2008, 115, 312-313, 317
dióxido de carbono, 206
dívida, 11-14, 18, 108, 205-227, 233, 257-258, 272, 290
   aquisição alavancada, 257-259
   armadilhas, 175-204
   empréstimos de dia do pagamento, 151-159, 164, 172, 291-294, 315
   entrando no túnel e, 158-174
   na Índia, 175-178, 180, 183-185, 189-191, 246-247, 305-306
   prorrogações, 151-158
   ver também empréstimos
dívidas passadas, 151-158
dividendo de foco, 41-44, 47, 50-51, 96-97, 169
divórcio, 20
doença, 207-211, 220-222, 226, 233
DOTS (terapia observada diretamente), 211

economia, 20-29, 113, 149, 194
   comportamental, 133-151
   escassez e, 20-29, 209-227
   expertise e, 129-15
   na Índia, 175-177, 180, 183-186, 189-191, 246-247, 305-306
   recessão de 2008, 115, 312-313, 317

economia comportamental, 133-151
edema, 16
educação, 14, 65, 180, 213-214, 235-237, 240, 248
   conhecimentos financeiros básicos, 240-242
   ruído e, 65-66
   universidade, 36-39, 62, 108, 116, 119, 133, 161-162, 178
Eisenhower, Dwight, 105
Eliot, T.S., 213-214
e-mail, 9, 36, 55-56, 159, 199
emergências, 180-182, 198-195, 246
   hospital, 251-255
empolgação, e desempenho, 202-203
empreendedorismo, 242, 273
emprego, 14, 62-63, 193, 234-235, 243, 246, 266-273, 314-315
   escassez, 14, 193, 234, 236, 246, 312-314
   horas de trabalho, 246, 266-272
empréstimo, 151-276, 210, 233, 272, 290-291
   armadilhas, 175-204
   empréstimos de dia do pagamento, 151-159, 164, 172, 291-294, 315
   entrando no túnel e, 158-174
   Family Feud and, 161-167, 172
   ver também empréstimo; dívida
empréstimos, 160, 247, 290-291
   armadilhas, 175-204
   dia do pagamento, 151-159, 164, 172, 291-294, 315
   e miopia, 151-276
   joias, 180
   microfinciamento, 233, 241, 246, 249
   na Índia, 175-178, 180, 183-186, 188-191, 246, 305-306
   ver também débitos
empréstimos por joias, 180
engasgando, 200-202
entrando no túnel, 44-59, 114, 150, 158-174, 181-183, 191, 194, 196-197, 205, 216, 238-240, 246, 262, 264-266, 271-272, 280-286, 289-292, 315
   empréstimo e, 158-174
   influenciando o que está no túnel, 280, 286
   inibição de metas, 49-50
   malabarismo e, 181-183
   memória e, 50-53
   processo de negligência e, 47-59
   taxa, 53-59, 172-174
erro do piloto, 232-235
erros, 118-119, 232-233, 235
   folga e, 118-125
   piloto, 232-235
erros na cabine, 233-235
escassez, 9-29
   adivinhações, 53
   administrada em organizações, 251-278
   armadilhas, 175-204
   artificial, 94

benefícios da, 33-59
capacidade cognitiva e, 73-79, 85-92, 97-98, 243
captura a mente, 15-20, 34-35, 43-44, 61-68, 91
ciência original da, 20-29
combatendo a pobreza, 232-250
comida, 15-19, 33-34, 91-92, 204, 209, 225-226
controle executivo e, 73, 79-85, 87, 93, 95-96, 243
dinheiro, 10-14, 17, 20-29, 75-78, 127-174, 209-227, 231-250, 281-282, 299-303
dividendo de foco e, 41-44, 46, 50, 96-97, 169
economia comportamental e, 133-151
economia e, 20-29, 209-227
efeitos da, 133-134
emprego, 14, 193, 235, 237, 246-247, 311-313
entrando no túnel e, 44-60, 158-174, 181-183, 280-286
estresse e, 94-95
expertise e, 127-151
fingindo, 44
folga e, 109-127, 142, 148-151, 191-195, 255-259, 305-307
futuro, 291-293
hospital, 252-255
mentalidade, 22-28, 30-99, 160, 204-205
no cotidiano, 279-306
pensamento de troca e, 105-127, 140-144
percepção e, 134-151
pobreza e, 209-227, 231-250
social, 14, 17, 19-20, 198-204, 241, 272, 295, 310
sustos e, 191-195
taxa da largura de banda e, 61-99, 153, 160, 207, 210, 219-227, 240-243, 250, 271, 273, 298, 301-303, 310
tempo, 9-14, 21, 35-47, 52, 160, 166-167, 177-178, 193, 208-210, 264-266, 270-271, 279-280, 291-293
um design para, 229-307
escassez artificial, 93-94
escassez de assentos nos restaurantes, 275-276
escassez de adivinhação, 53
escassez social, 14, 17, 20-22, 40, 198-204, 241, 270, 295, 310
armadilhas, 198-204
escolhas, 117-118, 287-289
feita, 289-290
peso das, 117-118
escolhas de uma vez só, 288-291
espaço de armazenamento, 114-117
espaço, escassez de, 103-105, 109-111, 112-114, 118-126
esportes, 148-149, 199-202
atletas engasgados, 199-203

estoque regulador, 305-306
estresse, 95-96, 222, 271
  escassez e, 95-96
  memória e, 96
  redução, 222
exercício, 47-48, 281-283, 287-289
Exército, Estados Unidos, 223
experimento psicológico, 134-135
expertise, 127-151
Exxoz Valdez, 223

fadiga, 81
falácia de planejamento, 120-121
falência, 259
Family Feud (programa de TV), 161-167, 172, 290
farmacologia, 210
Fay, Michael, 180
fazendas de açúcar, 86, 88-90
fazendo as malas, 103-105, 109-111, 112-114, 118-126, 136
férias, 112, 140-142, 206, 271
Ferraro, Paul, 150
fertilizante, 298
Filipinas, 225, 281
financiamento da casa, 107-108, 122
  de baixo custo, 122-123
foco, 40-44, 47, 50, 52, 61-63, 73, 162-175, 201, 241, 243
folga, 108-126, 142, 149-150, 192-196, 248, 255-259, 280, 305-307
  de dinheiro, 109-126, 149-150
  falta de, 185-188, 191-195, 206

fracasso, 120-125
  mal apreciada, 255-256
  náufragos e, 114-118, 121
  o que compramos com, 114, 119
  versus gordura, 258-259
força de vontade, 81, 188
Ford, Henry, 267-268
formandos da escola, 301
fracasso, 120-125, 164-165, 213-216
  no planejamento, 172-174
  organizacional, 262-263
  pobreza e, 214-216, 225
frugalidade e, 132-140
frugalidades, 132-140, 144, 151
futuro, 291, 292
  negligenciando o, 167-172

game show, 161-162
gasolina, 148
genética, 24
Gennetian, Lisa, 218-219
gerenciamento de restaurante, 273-278
Gersick, Connie, 36
GlowCaps, 315-316
glucocorticoides, 95
golfe, 148, 201
grávidas, 213
Grondin, Simon, 136

Hall, Crystal, 133
Handey, Jack, 205
Harris, Sandra, 153, 156

Hastings, Max, 39
Head Start, 153, 174
Heschel, Abraham Josua, 269
hibachi, 274-276
horas de trabalho, 246, 266-273
hospitais, 251-257
Hunton, Brian, 44

IFMR Trust, 283
ilusão das sombras do tabuleiro de xadrez, 145-146
imóveis, 258
imposto sobre vendas, 138
impostos de consumo, 138
impostos, 148, 154, 155, 157, 286
  de cigarros, 138
  de vendas, 138
improvisar, 168, 182-183
impulsos automáticos, 83
incentivos inefetivos, 237-239
Índia, 28, 75, 85, 89, 108, 170, 246-249
  negociando na, 129-130
  pobreza, 206, 225, 239, 246
  vendedores de rua, 175-178, 184-185, 188-191, 195, 305
Indonésia, 121
inefetivos, incentivos, 237-239
ineficiência, 115-116
inibição, 50-51
  objetivo, 50-51
Institute for Healthcare Improvement, 252

inteligência fluida, 73-79, 82-84, 87, 90, 99
interferência proativa, 71
iPhone e, 141
iPod, 125, 140
Iron Chef (programa de TV), 34-35

Jaikumar, Ramnchandran, 263
Japão, 273
Jenkins, Richard, 110
Jianying Zhao, 75

Kahneman, Daniel, 44
Karlan, Dean, 188, 281
Keep the Change, programa, 287
Killeen, Peter, 136
Kimes, Sheryl, 276
Koyambedu, vendedores, 175-178, 184-185, 188-191, 195, 305
Kurtz, Jaime, 38

largura de banda, 26, 61-99, 198, 217, 218, 239-243, 248, 268-273, 293-297, 309-318
  capacidade cognitiva, 73-79, 85-90, 97, 243
  construindo, 241-249
  controle executivo e, 73, 79-85, 87, 94, 96, 98, 243
  economizando com, 293-297
  linha do tempo, 298-301
  taxa de, 26, 61-99, 160, 206, 209, 219-224, 239-243, 249, 270-273, 297, 302, 303, 310
  terminologia, 63-69, 72

Larson, Dr. Kenneth, 252
lesão por esforço repetitivo, 271
limites, 237

mãe solteira, 243
malabarismo, 180-184, 185, 197
malas, fazendo as, 103-104, 109, 110, 112-113, 126, 137
Malauí, 248
Mani, Anandi, 85
marketing, 24, 57, 137, 143-144
Mars Orbiter, 259-263, 267
Massachussets Registry of Motor Vehicles, 283
Matrizes Progressivass de Raven, 74, 77-78, 87
McConnel, Margaret, 281
McDonald's, 155
Medicaid, 214
memória, 27, 51-53, 73, 219-220
　declarativa, 219
　estresse e, 96
　funcional, 221-245
　tarefas, 51-52, 53
memória prospectiva, 219
menos mente, 63-64
mentalidade, escassez, 24-27, 33-99, 160, 204
　focando e entrando no túnel, 33-59
　taxa da largura de banda, 61-99
　mente, 14-22, 24, 174, 221
　capacidade cognitva e, 72-79, 85-90, 97, 243

empréstimo e pensamento míope, 153-174
entrando no túnel e, 47-59
escassez captura a, 14-22, 34, 43-44, 61-69, 90
inteligência fluida, 73-79, 87
menos, 63-64
pensamento de troca, 105-127, 142-144
pensando, 69, 235
taxa da largura de banda e, 61-99, 122, 160, 219-224, 239-243, 248
meses comuns, 276
Microsoft, 264
Mischel, Walter, 80
Missouri, 251, 254
MIT, 145, 241
Morse, Adair, 294
MSN, 110
multitarefas, 55-57, 72
música, 136-137

Nairóbi, 225
não adesão, 211, 219-220
NASA, 259-263, 267
Natal, 298
negligência, 166-172, 196, 285-287, 288, 289, 291, 315
　com o futuro, 166-172
　processo de, 47-59
negociação, 129-130
neurociência, 67
New York Times Magazine, 115

norepinefrina, 95
Nova Jersey, 28, 75, 83, 133-134, 208, 225
Nova York, 177, 273
Novo México, 193

obesidade, 14, 123, 215, 222
objetivo, 49-50
   inibição, 49-50
organizações, 57, 61, 251, 278
   administrando os recursos escassos, 266-273
   alavancada, 257-258
   armadilha de combate ao fogo, 263-266
   escassez administrada em, 251-278
   excesso de confiança, 317-318
   folga e, 255-259, 264
   hospital, 251-257
   marketing, 57-58
   oxigênio, 206
   pequenos negócios, 57-58
   restaurantes, 273-278
   sem fins lucrativos, 143-249
organizações sem fins lucrativos, 143, 249
otimismo, 119-196
ouvindo, 92-93

paciência, 97-98
pagamento atrasado de contas, 155, 158-159, 217, 281, 285
pagamento em débito automático, 286, 288-289

percepção, 134-151, 214
personalidade, 80, 94, 97
Peru, 281
petiscos, 187
piscar de atenção, 68-71
plano de aposentadoria, 285-286
plano de saúde, 56
pobreza, 13, 20, 26, 27, 41, 42, 94, 134, 137, 143, 151, 162-166, 176, 205-227, 231-250, 281
   capacidade cognitiva, 73-79, 85-90, 91, 98, 243
   colheita e, 85-90
   combatendo a, 231-50
   construindo largura de banda, 243-249
   cuidados médicos e, 210-219, 239
   economia comportamental e, 132-151
   empréstimo e miopia, 153-174
   escassez e, 205-227, 231-250
   estereótipos negativos, 214-215
   folga e, 111-114
   fracasso e, 214-216, 225
   frugalidade e, 132-140, 144, 151
   global, 14
   incentivos inefetivos, 237-239
   inteligência fluida, 75-78, 87
   o elefante na sala, 210-216
   preço da largura de banda e, 239-243
   programas de microfinanças, 233, 241, 246, 249
   programas de treinamento de baixa renda, 233, 235-236, 248-249

ser pai e, 212, 213, 216-219, 225, 243
taxa da largura de banda e, 219-227
política, 170-171
ponte de empatia, 210
pontes, 170-171
Portfolios of the Poor, 183-193
poupança, 131-135, 188, 194, 248, 281, 288-289, 291
   líquida, 194, 195
   negligência, 285-286
prazo, 9, 12, 13, 36-40, 41-44, 47-48, 50, 70, 107, 119, 160, 167, 183, 184, 195, 196, 238, 257-258, 262, 264, 286, 303-304, 316, 317
   benefícios dos, 38-40
   dividendo de foco e, 40-44
   preocupação e escassez, 94-95
Princeton, Nova Jersey, 133
problemas com presentes, 165
processamento de cima para baixo, 67-68
processos de cima para baixo, 67-68
procrastinação, 26, 51, 169-170, 196, 301-302, 309
programa de transferência de dinheiro, 234, 248
programa *Save More Tomorrow*, 292
programas de jogos (*game shows*) 161-166
programas de microfinanciamento, 233, 241, 246, 249
programas de treinamento de baixa renda, 233, 235, 236, 248, 249
protuberância, 301-303

Quênia, 299
química, 206

raios de sol, 204
Raven, John, 73
recessão, 57, 312, 313, 317
   de 2008, 115, 312-313, 317
recursos físicos, escassez, 178-179
rejeitados, 114-117, 121
rendimentos da colheita, 210-211
República Dominicana, 241
ressonância magnética funcional, 67
restaurante popular, 133
reuniões, 36, 110, 280
Riis, Jacob, *How the Other Half Lives*, 153
riqueza, 41, 42, 94, 123, 137-138, 140
   economia comportamental e, 131-152
   empréstimo e, 162-166
   folga e, 111-114
Roma, 207
roupas, 118-124
roupas, 118-119, 208
   arrumando a mala de, 103-104, 106, 107, 112-114, 126

erros de compras, 118-119, 120, 124
profissional, 234
rupturas internas, 65-69
Russe, Sharman Apt, *Hunger*, 16

sabá judaico, 296
sabá, 296, 297
sabão líquido para máquina de lavar, 136
satélites, 259-263
Schelling, Thomas, 80
Schoar, Antoinette, 241
Scramble, 309
Segunda Guerra Mundial, 14, 274
seguro, 54-55, 63
    carro, 76, 290
    colheita, 55, 58
    de saúde, 55
    dedutíveis, 54-55
    desemprego, 246
seguro da colheita, 55, 58
sentidos, 136
ser pai, 61-62, 98, 209-210, 212-213, 221, 313
    consistência em, 217
    pobreza e, 212-213, 216-217, 225, 243
    mãe solteira, 243
    vigilância, 288
serotonina, 95
serviço ao consumidor, 63-64
Shah, Anuj, 40, 51, 146, 161
síndrome da visão de computador, 271

sistema de água encanada, 211
site de encontros, 198
Smith, Bradley, 22
sobretaxas por quantidade, 138
Sociedade Americana de Engenheiros Civis, 171
solidão, 21-22, 93, 198-199, 206, 207
    como armadilha da escassez, 198-199
sono, 211, 270
    falta de, 221-222, 270
St. John's Regional Health Center, Missouri, 251-255
Starbucks, 155
sucesso, 164-165, 274
sugestões conceituais, 145-146
sustos, 182, 191-195, 198-199, 246-247, 255, 305-306

Tabarrok, Alex, 150
Taco Bell, 140
talento, 98
Tamil Nadu, Índia, 180
tarefas de escuta dicótica, 92
taxas de juros, 176, 184, 294
Taylor, Laura, 150
tecnologia, 212
televisão, 33-34, 107, 108, 143, 161, 212, 213, 218
    Family Feud, 161-162, 164, 173, 290
tempo, 9-14, 36-40, 94, 99, 183

administrando, 13-14, 169-172, 177, 206, 311
decisões e, 292-293
escassez, 9-14, 23, 36-47, 53, 160, 167, 177, 192, 208-209, 264, 265, 270, 279-280, 292, 293
falhando no planejamento, 173-174
folga, 110, 116-117, 118-119, 255
largura de banda, 298-301
organizações e, 251-278
prazos, 36-40, 41-44, 51, 71, 107, 119, 160, 167, 181, 184, 195, 196, 238, 258, 262, 264, 286, 303-304, 316-317
procrastinação e, 26, 51, 169, 196-197, 302, 309
tempo de lazer, 24, 116
tênis, 201
testes de QI, 74, 75, 79, 87, 224-225, 249
Thaler, Richard, 146
Thoreau, Henry David, 127, 266
tolerância, 98
tolerância a faltas, 237
Tóquio, 273
trabalhadores, 107-108
transferência condicional de renda, 240
tratamento médico, 180, 210-211, 219, 233, 245-246, 279
  hospital, 251-257
  não adesão, 210-211, 219-220, 314
  pobreza e, 210-213, 242
  pré-natal e, 213, 221
trens, 65, 66, 68, 301
Trenton, Nova Jersey, 134, 225
trocas, 105-128, 141-144, 239, 242-243, 296, 297, 304
  folga e, 109-127, 137, 142-143
tuberculose, 211

Unicef, 205
universidade, 28, 38, 117,118, 133, 161, 162, 177, 221, 283
  custo de ensino, 62, 285, 301-303
  empréstimos, 107, 301-303
  prazo, 38
  programas de financiamento, 301-303
  provas, 62
Universidade de Minnesota, 15, 17
Universidade de Princeton, 161, 162, 174
Urgent Money Service, 154

vacinação, 213, 233, 238, 239
valor das coisas, 140, 145, 151
vendas, 38, 98
vendedores de rua, 184-185, 188-191, 195, 305
vespas, 111-114
vigilância, 288-291
vitaminas e minerais, 295

Walkman, 140, 141
Wall Street Journal, 54
Wheeler, John A., 309
Windows (software), 264
Wright, Steven, 175

YouTube, 274

Zinman, Jonathan, 281

best.
business

Este livro foi composto na tipografia Palatino LT Std Roman,
em corpo 10,5/15, e impresso em papel off-set no Sistema
Digital Instant Duplex da Divisão Gráfica da Distribuidora Record.